ミネルヴァ教職専門シリーズ 5

広岡義之 / 林泰成 / 貝塚茂樹
監修

特別支援教育の探究

大庭 重治
編著

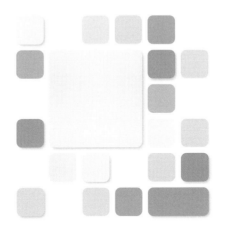

ミネルヴァ書房

監修者のことば

　21世紀に入って，すでに20年が過ぎようとしています。すべての児童生徒に
とって希望に満ちた新世紀を迎えることができたかと問われれば，おそらくほ
とんどの者が否と言わざるを得ないのが現状でしょう。顧みてエレン・ケイは，
1900年に『児童の世紀』を著し，「次の世紀は児童の世紀になる」と宣言して，
大人中心の教育から子ども中心の教育へ移行することの重要性を唱えました。
それからすでに120年を経過して，はたして真の「児童の世紀」を迎えること
ができたと言えるでしょうか。

　そうした視点から学校教育を問い直し，いったい何が実現・改善され，何が
不備なままか，あるいは何が劣化しているかが真摯に問われなければなりませ
ん。このようなときに，「ミネルヴァ教職専門シリーズ」と銘打って，全12巻
の教職の学びのテキストを刊行いたします。教職を目指す学生のために，基本
的な教育学理論はもとより，最新知見も網羅しつつ，新しい時代の教育のある
べき姿を懸命に模索するシリーズとなりました。

　執筆者は大学で教鞭をとる卓越した研究者と第一線で実践に取り組む教師で
構成し，初学者向けの教科書・入門的概論書として，平易な文章で，コンパク
トに，しかも教育的本質の核心を浮き彫りにするよう努めました。すべての巻
の各章が①学びのポイント，②本文，③学習課題という3点セットで統一され，
学習者が主体的に学びに取り組むことができるよう工夫されています。

　3人の監修者は，専門領域こそ違いますが，若き少壮の研究者時代から相互
に尊敬し励まし合ってきた間柄です。その監修者の幹から枝分かれして，各分
野のすばらしい執筆者が集うこととなりました。本シリーズがみなさんに的確
な方向性を与えてくれる書となることを一同，心から願っています。

2020年8月

広岡義之／林　泰成／貝塚茂樹

は じ め に

　本書は，特別支援教育を学ぶ学生の皆さんと学校現場の先生方のために書かれた，特別支援教育に関する教科書である。ただし，各章の内容は，決して初歩的段階にとどまっているわけではない。むしろ，特別支援教育に必要とされる高度な専門性を備えた教師への，道しるべとなることを意図して編集されている。すなわち，本書は，特別支援教育の初学者に捧げる専門書である。

　特別支援教育に携わる教師には，一般に必要とされる基本的な教育力に加え，個々の児童生徒のニーズに応じて，指導の内容や方法を柔軟に工夫するための高度な専門性が求められる。このような専門性は，経験が豊富な教師だけにではなく，初めて特別支援教育に携わる教師にも同様に期待されている。なぜならば，特別支援教育の対象となるすべての児童生徒の学びは，その時に出会う教師の専門性に支えられているからである。とはいえ，様々な状況に柔軟に対応できる高度な専門性は，一朝一夕で身につけられるようなものではない。また，長く教職に就いている者であっても，児童生徒のニーズに適切に対応できる十分な専門性を，必ずしも持ち合わせているとは限らない。では，特別支援教育に携わる教師には，どのような対応が求められるのであろうか。

　特別支援教育の対象となる児童生徒は，それぞれ特有の発達特性を示すことから，そこで採用されるべき指導の内容や方法はきわめて多様である。この多様性に対応できる広範かつ高度な専門性を一人ひとりの教師に委ねるのは，あまり現実的だとはいえない。特別支援教育に携わる教師に必要なことは，まず特定の領域における確かな専門性を身につけ，そのうえで，身近にいる他の教師との連携を通して，その時々に求められる専門性をお互いに補完できるようにしておくことである。そのためには，急速に変化する時代の流れに応じて，自らの専門性を常にブラッシュアップしていく力とともに，他の教師との協力体制をすみやかに整えることができるコミュニケーション力も必要である。

　本書のねらいは，特別支援教育に関する基礎的事項に加えて，さらに深く学

ぶための専門的内容にも言及し，今後教師になる時に，また特別支援教育に本格的に取り組もうとする時に，踏み出すべき最初のステップを提供することにある。本書を読み進めることにより，自らの専門性の形成と，その質的向上の必要性が浮き彫りとなり，さらに進むべき方向が必ず見えてくるはずである。

　本書は全11章から構成されており，各章はそれぞれ独立した内容を扱っている。まず第1章では，第2章以降を読むために必要となる，特別支援教育全般に関する基本的事項が整理されている。第2章〜第11章では，特別支援教育の代表的な研究領域ごとに，それぞれのエキスパートが，そのコアとなる内容に加え，注目すべき専門的内容をわかりやすく丁寧に解説している。このため，本書は，特別支援教育に関する基礎的知識を得るだけでよいと考えている読者には向かないかもしれない。教師として，特別支援教育に長く，深く携わろうとする強い意志のある方に特におすすめしたい。この本を手にしたあなたが，そのような読者であることを願っている。

　末筆ながら，本書の刊行において，広範かつ細部にわたり丁寧なご配慮をいただいたミネルヴァ書房編集部の深井大輔氏および平林優佳氏に深謝する。

　2022年4月

編著者　大庭重治

目　次

第1章

特別支援教育の理解

　特別支援教育は，21世紀に入り，新たな理念のもとにスタートした教育分野である。その歴史はまだ浅く，今後もさらなる推進が期待されている。このため，特別支援教育に携わる教師には，教育に関する基本的な知識・技能とともに，変化する社会に対応できる新たな内容や方法を生み出すための高度な専門性が求められている。本章では，障害とは何か，特別支援教育とは何か，合理的配慮とは何か等，第2章以降を読むために必要となる特別支援教育に関する基本的な事項を取り上げる。つまり，第1章は第2章以降の序章的位置づけである。まず本章に目を通し，特別支援教育に関する大枠を理解したうえで，関心のある章からさらに深く学んでいこう。

1　特別支援教育への接近

（1）障害とは何か

　障害とは何か，また教師は障害とどのように向き合うべきなのだろうか。

　文部科学省の定義によると，本書で扱う特別支援教育の対象となる子どもは「障害のある幼児児童生徒」である。この「**障害**」という言葉は，現在では，対象となる子どもとその子どもが生活する社会との関係性のなかで理解されている。図1-1は，人々が生活する人間社会のなかで，1人の子どもである「わたし」が，他者や事物と関係をもちながら生活している状況を表している。「わたし」のなかに，心身機能に何らかの不都合を引き起こす発生源が潜んでおり，その影響は個人特性として，認知機能や運動機能などに見られる精神的，身体的な**機能障害**という形で現れる。また，「わたし」は，人間社会で生活していくなかで，教材や教具，生活用品をはじめとする様々な事物にふれ，それ

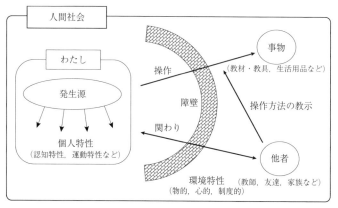

図1-1　人間社会における障害の理解

出所：大庭（2020）をもとに筆者作成。

らに働きかけるとともに，教師，友達，家族など，身の回りにいる他者との関わりを通して多くのことを学んでいく。このような事物の操作や他者との関わりは，子どもが発達するうえで欠かすことのできない条件である。しかし，個人特性や生活する環境によっては，それらが十分に満たされない状況がある。それは，「わたし」と事物や他者との間に，その関係性を阻害する壁が存在しているような状況である。この障壁の存在こそが，まさしく社会のなかで「障害」という言葉を生み出す根源となっている。障害を理解する際には，「わたし」の個人特性，すなわち心身に見られる何らかの機能障害とともに，人間社会に存在している障壁に注目することが重要である。このような障壁は，多くの他者がその存在を正しく認識し，社会全体が環境特性に対して変化を加える努力を続けることにより，排除できる可能性がある。

　特別支援教育の現場においても，身近に存在する障壁を少しでも取り除くための方策を講じる必要がある。そのためには，まず「わたし」のなかにある個人特性が明らかにされなければならない。しかしながら，子どもの「わたし」が，関わりをもつ他者に対して，発生源を含む自らの個人特性を詳しく説明できるわけではない。この個人特性は，周りにいる他者が，「わたし」との関わりを通して把握できた「わたし」の姿である。そして，その他者の中心に立っ

ているのが，まさに特別支援教育に携わる教師である。教師は，保護者や学内外の関係者と連携をとりながら，発生源に関する詳細な情報を収集・整理し，子どもの年齢，ライフスタイル，それまでの生育歴なども考慮して，個人特性の全体像の把握に努めなければならない。このため，教師には，子どもに関する情報を収集するための人的ネットワークとともに，発生源や発達特性などに関する知識をもとにして適切な支援方策を講じることができる力量が期待される。学齢期にある子どもにとって最も必要なことは，このような資質を備えた教師に出会うことである。その際，教師は，子どもを単に支援の対象として捉えるのではなく，提供される支援内容を日々活用する主体として捉えることが重要である。

（2）特別支援教育とは何か

　特別支援教育の考え方は，どのようにして形成されてきたのだろうか。そして，その実現には，何が必要なのだろうか。

　特別支援教育は，2007 年にスタートした，障害のある子どもたちのために整備された教育分野である。かつて「特殊教育」と呼ばれていた時代には，障害のある子どもたちの教育は，障害の種類と程度に応じて，盲・ろう・養護学校または小・中学校内の特殊学級や通級指導教室において行われる特別な場での教育であった。しかし，特別支援教育となった現在では，地域にあるすべての学校がその教育の場となっている。

　特別支援教育の開始に先立ち，文部科学省は 2 つの重要な報告書を公表している（表 1 - 1 ）。まず，21 世紀になったばかりの 2001 年 1 月に，「21 世紀の特殊教育の在り方について――一人一人のニーズに応じた特別な支援の在り方について（最終報告）」を公表した。このなかで，乳幼児期から学校卒業後までの一貫した相談支援体制を整備することの重要性などにふれ，障害児に対する年齢を超えた支援の必要性を指摘した（文部科学省, 2001）。2003 年 3 月には，「今後の特別支援教育の在り方について（最終報告）」により，特殊教育から特別支援教育への転換を図るという基本方針を示し，「特別支援教育」という新しい言葉のもつ意味を説明した。また，特別支援教育を推進するためには，従

表1-1　最終報告における主な提言内容

2001年1月　21世紀の特殊教育の在り方について（最終報告）
○障害のある児童生徒の自立と社会参加を社会全体として，生涯にわたって支援する。
○乳幼児期から学校卒業後まで，障害のある子ども及びその保護者等に対する相談及び支援を行う体制を整備する。
○盲・聾・養護学校等における教育を充実するとともに，通常の学級の特別な教育的支援を必要とする児童生徒に積極的に対応する。
○就学指導の在り方を改善する。
○特殊教育に関する制度を見直し，市町村や学校に対する支援を充実する。
2003年3月　今後の特別支援教育の在り方について（最終報告）
○特殊教育から特別支援教育への転換を図る。
○多様なニーズに適切に対応する仕組みとして「個別の教育支援計画」を策定する。
○教育的支援を実施する人や機関との連絡調整を行う「特別支援教育コーディネーター」を配置する。
○総合的な教育支援体制のための地域におけるネットワークづくりを推進する。
○盲・聾・養護学校から特別支援学校へと制度を改める。
○小・中学校においても，学校全体が一体となって取り組む体制を構築する。

出所：文部科学省（2001／2003）をもとに筆者作成。

来の盲・ろう・養護学校のあり方の検討とともに，小・中学校のあり方の検討も必要であるとして，教育の場を大きく拡大する方向性を示した。それと同時に，特別支援教育を推進するためのキーパーソンとなる特別支援教育コーディネーターの配置も提案した（文部科学省，2003）。これらの報告に基づいて法的な整備がなされ，今日では，長期にわたる一貫した支援体制が整備されている。また特別支援教育の場はすべての教育現場へと広がり，障害のある多くの子どもたちが通常の学級において学ぶ姿を目にすることができるようになっている。特殊教育から特別支援教育への移行の背景には，個々の子どもの障害特性に応じて学習環境や教育方法を工夫すべきであるという，インクルーシブ教育の理念の浸透があった。そこには，子どもを既成の教育的枠組みに押し込める姿勢から，子どものニーズに合わせて教育的対応を柔軟に工夫するという発想への転換が見られる。

　2007年4月に改正学校教育法が施行され，特別支援教育が法的に位置づけられた。同時に，文部科学省は「特別支援教育の推進について（通知）」により，その基本的な考え方と留意事項等を示した。このなかで，特別支援教育は

次のように定義されている。

　「特別支援教育は，障害のある幼児児童生徒の自立や社会参加に向けた主体的な取組を支援するという視点に立ち，幼児児童生徒一人一人の教育的ニーズを把握し，その持てる力を高め，生活や学習上の困難を改善又は克服するため，適切な指導及び必要な支援を行うものである」(文部科学省，2007)。

　すなわち，特別支援教育では，まず一人ひとりの子どもに目を向けること，教育的ニーズを的確に把握すること，ニーズに応じた指導や支援の内容を選定・実行すること，そしてそれらの成果を子どもの**自立**や**社会参加**につなげることが重要である。障害のある子どもを担当する教師には，特別支援教育が期待するこれらの条件を満たすための力量が求められる。特に，目の前にいる子どもにとっての自立や社会参加とは何か，また自らの日々の指導や支援がそれらの実現に向けたステップとなっているか否かについて，自問自答を繰り返すことが必要である。さらに，特別支援教育の仕組みのもとで学習した子どもたちの自立や社会参加の状況を観察し，特別支援教育のあり方を問い続けることも必要である。

（3）特別支援教育における学習の場とその対象者

　特別支援教育はどのような場で行われ，そこでは，どのような子どもたちが学んでいるのだろうか。

　特別支援教育では，障害のある子どもたちに対して，複数の学習場面が選択肢として準備されている（表 1 - 2）。義務教育段階では，小学校や中学校における**通常の学級**，また通常の学級に在籍して一定時間だけ特別な指導を受ける**通級指導教室**，小学校や中学校内にある**特別支援学級**，各地域に点在する**特別支援学校**が学習の場として提供されている。2018 年度からは，高等学校においても通級による指導が実施できるようになっている。通級による指導の対象者に知的障害者は含まれず，学習障害者と注意欠陥多動性障害者が含まれている。特別支援学級と特別支援学校では，知的障害者も対象とされている。また，特別支援学校では，表 1 - 2 に記載の対象者以外に，多様な発達状態を示す重複障害者が数多く在籍している。

表1-2　特別支援教育における学習の場とその対象者

学習の場	対象者
通常の学級	通常の学級内において合理的配慮を受けて学習する子ども
通級指導教室	視覚障害者，聴覚障害者，肢体不自由者，病弱・身体虚弱者，言語障害者，情緒障害者，自閉症者，学習障害者，注意欠陥多動性障害者 （いずれも，通常の学級に在籍する子どもだけが対象）
特別支援学級	視覚障害者，聴覚障害者，知的障害者，肢体不自由者，病弱・身体虚弱者，言語障害者，情緒障害者，自閉症者
特別支援学校	視覚障害者，聴覚障害者，知的障害者，肢体不自由者，病弱・身体虚弱者

出所：筆者作成。

　通常，子どもの最初の学習の場としては，地域にある小学校が選択される。ただし，障害の種類やその程度によって，特別支援学校への入学の必要条件（学校教育法施行令第22条の3）に該当する場合には，各地域の教育支援委員会において，個別の教育支援計画を活用しつつ総合的な判断がなされる。市町村の教育委員会が，特別支援学校に就学させることが適当であると認めた就学予定者は「**認定特別支援学校就学者**」と呼ばれる。就学が決定した後も，学習状況に応じて就学先を柔軟に見直す手続きがとられている。ただし，就学先の選択には，保護者とともに本人の意見が最大限尊重されており，子どもの具体的な教育的ニーズと，それに応じて提供される合理的配慮に関する合意形成が図られ，そのうえで市町村の教育委員会が最終的に決定している。障害のある子どもの就学先はこのように決定されるため，特別支援学校への入学の必要条件に該当する子どもの約3割は地域の小学校に入学している。しかし，2019年の時点では，その割合は減少傾向にある（文部科学省，2020）。いずれの就学先においても，地域の子どもたちと関わる機会が確保されるとともに，日々の学習活動が確実に保障されることが必要であり，それらを満たす最善の場が選択されなければならない。学習の場が多様化し，その選択が柔軟になされていることから，それぞれの場において得られている教育成果の検証を継続的に行っていく必要がある。

　また，通常の学級において特別支援教育を実施する際には，対象となる子どもの障害のカミングアウトについて，特に慎重に対応する必要がある。特別支

援教育は，個々の子どもの教育的ニーズに応じて実施される教育であるため，最初にそのニーズが明らかにされなければならない。しかしながら，通常の学級に在籍する子どもや保護者が，ニーズの積極的な表明にためらいを感じることがある。これは，周りにいる他者の障害理解が不十分な時に，支援の対象となる子どもに対する不適切な捉え方が誘発されることを危惧するためである。一方，支援の中心となる教師は，そのようなニーズの表明がなければ，合理的配慮を提供することは基本的には難しい。このため，支援を必要とする子どもやその保護者が安心してカミングアウトできるような体制を，学校全体として整えておくべきである。

2　学校における特別支援教育

（1）特別支援教育における教育課程

　特別支援教育では，どのようにして教育課程が編成されているのだろうか。

　特別支援教育における**教育課程**を編成する際の基本的な考え方は，学校教育法および学校教育法施行規則に示されている。また，教育内容は学習指導要領に記載されており，それらの内容の具体的な指導方法は学校現場に委ねられている。

　教育課程は，学校における教育活動の中核として最も重要な役割を担うものである。教育目標の設定，指導内容の組織，授業時数の配当の3点が，その編成の基本的な要素である。近年では，教育課程の実施状況等に基づいてその改善を図ることにより，教育活動の質を向上させ，最大限の学習効果が得られるようにするための，カリキュラム・マネジメントの重要性が指摘されている。特別支援教育においては，一人ひとりの子どもの自立と社会参加を目指すことが重要であり，その達成に向けた教育課程を編成しなければならない。

　通常の学級における特別支援教育は，在籍するそれぞれの学級において提供される合理的配慮のもとで，他の子どもたちと同じ教育課程に基づいて実施される。公立の幼稚園，小学校，中学校，高等学校には，必要に応じて特別支援教育支援員が配置されており，学級担任と連携しながら学習支援や日常生活の

介助等を行っている。

　通級による指導の対象者は，各教科等の学習をはじめ，大部分の授業を通常の学級において受けている子どもたちであり，教育課程は通常の学級における教育課程と同じである。ただし，通常の学級では，障害特性に応じた特別な指導が困難であるため，一定の時間数だけ通級指導教室に移動して，個別または少人数による指導を受けている。通級指導教室では，学級担任と密に連携をとりながら，自立活動の内容を中心に，各教科の補習なども含め，学習や生活における困難を改善・克服するための，個々の子どものニーズに応じた弾力的な指導がなされている。

　特別支援学級は，小学校や中学校に在籍する子どもの必要性に応じて設定される学級であり，1学級8人を標準とする少人数の学級である。教育課程は，小学校や中学校の学習指導要領に沿って編成することを基本としている。ただし，在籍する子どもの障害状況や発達の実態に応じて，**特別支援学校学習指導要領**を参考にした特別の教育課程を編成することもできる。特別支援学級に在籍する子どものなかには，各教科等の一部の内容を通常の学級において学んでいる子どももいる。そのような場合，子どもが安心して通常の学級における学習に取り組むことができるように，学級担任間で密に連携をとるとともに，通常の学級の担任は，学級に入る子どもの発達特性を十分に理解しておく必要がある。

　特別支援学校の教育課程は，学校教育法第77条により，幼稚園，小学校，中学校，高等学校の教育課程に準じて，文部科学大臣が定めることになっている。その基準として，特別支援学校学習指導要領が公示されている。特別支援学校では，特別に設定された自立活動の指導を実施する必要がある。ただし，知的障害の領域に対応する特別支援学校では，他の障害領域とは異なる教育課程が編成されており，各教科等の構成が異なっていたり，内容が学年ではなく段階別に編成されていたりする。教育課程の要素の一つである指導内容は，学習指導要領に示されているが，個々の子どもの実態を考慮して，必要があると認められる場合には，それ以外の内容を加えて指導することができる。指導の方法については，子どもの実態に合わせた多様な方法の選択が前提となる。

　特別支援教育では，長期的で幅広い視点から作成される「**個別の教育支援計画**」を基盤として，個々のニーズに応じた具体的な指導の指針となる「**個別の指導計画**」において教育課程が具体化されている。障害のある子どもを担当する教師は，関係者との密な連携を図りつつ，編成された教育課程と両計画の内容を十分に理解したうえで，日々の指導・支援にあたらなければならない。

（2）学校における合理的配慮

　合理的配慮とは何か，またそれを実行するためには，何を知っておかなければならないのだろうか。

　合理的配慮の考え方は，2006年の国連総会において採択された「障害者の権利に関する条約」がもととなっている。この条約は，20カ国が批准した後の2008年に条約として発効しており，日本も2007年に署名している。しかし，日本が批准をしたのは 7 年後の2014年である。この署名から批准までの間，日本は2011年に「障害者基本法」の一部を改正し，そのなかに合理的配慮の考え方を反映させ，さらに2013年に「障害者差別解消法」を制定して，具体的な取り組みに向けた整備を進め，2016年に同法を施行した。障害者の権利に関する条約の第 1 条では，障害者の定義に関連して，図 1 - 1 に示した社会における障壁について言及している。また，第 2 条では，「合理的配慮」について言及し，障害者と他者との平等を保障するための「必要かつ適当な変更及び調整」を行うことであると定義している。ただし，合理的配慮は，「均衡を失した又は過度の負担を課さないもの」との記載もある。

　このように，日本において特別支援教育がスタートした2007年は，まだ合理的配慮の考え方が提示されて間もない時期であった。文部科学省が学校における合理的配慮のあり方を明確に示したのは，2012年の「共生社会の形成に向けたインクルーシブ教育システム構築のための特別支援教育の推進（報告）」である。そこでは，合理的配慮の充実を図るための「**基礎的環境整備**」の必要性が指摘され（文部科学省，2012），現在，国と地方公共団体がその取り組みを担っている。一方，学校における合理的配慮は，個々の子どものニーズに応じて，学校の設置者と学校が準備しなければならない。また，各教師は，子ども

たちの学習を確実に保障するために，教育のあらゆる場面において合理的配慮を提供しなければならない。その際，必要とされる合理的配慮の内容やその実現可能性などについて，児童生徒本人および保護者と学校設置者および学校による合意形成を図るための意見交換が行われる。個々の子どもに対する合理的配慮の決定においては，まず子どもの個人特性を念頭に，もてる力を十分に発揮できる方法を検討し，そのうえで，学習環境における障壁を少しでも取り除くための方策を工夫することになる。このため，子どもを担当する教師には，子どもの個人特性に関する情報や教材・教具等に関する知識に基づいて，合理的配慮により，子どもの学習活動がどのような形で保障されるようになるのかを，わかりやすく説明する力が求められる。

　また，実際に教室のなかで合理的配慮を提供する際には，周りの子どもたちやその保護者との関係にも目を向ける必要がある。2011年に改正された障害者基本法の「第1章　総則」には，社会的障壁は「障害がある者にとつて日常生活又は社会生活を営む上で障壁となるような社会における事物，制度，慣行，観念その他一切のものをいう」と記載されている。学習に使用される教材・教具をはじめとする事物は，予算と少しの時間があれば合理的配慮により解決される可能性がある。しかし，制度，慣行，観念のように，長い時間をかけて社会のなかで形成され広く定着している障壁は，簡単には改善されない。たとえば，特定の子どもに合理的配慮がなされると，教育資源の配分という観点では，表面的に他の子どもとの不平等な状況が生まれる。このため，他の子どもたちやその保護者は，合理的配慮が提供されることによってはじめて，その子どもに他の子どもと同等の学習機会が保障され，真の平等性が成り立っていることを理解しなければならない。このような理解を促すためには，学校全体として，子どもや保護者を対象とした障害理解教育に取り組む必要がある。

　なお，合理的配慮に関する具体的内容は，内閣府の合理的配慮等具体例データ集「合理的配慮サーチ」[1]において紹介されている。障害種別や生活場面に応

---

(1)　内閣府の合理的配慮等具体例データ集「合理的配慮サーチ」。https://www8.cao.go.jp/shougai/suishin/jirei/（2022年4月4日閲覧）

じて検索が可能であり，参考事例集等も掲載されている。また，教育における
合理的配慮の内容は，国立特別支援教育総合研究所が文部科学省の委託事業に
より取り組みを集めた，インクルーシブ教育システム構築支援データベース
「インクルDB」[(2)] に紹介されている。障害種別の他，学校種や学年，基礎的環
境整備，配慮内容によって検索が可能である。ただし，これらのデータベース
は，それぞれの環境において実施された事業等の概要であり，あくまでも合理
的配慮を検討する際の手がかりにすぎない。実際に合理的配慮を決定する際に
は，学校に在籍する個々の子どものニーズや置かれた学習環境に応じて，内容
を詳細に検討しなければならい。

（3）特別支援教育コーディネーターの役割

　特別支援教育コーディネーターとは何か，またどのような役割が期待されて
いるのだろうか。

　かつての特殊教育の時代には，障害のある子どもたちの教育の場は，障害の
種類と程度に応じて選択される特別な場に限定されていた。このため，特殊教
育は，その特別な場を担当する教師の力量によって支えられていた。その後，
新たな考え方に基づく特別支援教育の時代となり，その教育の場は通常の学級
へと拡大し，現在では，障害のある子どもを担当する可能性はすべての教師に
広がっている。また，学級にそのような子どもが在籍している場合には，先述
したように合理的配慮の提供が求められる。しかしながら，子どもによって障
害状況が異なるため，その時々に学級に在籍する子どもの特性を担任が正確に
把握し，それに応じた合理的配慮を柔軟に提供することは，現実的には困難を
伴うことが多い。このような問題の解決において，**特別支援教育コーディネー
ター**が大きな役割を果たしている。

　特別支援教育コーディネーターの設置は，2003 年 3 月の「今後の特別支援
教育の在り方について（最終報告）」のなかで初めて提案された。この報告書の

---

(2)　独立行政法人国立特別支援教育総合研究所のインクルーシブ教育システム構築支援データベー
ス「インクルDB」。http://inclusive.nise.go.jp/（2022 年 4 月 4 日閲覧）

趣旨は，個々の障害に関する個別具体的な課題への提言ではなく，学校が担うべき役割や機能，新たな教育的ニーズに対応するための体制など，学校教育の全体的なシステムや関連する法令制度についての提言であった。そのなかで，学校の内外における連携協力体制を構築する際の中心的役割を担うことが期待される人材として，「特別支援教育コーディネーター」の設置が提案されたのである（文部科学省，2003）。特別支援教育コーディネーターの指名率は，2018年度の時点で小学校が99.2%，中学校が95.2%であり，ほとんどの学校に設置されていた。ただし，専任の割合は低く，小学校では12.9%，中学校では16.3%にとどまっていた（文部科学省，2019）。2017年度に小学校において特別支援教育コーディネーターを担当していた教師の役職を見ると，最も多かった役職が特別支援学級担任であり（49.5%），次に通常の学級の担任であった（16.4%）。また，中学校においても同様であり，特別支援学級の担任（47.1%）と通常の学級の担任（12.3%）が多かった（文部科学省，2018）。このように，特別支援教育コーディネーターの専任の割合は低く，現在でも業務遂行上の課題となっている。専任化を進めるとともに，それが困難な場合には，業務内容を整理するなどの対応が必要である。

　各学校に特別支援教育コーディネーターを配置する最大の目的は，障害のある子どもたちが確実に学習を進めることができるように，学校全体の学習環境を整備することにある。このため，期待される役割は多方面にわたっている。その主な内容は，「発達障害を含む障害のある幼児児童生徒に対する教育支援体制整備ガイドライン――発達障害等の可能性の段階から，教育的ニーズに気付き，支え，つなぐために」（文部科学省，2017）に示されている。そこでは，校内の教職員との連絡調整，在籍する児童生徒の保護者との関係づくり，校外の関連機関との連絡調整などが挙げられている。

　校内における具体的な役割としては，校内委員会の企画・運営，特別な支援を必要とする児童生徒に関する情報の収集，校内の専門スタッフ（特別支援教育支援員，スクールカウンセラー，スクールソーシャルワーカーなど）との連絡調整，ケース会議の開催，個別の教育支援計画や個別の指導計画の作成などがある。また，学校に勤務する他の教師に対する指導的役割も期待されており，特に

小・中学校等での発達障害児への対応に関連して，学級担任への支援における期待はますます大きくなっている。

　さらに，特別な支援を必要としている子ども自身やその保護者からの相談を常に受けつける窓口としての役割も果たしている。初めて相談窓口に来る子どもや保護者は，その時点では特別支援教育とは何かを明確に理解しているわけではない。このため，相談を受けた場合には，ニーズを明らかにすることによって，学習環境がどのように改善される可能性があるのかをわかりやすく説明する必要がある。また，子どもたちや保護者が相談窓口を利用しやすい環境を作るために，日頃から窓口の役割を広く周知しておくことも重要である。

　対外的な役割としては，巡回相談員やケース会議に関わる専門家との連絡調整，地域にある他の学校との連絡調整，教育専門機関，医療，保健，福祉，労働などの関係機関との連絡調整がある。このような外部の関係者と日常的に連携をとることができていれば，地域の動向や関連領域における様々な情報の迅速な入手も可能となる。特別支援教育コーディネーターには，そのための高いコミュニケーション能力が求められる。なお，特別支援学校は，地域における特別支援教育のセンター的機能を担っており，特にそこに勤務する特別支援教育コーディネーターには，地域全体の特別支援教育を推進するための役割も期待されている。

3　特別支援教育の展望

（1）これからの特別支援教育

　特別支援教育は，これからどのような方向に向かって進んでいくのだろうか。

　日本では，新たな時代に向けた社会構造として，Society 5.0が提唱されている。Society 5.0は，2016年1月に閣議決定された「第5期科学技術基本計画」において示された未来における社会の姿である。ICT（Information and Communication Technology）を最大限活用することにより，インターネットを

---

(3)　ICTとは，情報や通信を活用する技術のことである。

はじめとする「サイバー空間」と私たちが生活する「現実の世界」を融合し，人々に豊かさをもたらす社会を実現することを構想している。Society 5.0では，人間の強みは現実世界を理解し，その状況に応じて意味づけができることであると考えられている。そして，AI（Artificial Intelligence）は，その人間の能力を補助，拡張し，可能性を広げてくれる有用な道具であると捉えられている（内閣府，2016）。

　2018年には，総務省が「スマートインクルージョン構想の実現に向けた取組」を公表した。そこでは，日常生活，教育，社会参画などにおける情報アクセシビリティの確保とIoT（Internet of Things）やAIの最先端技術開発の強化が掲げられ，ICTを武器にして，自らの意思を容易に実現し，社会に積極的に参加できるインクルーシブ社会の構築に向けた取り組みが紹介されている。具体的には，情報アクセシビリティツールやウェアラブル端末，BMI（Brain-Machine Interface）等の先端技術，障害者の潜在能力の顕在化や，障害者を介護する側を支援するICT機器・サービス等の開発を挙げている。また，障害に対する社会側の意識を変革し，障害者のニーズと開発者のシーズ（機器や用具の開発に貢献できる新たな技術や素材など）のマッチングを図り，ロボット介護機器や福祉用具等の開発を積極的に進めることも構想されている（総務省，2018）。

　今後，Society 5.0の社会を迎え，このようなスマートインクルージョン構想が実現化されることに伴い，新たな技術を応用した教具をはじめ，合理的配慮に活用できる様々な**支援機器**が開発されていくことが予想される。教師には，このような動向を敏感に捉え，特別支援教育の現場に新たな支援機器を積極的に取り込んでいく姿勢が求められる。子どもの運動能力や学習能力に一定の限界があり，通学場面や学習場面において様々な活動が制限されるような時には，ロボットを導入して困難な行動を代替させたり，あるいはAIの力を活用して情報の収集や分析の負担を軽減したりすることにより，子どもの活動範囲を大

---

(4)　AIとは，人に代わって知的作業を行う人工的なシステムのことである。
(5)　IoTとは，身の回りのモノをインターネットを介してつなげる技術のことである。
(6)　BMIとは，脳の活動と機器の操作を結びつける仕組みである。

きく拡げることができる。また，視覚障害や聴覚障害のある子どもたちが，日常生活に必要な情報はもとより，学習場面において利用したい情報を自らの判断のもとに自由に取り込むことができるようになれば，主体的な学びは格段に充実していくはずである。

　このように，特別支援教育においては，Society 5.0に対応できるICTに関する高度な専門性を備えた教師の配置が期待されている。常に新しい情報を入手し，その活用方法を子どもたちに具体的に提案できる教師が身近に必要である。また，新たな支援機器等を導入する際には，その必要性と可能性を十分に考慮しつつ，教師にも子どもにも大きな負担となることがないように配慮されるべきである。ただし，このような対応は，校内の教職員だけでは困難であることも予想されるため，校外から必要な支援を得ることができるように，外部との連携体制を日常的に整備しておく必要がある。

（2）インクルーシブ教育システムと教師の専門性

　インクルーシブ教育システムの推進に向け，教師には何が求められるのだろうか。

　インクルーシブ教育システムは，「障害者の権利に関する条約」の第24条において提唱された，障害のある子どもの権利に基づく新たな教育の仕組みである。そこでは，障害者を受け入れるあらゆる段階の教育制度および生涯学習を実現するために，障害者を一般的な教育制度から排除しないこと，生活する地域において初等・中等教育を受けることができるようにすること，個人に必要な合理的配慮を提供すること，一般的な教育制度のもとで支援を提供すること，個別化された支援措置をとることなどが求められている。日々の教育において教師に求められる合理的配慮の提供は，このインクルーシブ教育システムの実現における重要な柱の一つとなっている。

　前節でもふれたように，2012年に，中央教育審議会より「共生社会の形成に向けたインクルーシブ教育システム構築のための特別支援教育の推進（報告）」が答申され，当面必要とされる取り組みの観点が示された（文部科学省，2012）。また，2013年には，学校教育法施行令の一部改正により，障害のある

子どもたちの就学先の決定に関する手続きが見直され，インクルーシブ教育システムの構築に向けた動きが一気に加速された。現在では，その手続きに則って就学先が決定された多くの子どもたちが，合理的配慮を受けながら地域の小・中学校等に在籍している。このため，地域の学校においては，障害者に対する理解を深めるための取り組みがいっそう重要な意義をもつようになっている。その有力な機会として「**交流及び共同学習**」が推進されている。2004年の障害者基本法の改正により，「障害者である児童及び生徒と障害者でない児童及び生徒との交流及び共同学習を積極的に進めることによって，その相互理解を促進しなければならない」ことが規定され（第16条第3項），それ以来，学習指導要領のなかにもその必要性が明記されるようになった。交流及び共同学習では，関わり合いを通して相互に理解を深め，ともに学ぶことによって双方に学習上の成果が得られることが期待されている。通常の学級の担任は，このような交流及び共同学習の意義を正しく理解したうえで，特別支援学級や特別支援学校の教師と連携をとりながら授業を運営していかなければならない。しかしながら，交流及び共同学習において出会う子どもの障害状況はきわめて多様であり，受け入れる学級の担任が，それらすべてに対応できる深い知識と技能を身につけることは困難である。そこで，交流及び共同学習を推進する際には，個々の教師の得意分野を生かすことにより，学校全体として専門性を高め，どのような子どもにも柔軟に対応できる体制を整えておくことが現実的である。まず個々の教師がそれぞれ得意とする領域において高度な専門性を身につけ，そのうえで管理職や特別支援教育コーディネーターなどが中心となって，校内における密接な連携体制を構築していく必要がある。

　また，インクルーシブ教育システムの構築に関連して，障害のある教職員を学校に採用することが推奨されている。そのような教職員が学校において活躍する姿は，障害のある子どもたちにとって，自らの将来に向けた貴重なロールモデルとなる。また障害のない子どもたちには，障害者による社会参加を身近に感じることができる機会となり，共生社会への理解に生かされていく。インクルーシブ教育システムの理念が教師集団のなかで十分に理解されるとともに，子どもたちのなかにもそれが定着することにより，その効果は家族や地域のな

かに浸透し，障害者の社会参加をいっそう推進するための原動力となっていくであろう。

学習課題	①　現在の特別支援教育が直面している課題について調べてみよう。
	②　「自立」と「社会参加」のあるべき姿について話し合ってみよう。
	③　Society 5.0に向けて，自分に必要な学習内容について考えてみよう。

引用・参考文献

大庭重治「視覚障害児教育と人間力――人間社会における自立と社会参加に向けた覚書」上越教育大学『「人間力」を考える――上越教育大学からの提言5』上越教育大学出版会，2020年，253〜262頁。

総務省「人づくりワーキンググループとりまとめ　スマートインクルージョン構想の実現に向けた取組」2018年。

内閣府「第5期科学技術基本計画（閣議決定）」2016年。

文部科学省「21世紀の特殊教育の在り方について――一人一人のニーズに応じた特別な支援の在り方について（最終報告）」2001年。

文部科学省「今後の特別支援教育の在り方について（最終報告）」2003年。

文部科学省「特別支援教育の推進について（通知）」（2007年4月1日付19文科初第125号）2007年。

文部科学省「共生社会の形成に向けたインクルーシブ教育システム構築のための特別支援教育の推進（報告）」2012年。

文部科学省「発達障害を含む障害のある幼児児童生徒に対する教育支援体制整備ガイドライン――発達障害等の可能性の段階から，教育的ニーズに気付き，支え，つなぐために」2017年。

文部科学省「平成29年度　特別支援教育体制整備状況調査結果について（別紙1）」2018年。

文部科学省「平成30年度　特別支援教育に関する調査結果について（別紙1）」2019年。

文部科学省「令和元年度　特別支援教育に関する調査結果について（別紙1）」2020年。

第 2 章

特別支援教育の制度

　特別支援教育の制度は，共生社会の形成に向けたインクルーシブ教育システムの構築に向けて動き出している。障害者権利条約の批准を背景に，障害の「社会モデル」の考え方に基づく新たな制度的枠組みが導入されつつあり，今後の特別支援教育の動向や方向性を理解することはきわめて重要である。我が国の特別支援教育の法的根拠はどこにあるのか，どのような仕組みが整備されているのか，どのような制度改革が進められているのかなど，本章では特別支援教育に関する法制度の基本的内容について整理する。また，多様化が進む現代の学校において，いかにしてインクルーシブ教育を実現しうるのかを考えよう。

1　特別支援教育制度の基盤と背景

（1）特別支援教育を支える法体系

　我が国では，最高法規である**日本国憲法**（1946年公布）を頂点とする法体系が構築されている。憲法は，すべて国民が「個人として尊重される」（第13条）とともに，「法の下に平等」（第14条第1項）であることを認めている。つまり，一人ひとりの存在価値は平等であり，個人のもつ背景に基づく不合理な差別は禁じられている。また，憲法には，誰もが「教育を受ける権利」（第26条第1項）を有し，保護者が「教育を受けさせる義務」（同条第2項）を負うことが規定されている。こうした憲法の理念に即した特別支援教育の取り組みが推進されているが，それは次のような段階構造を成す制度的な枠組みによって支えられている。

　憲法の定めに基づき，国会の議決を経て制定される規範が「法律」である。

教育基本法や学校教育法などがこれに該当する。また，法律の範囲内において行政機関が自らの権限に基づいて「命令」を定めることができる。命令には，内閣（政府）が制定する「政令」（学校教育法施行令など）や，各省の大臣が制定する「省令」（学校教育法施行規則など）がある。それぞれ，法律ないし政令に規定されていない細部を補う役割を担っている。通常，法律や政省令に加え，地方自治体が制定する「条例」および地方公共団体の執行機関による規則をあわせて「法令」と呼ぶ（行政手続法第 2 条）。なお，学習指導要領に代表されるように，法律（学校教育法）に根拠をもつ場合には，執行基準を示すものとして「告示」が法令に含まれることになる。[1]

　そして，「児童の権利に関する条約」（Convention on the Rights of the Child）や「障害者権利条約」（Convention on the Rights of Persons with Disabilities：CRPD）といった国際条約については，憲法が，「日本国が締結した条約及び確立された国際法規は，これを誠実に遵守することを必要とする」と規定しており（第98条第 2 項），公布された条約は国内法としての効力をもつと解されている。条約と法律との効力関係については，憲法上の規定は見られない。しかし，一般的には条約が法律に対する優位性を有すると考えられている（最高法規としての憲法のあり方に関する調査小委員会，2004）。なお，「通知」は，国から地方公共団体等に対し，法令の解釈や運用上の留意点などの特定事項を周知する文書であり，それ自体は法的な拘束力をもたない。

（2）障害者権利条約

　国連は20世紀半ば以降，障害のある子どもの教育に関する取り組みを進めてきた。1959年（第14回総会）に採択された「児童権利宣言」（Declaration of the Rights of the Child）は，「身体的，精神的又は社会的に障害のある児童は，その特殊な事情により必要とされる特別の治療，教育及び保護を与えられなけ

---

[1]　政令は日本国憲法第73条 6 号，省令は国家行政組織法第12条，告示は国家行政組織法の第14条 1 項に根拠を見ることができる。また，告示である小学校学習指導要領は学校教育法（第33条）を受け，学校教育法施行規則（第52条）が根拠となっている。中学校，高等学校，中等教育学校，特別支援学校もこれらの規定を準用している。

ればならない」（第5条）と決議した。これに続いて，1989年（第44回総会）の「児童の権利に関する条約」は，教育を含む「障害のある子供の養護についての権利」（第23条）を認め，子どもが保護の対象ではなく，権利の主体であることを明確にした（日本は1994年に条約批准）。

　一方で，1971年（第26回総会）に「**知的障害者の権利宣言**」（Declaration on the Rights of Mentally Retarded Persons）および1975年（第30回総会）には「**障害者の権利宣言**」（Declaration on the Rights of Disabled Persons）が採択され，障害者問題に対しても世界の関心が注がれるようになった。さらに，国連は1981年を「**国際障害者年**」（International Year for Disabled Persons）と定め，「完全参加と平等」をテーマに障害のある人の権利の重要性を提起した。しかし，これらの取り組みは，国際社会における実質的なコンセンサスには至らず，より拘束力のある条約の策定が模索されてきた。それらの努力は，2006年（第61回総会）の「障害者権利条約」（CRPD）として結実することになった。我が国も2014年に条約批准を行い，その趣旨に即した制度設計が求められている。

　CRPDは，「全ての障害者によるあらゆる人権及び基本的自由の完全かつ平等な享有」を確保し，「障害者の固有の尊厳の尊重を促進する」ことを目的としている（第1条）。そして，健康，労働および雇用，余暇，政治的活動など社会生活全般における障害者の権利を確認し，障害に基づくあらゆる差別を禁止している。教育条項（第24条）に示された主たる方向性は，**インクルーシブ教育**である（表2-1）。また，その実現のためには個人に必要とされる「**合理的配慮**」の提供が求められる（同条第2項(c)）。CRPDが規定する合理的配慮とは，「障害者が他の者との平等を基礎として全ての人権及び基本的自由を享有し，又は行使することを確保するための必要かつ適当な変更及び調整であって，特定の場合において必要とされるものであり，かつ，均衡を失した又は過度の負担を課さないもの」である（第2条）。なお，「**ユニバーサルデザイン**」とは，「調整又は特別な設計を必要とすることなく，最大限可能な範囲で全ての人が使用することのできる製品，環境，計画及びサービスの設計」とされており（同条），個別性が求められる「合理的配慮」とは区別できる。

表 2 - 1 障害者権利条約における教育条項の主な規定内容

第24条 教育
 1 締約国は，教育についての障害者の権利を認める。締約国は，この権利を差別なしに，か
  つ，機会の均等を基礎として実現するため，障害者を包容するあらゆる段階の教育制度及び
  生涯学習を確保する。当該教育制度及び生涯学習は，次のことを目的とする。(後略)
 2 締約国は，1の権利の実現に当たり，次のことを確保する。
  (a) 障害者が障害に基づいて一般的な教育制度から排除されないこと及び障害のある児童が
    障害に基づいて無償のかつ義務的な初等教育から又は中等教育から排除されないこと。
  (b) 障害者が，他の者との平等を基礎として，自己の生活する地域社会において，障害者を
    包容し，質が高く，かつ，無償の初等教育を享受することができること及び中等教育を享
    受することができること。
  (c) 個人に必要とされる合理的配慮が提供されること。
  (d) 障害者が，その効果的な教育を容易にするために必要な支援を一般的な教育制度の下で
    受けること。
  (e) 学問的及び社会的な発達を最大にする環境において，完全な包容という目標に合致する
    効果的で個別化された支援措置がとられること。

出所：外務省 (2014)。

(3) 障害差別禁止三法

　こうしたCRPDの理念は，条約批准に向けて整備された国内法にも反映さ
れている。とりわけ，**障害者基本法**，「障害を理由とする差別の解消の推進に
関する法律」(以下，**障害者差別解消法**)，「障害者の雇用の促進等に関する法律」
(以下，**障害者雇用促進法**) は，「障害差別禁止三法」として障害者差別の禁止に
重要な役割を担っている。1993年制定の障害者基本法は，1970年制定の心身
障害者対策基本法の改正法であり，我が国の障害者施策の基本的な考え方を定
めたものである。

　2004年の改正障害者基本法は，障害に基づく差別の禁止を盛り込んだもの
の，差別についての定義や救済規定はなく，裁判規範性のない理念法から脱却
できずにいた (違反しても法的救済措置が認められない)。こうした状況は，
CRPDの理念に合致するものではなく，さらなる法改正を要した。2011年の
改正では，あらためて障害に基づく差別の禁止が確認されるとともに，社会的
障壁の除去を要する障害のある人のための合理的配慮の提供が初めて明示され
た (第4条)。教育についても，「可能な限り障害者である児童及び生徒が障害
者でない児童及び生徒と共に教育を受けられるよう配慮」すべきことが規定さ

れた（第16条第1項）。これらの原則を具現化する法律として，2013年に障害者差別解消法の制定と障害者雇用促進法の改正が行われた。

　障害者差別解消法は，教育，公共交通，医療，雇用など日常生活に関わる広範な分野を対象とするが，一貫して公立学校を含む行政機関に対する①障害を理由とする不当な差別的取り扱いの禁止，②社会的障壁除去のために必要な合理的配慮の提供を義務化している（第7条）。制定当初には，私立学校等の民間事業者による合理的配慮の提供は努力義務であった（第8条）。ただし，2021年5月に改正法が成立し，民間事業者にも合理的配慮の提供義務が課せられることになった（改正法公布日2021年6月4日から3年以内に施行）。すでに，文部科学省は2015年に障害者差別解消法の施行に向けた民間事業者に対する「対応指針」を公表し，合理的配慮の提供に向けた本人・保護者との対話による合意形成の重要性を指摘してきた。なお，雇用分野における対応については，障害者雇用促進法が適用されることになる（障害者差別解消法第13条に規定）。

　「障害差別禁止三法」は，共通して「社会モデル」に立脚している。社会モデルとは，「障害者が日常生活又は社会生活において受ける制限は，心身の機能の障害（難病に起因する障害を含む。）のみに起因するものではなく，社会における様々な障壁と相対することによって生ずる」（内閣府，2020）のであり，その社会的障壁を取り除くことは社会の責務であるとの考え方である。従来では，「医学モデル」に基づき，障害は病気や傷害，その他の健康状態から直接的に生じる個人の問題として捉えられてきた。こうした考え方の転換は，2016年の改正発達障害者支援法をはじめとする関連法制にも見られる。すなわち，今日の学校教育において，子どもの困難に応じた学習環境の整備や合理的配慮の提供が重要な意味をもっている。

2　特別支援教育法制の枠組み

（1）教育基本法・学校教育法の方向性

　学校教育の基本的理念や原則は，1947年に制定された**教育基本法**に規定されている。2006年の改正にあたっては，「すべて国民は，ひとしく，その能力

に応じた教育を受ける機会を与えられなければならず，人種，信条，性別，社会的身分，経済的地位又は門地によって，教育上差別されない」（第 4 条第 1 項）との規定を引き継ぎつつ，新たに「国及び地方公共団体は，障害のある者が，その障害の状態に応じ，十分な教育を受けられるよう，教育上必要な支援を講じなければならない」（第 2 項）との条文が追加された。第 1 項に例示された人種，信条，性別などの他，これまでも障害に基づく差別は禁止されていると解されてきた。しかし，第 2 項の新設により，障害のある人に対する公的な教育上の支援がより積極的に求められることになった（衆議院, 2006）。新たな教育基本法で改められた方向性に則り，学校制度の具体的な内容が学校教育法に定められている。

　教育基本法と同年に施行された**学校教育法**は，その制定以来，「特殊教育」という用語により，障害のある子どものための教育を規定してきた。文部科学省（2003）が述べるように，特殊教育の仕組みでは，障害の種類，程度に応じたきめ細かな教育を行うため，「盲・ろう・養護学校」や「特殊学級」などが整備されてきた。しかし，ノーマライゼーションの進展や障害の重度・重複化や多様化といった状況の変化をふまえ，一人ひとりのニーズを把握し，必要な支援を行うことが必要とされるようになった。このことから，2007 年に改正学校教育法が施行されることになり，**特別支援教育**コーディネーターや個別の**教育支援計画**[(2)]を導入しつつ，特殊教育から「特別支援教育」への転換が図られることになった。特別支援教育については，主に第 8 章（第 72 条から第 82 条）に規定されている。そして，CRPD の批准に向けた制度改革の動きを加速させながら，学校教育法に規定された通常の学級，通級による指導，特別支援学級，特別支援学校といった**多様な学びの場**を整備し，「**共生社会**」の形成に向けたインクルーシブ教育システムの構築が目指されてきた（文部科学省, 2012）。

---

(2)　その後，学校教育法施行規則（第 134 条の 2）に「校長は，特別支援学校に在学する児童等について個別の教育支援計画（学校と医療，保健，福祉，労働等に関する業務を行う関係機関及び民間団体（次項において「関係機関等」という。）との連携の下に行う当該児童等に対する長期的な支援に関する計画をいう。）を作成しなければならない」と規定された。この規定は，特別支援学級（第 139 条の 2）および通級による指導（第 141 条の 2）の対象児童生徒に準用されており，個別の教育支援計画の策定は義務化されている（2018 年 8 月現在）。

（2）学校教育法における特別支援学校に関する規定

　学校教育法第72条では，特別支援学校が，「視覚障害者，聴覚障害者，知的障害者，肢体不自由者又は病弱者（身体虚弱者を含む。以下同じ。）」の５つの障害種別を対象に，「幼稚園，小学校，中学校又は高等学校に準ずる教育を施すとともに，障害による学習上又は生活上の困難を克服し自立を図るために必要な知識技能を授けること」を求めている。特別支援学校に在籍する幼児児童生徒数および学校数は継続的な増加傾向にあるとともに（図2−1），障害の重度重複化⁽³⁾が課題となっている（表2−2）。そして，文部科学省（2020b）によれば，2019年度における小・中学部の重複学級在籍率（33.4%）は依然として高い水準にある。

　また，第73条は，特別支援学校が「前条に規定する者に対する教育のうち当該学校が行うものを明らかにするものとする」と規定している。2007年以前における盲・ろう・養護学校の区分がなくなり，制度上特別支援学校に一本化された。これにより，複数の障害種別に対応することが可能になった。一方で，法令上の「特別支援学校」が対応する障害種別が必ずしも明確ではなく，円滑な就学や対外的な説明責任の観点から，各学校が扱う障害種別を明らかにすることになった。そして，第74条には特別支援学校が「第72条に規定する目的を実現するための教育を行うほか，幼稚園，小学校，中学校，義務教育学校，高等学校又は中等教育学校の要請に応じて，（中略）必要な助言又は援助を行うよう努めるものとする」との規定が盛り込まれている。ここでは，特別

---

(3)　障害が重度重複して通学が困難な児童生徒に対しては，特別支援学校の一教育形態として，教員が家庭，児童福祉施設，医療機関等を訪問して行う訪問教育が行われている。学校教育法に訪問教育の文言は示されていない。しかし，学校教育法施行規則（第131条）は，「特別支援学校の小学部，中学部又は高等部において，複数の種類の障害を併せ有する児童若しくは生徒を教育する場合又は教員を派遣して教育を行う場合において，特に必要があるときは，（中略）特別の教育課程によることができる」と規定している。他方，学校教育法における保護者の教育を受けさせる義務（第17条）が，「病弱，発育不完全その他やむを得ない事由のため，就学困難と認められる者の保護者に対しては，市町村の教育委員会は，文部科学大臣の定めるところにより，（中略）義務を猶予又は免除することができる」との規定も残されている。2019年5月1日現在の病弱・発育不完全による就学免除・猶予者（2019年度）は，全国で30人と減少傾向にある（文部科学省，2020b）。

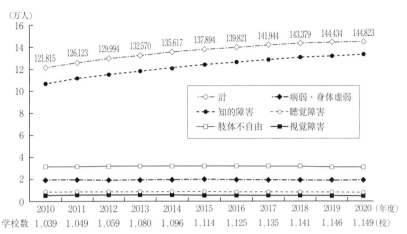

図 2 - 1　特別支援学校（幼稚部・小学部・中学部・高等部）在籍者の推移（各年度 5 月 1 日現在）
　　出所：文部科学省（2020b）をもとに筆者作成。

表 2 - 2　特別支援学校の設置数と在学者数（2020 年 5 月現在）

区分	学校数	在学者数							
		計	幼稚部	小学部	中学部	高等部	訪問教育学級（再掲）		
							小学部	中学部	高等部
	1,149	144,823	1,329	46,273	30,649	66,572	1,187	719	784
視覚障害のみ	62	1,787	130	303	245	1,109	−	−	−
聴覚障害のみ	85	4,270	953	1,355	817	1,145	−	−	−
知的障害のみ	562	95,967	65	26,846	18,714	50,342	25	20	41
肢体不自由のみ	117	3,021	29	1,125	742	1,125	28	16	15
病弱・身体虚弱のみ	58	2,081	−	643	722	716	113	100	21
複数障害対象　小計	265	37,697	152	16,001	9,409	12,135	1,021	583	707
（再掲）									
視覚障害	86	4,978	196	1,534	1,037	2,211	89	62	43
聴覚障害	119	7,850	1,042	3,017	1,636	2,155	56	24	14
知的障害	790	133,308	208	42,730	27,992	62,378	1,010	553	727
肢体不自由	352	30,905	100	13,298	7,817	9,690	1,002	540	692
病弱・身体虚弱	158	19,240	15	7,288	4,992	6,945	574	415	315

　　注：再掲欄は，上段の数値を障害種別に延べ数で計上し直したものである。
　　出所：文部科学省（2020c）をもとに筆者作成。

支援学校の「センター的機能」が規定されており，地域における特別支援教育の推進に中核的な役割を担うことが努力義務とされている。

第75条は「第72条に規定する視覚障害者，聴覚障害者，知的障害者，肢体不自由者又は病弱者の障害の程度は，政令で定める」と規定している。つまり，特別支援学校への就学の対象となる障害の程度（以下，「**就学基準**」）については，学校教育法施行令（第22条の３）に委任されている（表2-3）。従来，就学基準に該当する場合は，原則として特別支援学校に就学すべきとされてきた。しかし，2013年に学校教育法施行令の改正が行われ，障害の状態に限らず，本人の教育的ニーズ，本人・保護者の意見，専門的見地からの意見，学校や地域の状況等を総合的に勘案して就学先を決定する仕組みに改められている（図2-2）。就学基準は，特別支援学校に入学させるための基準ではなく，入学可能な障害の程度を示すための機能を果たすことになった。なお，保護者の意見聴取義務は，すでに2007年から就学先の決定の際に導入されていたが，2013年には就学に限らず転学の機会にも拡大されている（学校教育法施行令第18条の２関係）。

第76条は，「特別支援学校には，小学部及び中学部を置かなければならない。ただし，特別の必要のある場合においては，そのいずれかのみを置くことができる」（第1項），ならびに「特別支援学校には，小学部及び中学部のほか，幼稚部又は高等部を置くことができ，また，特別の必要のある場合においては，前項の規定にかかわらず，小学部及び中学部を置かないで幼稚部又は高等部のみを置くことができる」（第2項）と定めている。小・中学部の設置を原則としながらも，幅広い年齢層に対応する早期からの一貫した学校体制の構築が可能とされている。また，地域のニーズ等に応じて，各学部単独での設置が認められている。第77条には「特別支援学校の幼稚部の教育課程その他の保育内容，小学部及び中学部の教育課程又は高等部の学科及び教育課程に関する事項は，幼稚園，小学校，中学校又は高等学校に準じて，文部科学大臣が定める」とある。言い換えれば，文部科学大臣が定める学校教育法施行規則が，教科編成（小学部第126条，中学部第127条，高等部第128条）とともに，教育課程の基準として教育要領・学習指導要領を示している（第129条）。

表 2-3　学校教育法施行令（第22条の3）

区　分	障害の程度
視覚障害者	両眼の視力がおおむね0.3未満のもの又は視力以外の視機能障害が高度のものの うち，拡大鏡等の使用によつても通常の文字，図形等の視覚による認識が不可能 又は著しく困難な程度のもの
聴覚障害者	両耳の聴力レベルがおおむね60デシベル以上のもののうち，補聴器等の使用に よつても通常の話声を解することが不可能又は著しく困難な程度のもの
知的障害者	1　知的発達の遅滞があり，他人との意思疎通が困難で日常生活を営むのに頻繁 に援助を必要とする程度のもの 2　知的発達の遅滞の程度が前号に掲げる程度に達しないもののうち，社会生活 への適応が著しく困難なもの
肢体不自由者	1　肢体不自由の状態が補装具の使用によつても歩行，筆記等日常生活における 基本的な動作が不可能又は困難な程度のもの 2　肢体不自由の状態が前号に掲げる程度に達しないもののうち，常時の医学的 観察指導を必要とする程度のもの
病弱者	1　慢性の呼吸器疾患，腎臓疾患及び神経疾患，悪性新生物その他の疾患の状態 が継続して医療又は生活規制を必要とする程度のもの 2　身体虚弱の状態が継続して生活規制を必要とする程度のもの

注：(1)視力の測定は，万国式試視力表によるものとし，屈折異常があるものについては，矯正視
　　 力によつて測定する。
　　(2)聴力の測定は，日本産業規格によるオージオメータによる。

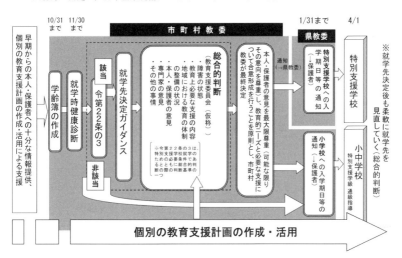

図 2-2　障害のある児童生徒の就学先決定について（手続きの流れ）

出所：文部科学省（2013）。

第78条は,「特別支援学校には,**寄宿舎**を設けなければならない。ただし,特別の事情のあるときは,これを設けないことができる」と定めている。また,第79条において「寄宿舎を設ける特別支援学校には,寄宿舎指導員を置かなければならない」(第1項),および「**寄宿舎指導員**は,寄宿舎における幼児,児童又は生徒の日常生活上の世話及び生活指導に従事する」(第2項)と続けている。居住地からの通学が困難な幼児児童生徒に対する就学保障のために寄宿舎の設置が認められており,そこには寄宿舎指導員が配置されることになる。また,第80条において,「都道府県は,その区域内にある学齢児童及び学齢生徒のうち,視覚障害者,聴覚障害者,知的障害者,肢体不自由者又は病弱者で,その障害が第75条の政令で定める程度のものを就学させるに必要な特別支援学校を設置しなければならない」と規定されている。小・中学校の設置義務は市町村(第38条・第39条)にあるが,特別支援学校の設置義務は都道府県にある。

　関連して,学校教育法は,設置者が学校の種類に応じた設置基準に従って,学校を設置することを定めているものの(第3条),特別支援学校に関する設置基準のみが定められてこなかった。そのため,特別支援学校の在籍者数の増加に対して,慢性的な教室不足が続いてきた。全国の特別支援学校で3162教室が不足(2019年5月1日現在)している実態があった(文部科学省,2019)。こうしたなか,2021年9月に初めて**特別支援学校設置基準**(令和3年文部科学省令第45号)が公布された。これにより,特別支援学校を設置するために必要な最低限の基準(1学級の幼児児童生徒の上限人数や校舎面積,備えるべき施設など)が示され,特別支援学校の在籍者数の増加に伴う慢性的な教室不足の解消に期待されている(編制や施設設備の規定は2023年4月1日から施行)。

(3) 学校教育法における通常の学校に関する規定

　第81条第1項は,2007年改正学校教育法において第74条とともに新設された条項であり,「幼稚園,小学校,中学校,義務教育学校,高等学校及び中等教育学校においては,次項各号のいずれかに該当する幼児,児童及び生徒その他教育上特別の支援を必要とする幼児,児童及び生徒に対し,文部科学大臣の

表 2 - 4　特別支援学級の設置数及び在籍者数（数値は2020年5月1日現在）

		計	知的障害	肢体不自由	病弱・身体虚弱	弱視	難聴	言語障害	自閉症・情緒障害
学級数	小学校	48,848〔69.8%〕	20,694 42.4%	2,339 4.8%	1,893 3.9%	402 0.8%	939 1.9%	568 1.2%	22,013 45.1%
	中学校	20,630〔29.5%〕	9,305 45.1%	836 4.1%	804 3.9%	157 0.8%	383 1.9%	142 0.7%	9,003 43.6%
	義務教育学校	469〔0.7%〕	213 45.4%	17 3.6%	11 2.3%	2 0.4%	10 2.1%	5 1.1%	211 45.0%
	合　計	69,947〔100%〕	30,212 43.2%	3,192 4.6%	2,708 3.9%	561 0.8%	1,332 1.9%	715 1.0%	31,227 44.6%
在籍者数	小学校	216,738〔71.7%〕	96,639 44.6%	3,505 1.6%	3,050 1.4%	456 0.2%	1,400 0.6%	1,279 0.6%	110,409 50.9%
	中学校	83,802〔27.7%〕	40,648 48.5%	1,150 1.4%	1,246 1.5%	185 0.2%	553 0.7%	198 0.2%	39,822 47.5%
	義務教育学校	1,933〔0.6%〕	945 48.9%	30 1.6%	16 0.8%	2 0.1%	12 0.6%	18 0.9%	910 47.1%
	合　計	302,473〔100%〕	138,232 45.7%	4,685 1.5%	4,312 1.4%	643 0.2%	1,965 0.6%	1,495 0.5%	151,141 50.0%

出所：文部科学省（2020b）をもとに筆者作成。

定めるところにより，障害による学習上又は生活上の困難を克服するための教育を行うものとする」と規定している。続けて，第 2 項として「小学校，中学校，義務教育学校，高等学校及び中等教育学校には，次の各号のいずれかに該当する児童及び生徒のために，特別支援学級を置くことができる」と規定し，その対象として①知的障害者，②肢体不自由者，③身体虚弱者，④弱視者，⑤難聴者，⑥その他障害のある者で，特別支援学級において教育を行うことが適当なもの，を列挙している。第 6 号「その他」については，言語障害者，自閉症・情緒障害者が含まれている（2013年10月 4 日付25文科初第756号通知）。その実態と傾向は表 2 - 4 および図 2 - 3 に示した通りであり，自閉症・情緒障害を中心に全体的な増加傾向にある。2020年度における特別支援学級の設置率は，小学校（84.4%），中学校（78.4%），義務教育学校（84.9%）をあわせて82.4%にも上る（文部科学省，2020c）。

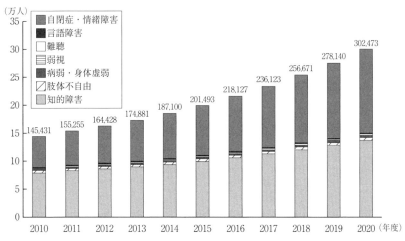

図2-3　小・中学校特別支援学級の児童生徒数の推移（各年度5月1日現在）

出所：文部科学省（2021a）をもとに筆者作成。

　第81条第1項の対象は，第2項に示された特別支援学級対象者以外の教育上特別の支援を必要とする幼児，児童および生徒であり，「LD，ADHD，高機能自閉症などの発達障害を含め小中学校等に在籍をする障害のある児童生徒等」である（参議院，2006）。通常の学級に在籍する発達障害を含め，通常の学校のすべての学級における特別支援教育の充実が求められていることになる。また，第3項は，「前項に規定する学校においては，疾病により療養中の児童及び生徒に対して，特別支援学級を設け，又は教員を派遣して，教育を行うことができる」との規定により，病院内に特別支援学級（院内学級）を設置することも認められている。第82条は，就学年齢などの準用規定となっている。

　「**通級による指導**」は，通常の学級に在籍する障害のある児童生徒が，大部分の授業を在籍する通常の学級で受けながら，特別な指導を特別な場で受ける教育の形態であり，学校教育法施行規則（第140条および第141条）に基づいている。小・中学校については，1995年に制度化されており，2018年度から高等学校も対象に加えられている。その対象障害種は，①言語障害者，②自閉症者，③情緒障害者，④弱視者，⑤難聴者，⑥学習障害者，⑦注意欠陥多動性障害者，⑧その他障害のある者で，この条の規定により特別の教育課程による教

表 2-5　通級による指導を受けている児童生徒数（2019 年 5 月現在）

（単位：名）

		計	言語障害	自閉症	情緒障害	弱視	難聴	学習障害	注意欠陥多動性障害	肢体不自由	病弱・身体虚弱
小学校	国立	82	36	10	8	—	2	22	4	—	—
	公立	116,518	39,062	21,216	15,950	191	1,770	17,607	20,616	82	24
	私立	33	8	11	2	—	3	3	6	—	—
	計	116,633	39,106	21,237	15,960	191	1,775	17,632	20,626	82	24
中学校	国立	10	—	3	2	1	2	—	2	—	—
	公立	16,711	555	4,035	3,082	24	414	4,623	3,929	35	14
	私立	44	1	13	7	2	7	8	2	3	1
	計	16,765	556	4,051	3,091	27	423	4,631	3,933	38	15
高等学校	国立	—	—	—	—	—	—	—	—	—	—
	公立	732	29	337	103	—	2	115	143	1	2
	私立	55	—	10	1	4	7	11	7	3	12
	計	787	29	347	104	4	9	126	150	4	14
計	国立	92	36	13	10	1	4	22	6	—	—
	公立	133,961	39,646	25,588	19,135	215	2,186	22,345	24,688	118	40
	私立	132	9	34	10	6	17	22	15	6	13
	計	134,185	39,691	25,635	19,155	222	2,207	22,389	24,709	124	53

注：障害種を分けずに通級による指導を実施している場合は，学校が主障害と判断した障害種に計
　　上。
出所：文部科学省（2020a）。

育を行うことが適当なもの，となっている（第140条）。第 8 号「その他」につ
いては，肢体不自由，病弱および身体虚弱が含まれる（平成25年10月 4 日付25
文科初第756号通知）。なお，2006年から，対象障害種に学習障害者，注意欠陥
多動性障害者が追加されるとともに，「情緒障害者」に含まれていた自閉症者
が独立したカテゴリーとなった（平成18年 3 月31日付17文科初第1177号通知）。
対象児童生徒が，在籍校以外の学校において通級指導を受ける場合（他校通級）
も，他校で受けた授業を在籍校の授業とみなすことができる（第141条）。ただ
し，知的障害者については，生活に結びつく実際的・具体的な内容を継続して
指導することが必要であることから，一定の時間のみ取り出して行う通級によ

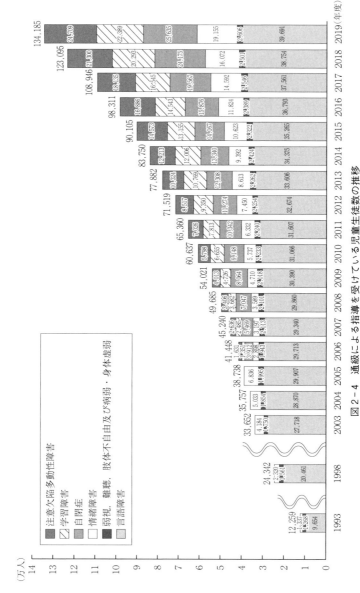

図2-4　通級による指導を受けている児童生徒数の推移

注：平成30年度から、国立・私立学校を含めて調査。高等学校における通級による指導は平成30年度開始であり、平成30年度から計上。
　　小学校には義務教育学校前期課程、中学校には義務教育学校後期課程及び中等教育学校前期課程、高等学校には中等教育学校後期課程
　　を含める。数値は各年度5月1日現在。
出所：文部科学省（2021a）をもとに筆者作成。

凡例：
注意欠陥多動性障害
学習障害
自閉症
情緒障害
弱視、難聴、肢体不自由及び病弱・身体虚弱
言語障害

（万人）
14
13
12
11
10
9
8
7
6
5
4
3
2
1
0

1993　1998　2003　2004　2005　2006　2007　2008　2009　2010　2011　2012　2013　2014　2015　2016　2017　2018　2019（年度）

る指導の対象とはされていない。対象の拡大も影響しているが，対象児童生徒は制度化当時に比べ，約11倍（2019年度）に急増している（表 2-5・図 2-4）。

3　特別支援教育を取り巻く関連法制

（1）標準法および特別支援学校設置基準

　特別支援学校および特別支援学級の学級編成については，設置者にかかわらず学校教育法施行規則に規定されてきた。従来，その第120条第 1 項では「特別支援学校の幼稚部において，主幹教諭，指導教諭又は教諭（以下「教諭等」という。）一人の保育する幼児数は，8 人以下を標準とする」こと，第 2 項で「特別支援学校の小学部又は中学部の 1 学級の児童又は生徒の数は，法令に特別の定めのある場合を除き，視覚障害者又は聴覚障害者である児童又は生徒に対する教育を行う学級にあつては10人以下を，知的障害者，肢体不自由者又は病弱者（身体虚弱者を含む。以下同じ。）である児童又は生徒に対する教育を行う学級にあつては15人以下を標準とし，高等部の同時に授業を受ける 1 学級の生徒数は，15人以下を標準とする」と定めていた。特別支援学級については，「小学校，中学校若しくは義務教育学校又は中等教育学校の前期課程における特別支援学級の 1 学級の児童又は生徒の数は，法令に特別の定めのある場合を除き，15人以下を標準とする」とされた（第136条）。

　ただし，「公立義務教育諸学校の学級編制及び教職員定数の標準に関する法律」（以下，**義務標準法**）が，公立学校に対するより小規模な学級編制の標準を規定している。第 3 条第 2 項は，特別支援学級の 1 学級の児童または生徒の数について，小・中学校ともに 8 人としている。第 3 条第 3 項に規定された公立特別支援学校の小・中学部の 1 学級の児童または生徒の数の基準は，6 人（文部科学大臣が定める障害を 2 以上あわせ有する重複障害の児童または生徒で学級を編制する場合は 3 人）を標準としている。そして，都道府県教育委員会が，本項の規定により定める数を下回る数を基準として定めることが認められている。また，2017年の義務標準法改正により，障害に応じた特別の指導（通級による指導）のための基礎定数（児童生徒13人に 1 人）が新設されている（第 7 条第 1 項第

5号）。

　他方，「公立高等学校の適正配置及び教職員定数の標準等に関する法律」（高校標準法）は，公立特別支援学校高等部の学級編制の標準について，重複障害生徒の学級を編制する場合3人，それに該当しない生徒による学級編制の場合は8人を標準としている（第14条）。高等学校における通級による指導については，2018年3月の同法施行令の改正により，「教職員定数の算定に関する特例」（第2条の3第1項）に基づいて加配定数措置が可能となった。加配定数は，国が都道府県等から提出された申請を受け，学校の個別の課題解決のために学級担任等の基本的な教職員定数（基礎定数）とは別に年度ごとの予算内で措置される。高等学校における特別支援学級の学級編成基準は見られない。

　このように，標準法の規定が学級編成の補助的基準として機能してきた。ただし，2021年に特別支援学校設置基準が制定されたことにより，より明確な学級編成の基準が示された。特別支援学校設置基準の第5条では，幼稚部の1学級の幼児数は5人以下（第1項），小学部または中学部は6人以下（第2項），高等部は8人以下（第3項）と規定され，各部とも視覚障害，聴覚障害，知的障害，肢体不自由又は病弱のうち2以上併せ有する幼児・児童・生徒で学級を編制する場合には，3人以下とされた（ただし，特別の事情があり，かつ，教育上支障がない場合は，この限りでない）。なお，特別支援学校設置基準の施行に伴い，上述した学校教育法施行規則の第120条は削除となった（2023年4月1日施行）。

（2）教育職員免許法

　教育職員免許法は，「教育職員は，この法律により授与する各相当の免許状を有する者でなければならない」（第3条第1項）と規定し，学校の種類ごとの教員免許状が必要とされている（相当免許状主義）。特別支援学校についても，「特別支援学校の教員（養護又は栄養の指導及び管理をつかさどる主幹教諭，養護教諭，養護助教諭，栄養教諭並びに特別支援学校において自立教科等の教授を担任する教員を除く。）については，第1項の規定にかかわらず，特別支援学校の教員の免許状のほか，特別支援学校の各部に相当する学校の教員の免許状を有する者でなければならない」と定めている（第3条第3項）。たとえば，特別支援学校小

学部の教員は，特別支援学校教諭免許状に加え，小学校教諭免許状が求められる。

　しかし，「幼稚園，小学校，中学校又は高等学校の教諭の免許状を有する者は，当分の間，（中略）特別支援学校の相当する各部の主幹教諭（養護又は栄養の指導及び管理をつかさどる主幹教諭を除く。），指導教諭，教諭又は講師となることができる」（附則第15項）との特例が認められている。文部科学省（2021b）によれば，特別支援学校における特別支援学校教諭免許状（当該障害種の免許状）保有者の割合は，2020年度5月現在，84.9％（前年度83.0％）と微増傾向となっている。障害種別に見ると，知的障害教育（88.0％），肢体不自由教育（85.7％），病弱教育（80.4％）に比べ，視覚障害教育（66.1％），聴覚障害教育（59.6％）がやや低い。特別支援学級や通級による指導の担当教員は，特別支援学校教諭免許状を有することは法令上に規定されていないが，特別支援教育の充実には通常の学校を含むすべての教員の専門性の確保が求められる。なお，2019年度における特別支援学級担当教員の特別支援学校教諭免許状保有者の割合は，小学校（32.3％），中学校（27.6％）と高くはなく，特別支援教育制度化以降ほとんど変化していない（文部科学省，2020b）。

（3）バリアフリー法

　1994年に制定された「高齢者，身体障害者等が円滑に利用できる特定建築物の建築の促進に関する法律」（以下，ハートビル法）により，高齢者，身体障害者等が支障なくアクセスできる建築物の整備が進められ，不特定多数の者が利用するデパート，ホテルなどの公共的な建築物（「特定建築物」）の質的向上が図られた。また，2000年には「高齢者，身体障害者等の公共交通機関を利用した移動の円滑化の促進に関する法律」（以下，交通バリアフリー法）が施行されたことにより，公共交通機関の駅や電車・バスなどの車両をはじめ，移動や施設に関する利便性や安全性が促進された。

　2002年に改正されたハートビル法は，不特定多数の者が利用し，または主として高齢者，障害者等が利用する「特別特定建築物」（バリアフリー基準適合義務）の対象に特別支援学校（当時の盲・ろう・養護学校）を指定するとともに，

表 2-6 公立小・中学校等におけるバリアフリー化の整備目標

対　　象		2020（令和 2 ）年度（現状）		2025（令和 7 ）年度末までの目標案
車椅子使用者用トイレ		校　舎	65.2%	避難所に指定されている全ての学校に整備する※2020年度調査時点で総学校数の約95％に相当
		屋内運動場	36.9%	
スロープ等による段差解消	門から建物の前まで	校　舎	78.5%	全ての学校に整備する（小修繕や既製品による対応を含む。）
		屋内運動場	74.4%	
	昇降口・玄関等から教室等まで	校　舎	57.3%	
		屋内運動場	57.0%	
エレベーター（エレベーター整備数には，1 階建ての校舎，屋内運動を含む。）		校　　舎	27.1%	要配慮児童生徒等[注]が在籍する全ての学校に整備する※2020年度調査時点で総学校数の約40％に相当
		屋内運動場	65.9%	要配慮児童生徒等が在籍する全ての学校に整備する※2020年度調査時点で総学校数の約75％に相当

注：円滑な移動等に配慮が必要な児童生徒及び教職員を指す。
出所：文部科学省（2020a）。

　その他の学校の施設をバリアフリー基準の努力義務を負う「特定建築物」とした。2006年には「高齢者，障害者等の移動等の円滑化の促進に関する法律」（以下，バリアフリー法）が成立し，一体的なバリアフリー施策の推進のために，ハートビル法と交通バリアフリー法が統合・拡充された。それにより，身体障害者のみならず，知的・精神・発達障害などのすべての障害者が対象となり，従前の建築物および交通機関だけでなく，道路・路外駐車場などの生活空間を含む総合的なバリアフリー化が進められることになった。

　しかし，施設などのハード面のバリアフリー化が進む一方で，社会のソフト面（市民の意識や態度など）での対応の不足が課題となっていた。これに対し，2020年にバリアフリー法の一部改正が行われ，①高齢者，障害者等の移動等の円滑化に資する「心のバリアフリー」教育の推進，および②「特別特定建築物」の範囲拡大によるバリアフリー基準適合義務の対象施設として，公立小・中学校が追加されている（令和 2 年 6 月24日付 2 文科教第257号通知）。これを受け，文部科学省（2020a）はバリアフリーの現状把握に基づく数値目標を定め，

学校設置者におけるバリアフリー化の計画的な取り組みを強化している（表2-6）。そして，学校施設バリアフリー化推進指針の改訂が行われ，バリアフリー化された学校施設がインクルーシブ教育システムの構築に資するよう整備されることが目指されている。[(4)]

学習課題　① 合理的配慮を提供することの意義や実践例について考えてみよう。
　　　　　　② 新たな就学システムの長所と短所について考えてみよう。
　　　　　　③ 学校において社会モデルの考え方を浸透させるための課題を考えてみよう。

引用・参考文献

外務省「障害者の権利に関する条約」2014年。

最高法規としての憲法のあり方に関する調査小委員会「『憲法と国際法（特に，人権の国際的保障）』に関する基礎的資料」（平成16年4月22日の参考資料）（衆憲資第50号）2004年。

参議院「第164回国会　参議院文教科学委員会会議録　第8号」（平成18年4月18日）2006年。

衆議院「第164回国会　教育基本法に関する特別委員会会議録　第6号」（平成18年5月31日）2006年。

内閣府「令和2年版　障害者白書」2020年。

文部科学省「今後の特別支援教育の在り方について（最終報告）」2003年。

文部科学省「共生社会の形成に向けたインクルーシブ教育システム構築のための特別支援教育の推進（報告）」2012年。

文部科学省「教育支援資料——障害のある子供の就学手続と早期からの一貫した支援の充実」2013年。

文部科学省「公立特別支援学校における教室不足調査（令和元年度）結果について」2019年。

---

(4) 学校におけるバリアフリーについては，2008年に「障害のある児童及び生徒のための教科用特定図書等の普及の促進等に関する法律」（教科書バリアフリー法）が施行され，「障害その他の特性の有無にかかわらず児童及び生徒が十分な教育を受けることができる学校教育の推進に資すること」（第1条）が目指されている。また，2019年に施行された「視覚障害者等の読書環境の整備の推進に関する法律」（読書バリアフリー法）は，視覚障害，発達障害，肢体不自由その他の障害により，書籍，雑誌，新聞などの刊行物の視覚的な認識が困難な者に対し，読書環境の整備を総合的かつ計画的に推進することとされている。

文部科学省「学校施設におけるバリアフリー化の加速に向けて――誰もが安心して学び，育つことができる教育環境の構築を目指して（報告）」2020年a。

文部科学省「特別支援教育資料（令和元年度）」2020年b。

文部科学省『令和2年度学校基本統計　学校基本調査報告書（初等中等教育機関・専修学校・各種学校編）』日経印刷，2020年c。

文部科学省「新しい時代の特別支援教育の在り方に関する有識者会議　報告」2021年a。

文部科学省「令和2年度　特別支援学校教員の特別支援学校教諭等免許状保有状況等調査結果の概要」2021年b。

第3章

発達初期の特別支援

　妊娠・分娩は，母子にとって命を落とす可能性もあるライフイベントである。どんなに医療が進歩しても助けられない命はあり，障害の発生を防ぐことができない場合がある。障害のある子をもつ母親は，子育てに不安を抱く。妊娠・分娩が包含する危険や新生児の障害について知ることは，母親の子育てに対する不安を想像することにつながる。近年，このような子どもたちが地域社会で生活できるように，法律や福祉制度の整備が進みつつある。障害の種類や程度に対応した療育を充実させることが，母親の不安を軽減するために必要とされている。発達初期では母親の不安にも配慮した支援が求められており，母子に対する特別支援として考えることが重要である。

1　妊娠・分娩の正常な経過

（1）妊娠の経過

　妊娠から分娩に至るまで，多くの場合は大きなトラブルが発生することなく経過する。しかしながら，母体死亡や胎児死亡，新生児死亡という転帰（治療の帰結を意味する医学用語）をとることがあり，妊娠・分娩は女性にとっても胎児にとっても命がけのライフイベントである。妊娠しても15％前後は流産となり，先天異常は出生児の3〜5％に認められる。また，妊娠・分娩時の様々なトラブルで新生児に障害を残すことがある。産科的には，無事に生まれて初めて「おめでとう」ということになる。

　ヒトの場合，卵子は月経開始のおよそ2週間後に，卵巣から腹腔内へ放出される。これを排卵という。放出された卵子は卵管采（卵管の先端）に捉えられ，卵管膨大部まで運ばれる。精子は通常2〜3億個が腟内に放出され，卵管膨大

部の卵子に向かって進んでいく。卵管膨大部まで到達できる精子は300〜500個といわれている。卵管膨大部で卵子と精子が受精すると，1個の受精卵となる。受精卵は細胞分裂（卵割）を繰り返しながら，卵管のなかをおよそ7日間かけて子宮へ移動し，子宮内膜に侵入する。これを着床といい，この時点が生物学的な妊娠開始となる。

　妊娠週数の数え方では月経初日の次の日が妊娠1日と定められている。このため，受精時は妊娠2週0日となり，着床時が妊娠3週0日ということになる（月経周期を一般的な28日として計算）。そして，妊娠280日目，つまり妊娠40週0日が分娩予定日となる。分娩予定日は便宜的に決められているものなので，予定日に生まれることは稀である。予定日前3週間と予定日後2週間の範囲（妊娠37週0日から妊娠41週6日まで）に生まれれば正常範囲と考えて正期産という。

（2）分娩の経過

　妊娠経過が順調に進み，妊娠37週に入ると陣痛の発来を待つことになる。陣痛が発来するといよいよ分娩である。分娩開始後，初産婦では30時間，経産婦では15時間以内に児の娩出に至れば正常とされる。分娩を介助するのは助産師であるが，児の娩出前後には緊急で医療の介入が必要になることがあり，産婦人科医は分娩に立ち会うのが一般的である。分娩直後の新生児の対応は，新生児蘇生法のトレーニングを受けた助産師あるいは看護師が担っている。新生児に異常があり，医療の介入が必要である場合には，産婦人科医が対応したうえで，小児科医に応援を求める体制をとっている病院が多い。

　多くの新生児は出生後に特別な医療の介入を必要としない。しかしながら，出生1000人に対して100人くらいは娩出直後に何らかの医療的介入が必要になる。出生時に呼吸や循環の状態が不良で，神経系の働きなども悪い状態を新生児仮死といい，出生1000人に対して20人くらいが発症する。この場合は集中的な医療的介入が必要になる。

　新生児仮死は，出生後の新生児の状態から診断する。①皮膚色，②心拍数，③刺激に対する反応，④筋緊張，⑤呼吸からなる5つの項目を0点，1点，2

点の 3 段階でスコア化し，合計点で診断する。このスコアリングシステムは，アメリカ合衆国の小児科医であるバージニア・アプガー医師（Virginia Apgar）が考案したことから，アプガースコアと呼ばれている。5 つの項目は，英語で表記すると①皮膚色（Appearance），②心拍数（Pulse），③刺激に対する反応（Grimace），④筋緊張（Activity），⑤呼吸（Respiration）となり，英語の頭文字をとると APGAR となることからアプガースコアと名づけられたという説もある。アプガースコアは 0 ～ 3 点が重症仮死，4 ～ 6 （または 7）点が軽症仮死，7 （または 8）～10 点が正常とされる。重症仮死の新生児は，皮膚色が蒼白で，ぐったりしており，心拍は遅く，呼吸も不規則である。このような場合は，小児科医による集中的な医療の介入が必要になる。

　アプガースコアは出生 1 分後と 5 分後に評価するが，5 分後の点数が低い場合は 10 分後にも評価することになっている。5 分後の点数は神経学的予後（予後は，予測される経過や転帰のこと）と相関するといわれており，新生児仮死においては，早期の医療的介入の質が児の予後にとってきわめて重要である。単胎出生児を対象にアプガースコアと脳性麻痺リスクとの関連を検証した，スウェーデンにおけるコホート研究では，出生 10 分後のスコアが低いほど，脳性麻痺のリスクが上昇すると報告されている（Persson et al., 2018）。

2　妊娠・分娩に起因する新生児の障害

（1）先天異常

　出生前に生じた形態的あるいは機能的な異常を先天異常という（先天異常のなかでも，形態の異常を特に奇形という）。その原因として，単一遺伝子異常が15～20％，染色体異常が 5 ～10％，環境要因が 5 ～10％であり，65～70％は原因不明である（木田，1982）。

①　先天異常の原因としての遺伝子異常

　ヒトは 60 兆個の細胞から成るといわれているが，それらの細胞一つひとつに，ヒトが生存し子孫を残すために必要なすべての遺伝情報が含まれている。遺伝情報は糖・リン酸・塩基（塩基にはアデニン，チミン，グアニン，シトシンの

４種類がある）で構成されるDNA（デオキシリボ核酸）が連なった形で記録されている。連続したDNAは２本が一組となっており，梯子のような形で存在する。さらに，それがねじれてらせん構造を成している。１つの遺伝情報を伝える連続したDNAのまとまりを遺伝子と呼び，１個の細胞内に存在するすべての遺伝子を総称してゲノムと呼んでいる。ヒトには約２万2000個の遺伝子が存在すると考えられている。遺伝子の集まりはきわめて細く長いため，遺伝情報を保護するために種々のタンパク質と結合し，折りたたまれて存在する。これを染色体といい，細胞分裂の際に効率よくDNAを複製するのに適した構造となっている。

　ヒトの染色体は１個の細胞に46本存在する。46本のうち44本は常染色体といい，22種類の染色体が２本ずつペアになっている。ペアになっている染色体を相同染色体といい，長い方から順に１番から22番まで番号がついている。残りの２本は性染色体といい，性別の決定に関与している。性染色体にはX染色体とY染色体の２種類がある。女性はX染色体が２本で，男性はX染色体とY染色体が１本ずつである。Y染色体はX染色体と比較して５分の１くらいの大きさである。遺伝子の量も少なく，X染色体には1100個程度の遺伝子が含まれているのに対して，Y染色体には80個程度の遺伝子しか含まれていない。

　DNAが連なった遺伝子は，DNAの組み合わせにより，体を構成する成分や生命活動に必要な酵素などを作るための設計図として働いている。同じ役割の遺伝子を母親と父親から１つずつ受け継いでおり，これを対立遺伝子という。遺伝子に異常が生じたものを変異遺伝子といい，変異遺伝子が単独で疾患を発症する場合と，対立遺伝子の両方が変異遺伝子である場合に初めて疾患を発症する場合がある。

　たとえば，マルファン症候群という**遺伝病**がある。変異遺伝子は常染色体上に存在し，対立遺伝子のうち一方が変異遺伝子であれば発症する。発症者の４分の３は親からの遺伝であり，４分の１は突然変異が原因である。細胞と細胞をつなぐ線維成分など（結合組織）を作るために働く遺伝子に異常が生じるため，全身のあらゆる臓器に影響が及ぶ。高身長で細く長い指が特徴で，脊柱側弯，水晶体亜脱臼，大動脈瘤，大動脈解離などの疾患を合併する。

　デュシェンヌ型筋ジストロフィーは，性染色体のX染色体に存在する遺伝子の異常によって発症する。筋細胞の形を保つために必要なジストロフィンというたんぱく質が合成されない。発症者の3分の2は母親からの遺伝であり，3分の1は突然変異が原因である。2〜3歳頃に運動発達の遅れ，歩行開始の遅れ，転びやすいことなどで気づかれる。やがて近位筋の筋力低下により，動揺性歩行を呈するようになり，12歳頃までには車いす移動になる。15歳を過ぎると心筋障害が生じ，20歳前後で呼吸不全と心不全が進行してくる。

②　先天異常の原因としての染色体異常

　卵子や精子のもとになる原始生殖細胞は，体細胞と同じく46本の染色体をもっている。卵子や精子が形成される際に，原始生殖細胞はまず2個に分裂（等数分裂）し，さらにそれぞれの細胞が2個に分裂（減数分裂）する。等数分裂では分裂後の細胞の染色体数は46本と変わらないが，減数分裂では半分になるので，卵子または精子1個の染色体数は23本ということになる。精子の場合は，1個の原始生殖細胞から4個の精子が形成されるが，卵子の場合は途中で3個の細胞が委縮（これらを極体という）してしまうため，形成される卵子は1個だけである。卵子と精子が合体した受精卵は，卵子由来の染色体23本と精子由来の染色体23本の合計46本の染色体を備えることになる。

　卵子形成過程の減数分裂の際に，21番の染色体がうまく分離できないことがある。この場合，卵子は21番染色体を2本もつことになる。この卵子が通常の精子と受精すると，21番染色体を3本もつ子どもが生まれる。このような染色体異常を21トリソミー（21番染色体が3本という意味）といい，英国の医師ジョン・ランドン・ダウン（John Langdon Down）の名にちなんでダウン症候群と命名された。母親の年齢が高くなるにつれて染色体不分離の割合が高くなることが知られており，すなわち母親の年齢が高いほどダウン症候群の発生率が高くなる。

　ダウン症候群の子どもは，出生時は身長，体重ともにほぼ正常範囲であるが，その後の成長は正常児に比べると遅れる傾向にある。運動の発達も遅れ，頸定，座位の保持も遅く，また歩行開始の平均年齢も2歳くらいと遅れる。中等度の精神発達遅滞を認めることが多い。身体的な特徴として，つり上がった眼裂，

低い鼻根部など特徴的な顔貌を呈する。先天性心疾患（心内膜床欠損，心室中隔欠損など），消化管奇形（鎖肛，十二指腸狭窄症など），急性白血病などの合併症を伴うことが多く，その重症度が生命予後に大きく関係する。また難聴や近視，遠視，乱視，斜視といった眼科的な異常を認めることがある。

　他に比較的頻度が高いトリソミーとして，13トリソミーと18トリソミーがある。13トリソミーでは13番染色体が3本存在し，18トリソミーでは18番染色体が3本存在する。13トリソミーは，ほとんどが出生前後に死亡し，生産児でも大半は生後3カ月以内に死亡する予後不良の疾患である。重度の知的障害，小頭症，眼間離開，小眼球症，口蓋裂，耳介変形，手指の重なり，心奇形，腎奇形などを認める。18トリソミーは，ほとんどが子宮内発育不全をきたし，大半は周産期（妊娠22週以降，生後7日未満の時期）に死亡する。心奇形や重度の知的障害を伴い，小さい眼裂，耳介変形，耳介低位，指の重なりなどを認める。

　染色体異常を妊娠中に診断する検査法として，母体血胎児染色体検査（Non-Invasive Prenatal genetic Testing；NIPT）がある。妊婦の血液中に含まれる胎児由来のDNA断片を分析することで，染色体異常（13，18，21トリソミー）を高い精度で診断することができる（遺伝子の異常は診断できない）。陰性であれば99％の確率で染色体異常を否定できるが，陽性の場合は確定診断をするために羊水検査を行う必要がある。羊水検査は腹壁から子宮内に針を刺し羊水を採取して，羊水内に含まれる胎児由来細胞の染色体を検査するものである。羊水検査では100％の精度で染色体異常を診断することができる。ただし採血と異なり侵襲的であるため，破水や子宮内感染，流産が発生することがある。

③　先天異常の原因としての環境要因1——母体感染症

●トキソプラズマ症

　トキソプラズマ症は，トキソプラズマという原虫（単細胞の寄生虫）による感染症である。トキソプラズマはほとんどすべての哺乳類・鳥類に感染することができ，終宿主はネコ科動物である。ネコ科動物の腸管上皮で増殖したトキソプラズマは，オーシスト（トキソプラズマが入った卵のようなもの）として糞便とともに体外に排泄される。哺乳類・鳥類（中間宿主という）は土壌や水を介して

オーシストを摂取しトキソプラズマに感染する。感染したトキソプラズマは,中枢神経系や筋肉内で安定した壁に覆われた組織シストと呼ばれる構造をとり増殖する。ヒトへの感染は,加熱不十分な食肉（感染した哺乳類・鳥類の肉）に含まれる組織シストや,ネコの糞便に含まれるオーシストの経口摂取により生じる。

　妊婦が初感染すると,胎盤を通して胎児に感染し,先天性トキソプラズマ症を発症することがある。その症状は,水頭症（脳室内に脳脊髄液が大量に貯留し正常な脳組織を圧迫する）,脳内石灰化,網脈絡膜炎（眼疾患で視力障害をきたす）が 3 主徴とされ,水頭症や脳内石灰化により精神運動発達遅滞を生じる。

　感染予防のためには,食肉を十分に加熱すること,および感染したネコとの接触を避けることが重要である。感染したネコはオーシストを排出するため,土壌との接触（ガーデニングなど）も避けるべきである。感染したネコから排出されたオーシストは,成熟して感染能を獲得するまでに少なくとも 24 時間を要するとされており,飼いネコの場合でも糞便の処理を 24 時間以内に行うことにより感染を回避できる。妊娠を理由に飼いネコを手放す必要はないが,飼いネコを外飼いしない,糞便の処理はできれば妊婦以外の者が 24 時間以内に行うことが重要である。

●風　疹

　風疹ウイルスによる感染症である。感染者の上気道の粘膜から排泄されるウイルスが,飛沫を介して伝播される。感染から 2 〜 3 週間の潜伏期間の後,発熱,発疹,リンパ節腫脹（耳介後部,後頭部,頸部など）が出現するが,不顕性感染が 15% 程度存在するとされている。ウイルスの排泄期間は発疹出現の前後 1 週間とされているが,解熱すると排泄されるウイルス量は減少し,急速に感染力は低下する。学校保健安全法では第 2 種の学校感染症に分類されており,原則として発疹が消失するまで出席停止となる。

　妊娠 20 週頃までの妊婦が感染すると,胎盤を通じて胎児が感染し先天性風疹症候群を発症することがある。症状として先天性心疾患,難聴,白内障,さらに精神運動発達遅滞などをきたす。

　風疹の感染予防として風疹ワクチン（弱毒生ワクチン）が実用化されており,

2006年度からはMR混合ワクチン（麻疹・風疹）が定期接種となり，1歳と6歳（正確には6歳になる年度）の幼児に対する2回接種となった。これにより，ほとんどの女性は抗体を保有しているが，十分な抗体をもっていない場合もある。妊娠を希望する女性で風疹に対する抗体を有していない場合は，先天性風疹症候群を予防するという観点から，妊娠する前に風疹ワクチンを接種することが推奨されている。

●サイトメガロウイルス感染症

　ヒトサイトメガロウイルスによる感染症である。多くの場合，唾液や尿を介して乳幼児期に感染する。初感染の乳幼児はほとんどが不顕性感染で，ウイルスは生涯宿主に潜伏感染し，宿主が免疫抑制状態になると再活性化して発熱，肝機能異常などの症状を呈することがある。

　日本では成人女性の70%がすでに感染し，抗体を保有している。妊娠中に初感染を受けたり，既感染妊婦の免疫力が極度に低下し潜伏しているウイルスが再活性化した場合には，ウイルスが胎盤を経由して胎児に感染し，先天性サイトメガロウイルス感染症を発症することがある。一般的に，妊婦が初感染の場合に胎児の症状は重くなり，小頭症，脳内（脳室周囲）石灰化，肝機能異常，難聴，神経学的後遺症を生じることがある。感染は主として感染している人の唾液や尿から感染する。妊婦への感染は妊婦の手を介するルートが主であり，妊娠中の手洗いを励行することで感染を予防することができる。感染の既往については血液検査で抗体の有無を検査することで知ることができる。

④　先天異常の原因としての環境要因2──薬剤

　精子や卵子が薬剤の影響を受けた場合は，①受精能力を失う，②受精しても着床しない，③着床しても妊娠早期に流産になるという形で淘汰される。

　受精から妊娠3週末まで，つまり最終月経から1カ月くらいの間は，ごく少数の薬剤を除いて，服用した薬剤の影響を考慮する必要はないと考えられている。

　妊娠4週から7週末までは，胎児の中枢神経，心臓，消化器，四肢などの重要な臓器が形成される時期であり，**絶対過敏期**といわれている。種々の催奇形因子に対して感受性がある（影響を受けやすい）ので臨界期ともいわれている。

　妊娠 8 週から15週末までは，胎児の重要な器官形成は終わっているが，性器分化や口蓋の閉鎖などがこの時期に起こる。このため，相対過敏期といわれている。

　妊娠16週になると胎盤が完成するので，母体に投与された薬剤は胎盤を通して胎児に到達することになる。この時期になると奇形のような形態的な異常はきたさないが，たとえば，分娩に近い時期のベンゾジアゼピン系睡眠薬の使用により新生児の筋緊張低下や嗜眠などをきたすことがある。また，エタノールは新生児の精神発達に影響を及ぼすことがわかっているので，妊娠中の飲酒は控えた方がよい。

　合併症を抱える妊婦では，絶対過敏期であっても薬剤の服用が必要な場合がある。胎児への悪影響だけを心配して薬剤を中止あるいは減量すると，母児の生命が危険にさらされることがある。

　たとえば，抗てんかん薬の服用中止は母体の命に関わる可能性があるため，自己判断で中止するのは危険である。てんかんは大脳皮質の神経細胞が過剰に興奮することにより，痙攣などの発作を繰り返す慢性疾患である。多くの場合，発作を抑えるために抗てんかん薬を内服する。生涯にわたって内服が必要な場合もあり，女性の場合は妊娠時の内服について不安に思うことが多い。バルプロ酸は広く使用されている抗てんかん薬であるが，妊娠中に服用した場合，児に神経管閉鎖障害や知能指数の低下，発達障害などを認めたという報告がある。このため，妊娠に際してはバルプロ酸以外の抗てんかん薬を使用することが望ましい。しかしながら，てんかん発作を抑えるために，バルプロ酸の内服が不可欠の場合もある。この場合でも，減量により胎児への影響を抑えられることが報告されており，主治医に相談し産婦人科医と連携して妊娠管理を行うのが望ましい。

　厚生労働省の事業として，2005年10月に国立成育医療研究センター内に「妊娠と薬情報センター」が設置された。ここでは妊娠中や妊娠を希望する女性に対して，妊娠・授乳中の薬物治療に関する相談業務を行っている。また，全国47都道府県において，大学附属（付属）病院などの地域の拠点病院に「妊娠と薬外来」が設置され，地域における相談にも対応している。主治医を通し

て相談することもできるが，直接受診して相談することも可能である。

（2）早　産

　出生児の分類には，出生時の妊娠週数による分類と，出生体重による分類がある。妊娠22週0日から妊娠36週6日までの出生を早産といい，生まれた児を早産児という。その頻度は5〜6％である。

　出生体重による分類では，出生体重が2500g未満の児を低出生体重児，1500g未満の児を極低出生体重児，1000g未満の児を超低出生体重児という。世界保健機関（WHO）では，従来2500g未満の児を未熟児と呼んでいたが，現在では低出生体重児というように変更された。

　妊娠週数と胎児の体重はほぼ相関しており，早産児はほとんどが低出生体重児となる。胎児の体重は，妊娠24週で700g，妊娠27週で1000g，妊娠30週で1500gというのがおおよその目安である。したがって，極低出生体重児は妊娠30週未満，超低出生体重児は妊娠27週未満の早産児であることが多い。ただし，妊娠高血圧症候群などでは胎盤機能の低下により胎児の発育が停滞するため，妊娠週数の割には極端に体重が少ないということが時々見受けられる。

　早産児にはその未熟さに起因する合併症が発症することがあり，その代表的なものが「新生児呼吸窮迫症候群」（Respiratory Distress Syndrome；RDS）と「脳室周囲白質軟化症」（Periventricular Leukomalacia；PVL）である。PVLは障害児教育の分野においても認知度が高い疾患である。

　超低出生体重児の長期予後については，日本小児科学会新生児委員会が1990年出生の超低出生体重児を対象として，我が国で初めて全国調査を実施した（上谷，2012）。1990年に出生した超低出生体重児2291人のうち，9歳まで追跡できたのは257人であった。その予後については，知的障害16.7％，境界知能17.5％，脳性麻痺14.5％，視力障害16.4％（両眼失明3.7％，片眼失明1.6％，弱視11.1％），聴力障害2％，てんかん9.8％，注意欠陥／多動性障害（注意欠如・多動性障害）4.3％であった。

　近年では，全国の周産期母子医療センターを対象として「周産期母子医療センターネットワークデータベース」が構築され，2003年に出生した新生児か

らデータの登録が開始され，極低出生体重児の予後に関して追跡調査がなされ
ている（楠田，2017）。

　最近の研究では，極低出生体重児は発達障害の発症率が高いことが指摘され
ており，また，超低出生体重児における精神発達予後の調査では，20〜30％に
学習障害の疑い，10％程度に注意欠陥／多動性障害（注意欠如・多動性障害）の
疑い，7％程度に自閉症スペクトラム（自閉症スペクトラム障害）の疑いがある
という報告がある（金澤ほか，2007）。

① 　新生児呼吸窮迫症候群（RDS）

　胎児は妊娠22週を過ぎると肺が成熟し，肺胞と肺毛細血管の間でガス交換
（酸素の取り込みと二酸化炭素の排出）が可能になる。しかしながら，肺胞内に空
気を吸い込むことができなくては，酸素を血液中に取り込むことができない。
肺胞は風船と同じで表面張力の影響を受けるため，肺胞すべてを膨らますため
には相当の力が必要になる。この表面張力を小さくして，肺胞を膨らみやすく
している物質が肺サーファクタントと呼ばれる界面活性物質である。肺実質を
構成する肺胞上皮細胞には2種類の細胞があり，ガス交換に関与するⅠ型肺胞
上皮細胞が約95％を占めている。残りの約5％はⅡ型肺胞上皮細胞といい，
肺サーファクタントの産生・分泌を担っている。肺サーファクタントが肺胞の
内面を覆うことで肺胞の表面張力が低下し，小さな力でも肺胞が膨らむ。肺
サーファクタントは，通常妊娠20週頃から産生され始め，妊娠30週頃に急激
に産生量が増加し，妊娠34週頃には十分量が産生・分泌されるようになる。
このため，妊娠34週未満で出生した児では肺サーファクタント不足により，
肺胞が十分に広がらず，最悪の場合には窒息に至る危険がある。

　新生児呼吸窮迫症候群は早産児（低出生体重児）に最多の合併症であり，か
つては早産児の死亡原因として最も多かった。1980年に藤原哲郎岩手医科大
学名誉教授が人工サーファクタントを開発し，その気道内投与に関する論文が
世界的に著名な医学雑誌 *Lancet* に掲載されたことで，新生児呼吸窮迫症候群
の治療状況が一変した。1987年に日本で人工サーファクタントが商品名
「サーファクテン」として実用化された。これにより新生児呼吸窮迫症候群に
対する人工サーファクタント補充療法が確立するに至り，新生児呼吸窮迫症候

群による死亡は激減した。

　しかしながら，新生児呼吸窮迫症候群による死亡は免れても，慢性肺疾患という病態に移行することがある。慢性肺疾患は，新生児期の呼吸障害が軽快した後，あるいはそれに引き続き，酸素吸入を必要とするような呼吸窮迫症状が日齢28日を越えて持続するものである。特に1500g以下の低出生体重児にとっては，後遺障害を残す可能性がある合併症として重要である。慢性肺疾患は反復性呼吸器疾患や気管支喘息などの呼吸器合併症の頻度を高めるだけではなく，精神運動発達遅滞合併の危険因子にもなっている。

② 脳室周囲白質軟化症（PVL）

　妊娠24週から34週頃の胎児の脳では，脳室周囲の白質（神経線維が集積している部分）の血管分布が少ないため，胎児が何らかの原因で低酸素状態に陥ると白質周囲も酸素不足になりやすく，容易に神経細胞が壊死（細胞や組織の死を意味する医学用語）してしまう。これを脳室周囲白質軟化症という。これは極低出生体重児の脳性麻痺の原因のおよそ3分の2を占めると考えられている。脳性麻痺は出生1000人に対して約2人が発症し，その約半数は妊娠33週未満の早産児である。脳室周囲白質軟化症は脳性麻痺の主な原因であるだけではなく，視覚認知障害の原因にもなることから，学校教育の現場において重要である。

（3）低酸素性虚血性脳症

　低酸素性虚血性脳症は，脳に十分な酸素が供給されず新生児に意識障害や痙攣などの神経症状が生じた状態をいう。脳に重度の障害を残したり，死に至ることもある。分娩では胎児に大きな低酸素ストレスがかかる。胎児は低酸素状態に比較的強いので，新生児仮死があったとしても通常は問題なく回復する。新生児は重度の低酸素状態に陥ると，腎臓や腸管の血流を減少させて脳の血流を維持する。これをダイビング反射といい，腎臓や腸管を犠牲にすることで脳を保護する仕組みが備わっている。しかしながら，重度の低酸素状態が長時間続くと，心筋虚血による心不全，呼吸不全へと進む。そして，脳虚血となって痙攣や意識障害が起こり，低酸素性虚血性脳症を発症して脳に障害を残すことになる。

　低酸素性虚血性脳症の原因として，胎児娩出前に胎盤が子宮から突然剝離する「常位胎盤早期剝離」，分娩中に臍帯が腟内に脱出する「臍帯脱出」など分娩中の突発的なトラブルがある。このような事態が発生した場合は，可及的すみやかに胎児を娩出する必要があるが，緊急帝王切開術を実施したとしても低酸素性虚血性脳症を免れない場合もある。

　低酸素性虚血性脳症は妊娠中にも発症することがある。たとえば「妊娠高血圧症候群」が原因で胎盤の血流が急激に低下したり，双胎妊娠（双子）において血液が一方の胎児に偏って多く流入することで他方が虚血になる「双胎間輸血症候群」などである。胎児への酸素供給が極端に減少すると，胎児ジストレス（胎児機能不全）を経て低酸素性虚血性脳症に至る。このため，胎児ジストレスの徴候が認められた段階で，可及的すみやかに帝王切開術で胎児を娩出する必要がある。これらのトラブルは妊娠37週以前に発症することもあり，すみやかに娩出しても，早産児の合併症である新生児呼吸窮迫症候群や脳室周囲白質軟化症の発症を免れないことがある。

　かつては分娩時の低酸素性虚血性脳症が，脳性麻痺の主な原因として考えられていたが，多くは胎生期にその原因があると理解されるに至った。関西医科大学の杉本ら（杉本ほか，1997）は，自院で経過観察中の脳性麻痺児（者）のなかで分娩時仮死（分娩時の循環不全による低酸素状態）が原因であった割合は12.3％と報告している。脳性麻痺の原因として最も多かったのは，遺伝的要因および胎生初期発生の脳発達障害で35％であった。現在は，帝王切開術が安全に行えるようになったことから，胎児ジストレスが認められた場合には，すみやかに帝王切開術に切り替えることで低酸素性虚血性脳症を予防している。しかしながら，前述したように分娩には突発的なトラブルがつきものであるため，低酸素性虚血性脳症を完全に予防することはなかなか難しい。

3　障害のある子どもに対する支援

（1）新生児集中治療室から家族のもとへ

「新生児集中治療室」（新生児集中治療管理室）はNICU（Neonatal Intensive Care

Unit)（以下，NICU）と呼ばれ，極低出生体重児や超低出生体重児，疾病のある新生児などを集中的に治療する施設である。総合周産期母子医療センターや地域周産期母子医療センターなどに整備されている。総合周産期母子医療センターは，NICUの他に「母体・胎児集中治療室」（母体・胎児集中治療管理室）を有しており，極低出生体重児の早産や胎児に重篤な疾患があることが予測される場合に，母体を胎児とともに搬送（母体搬送）し，治療する施設である。分娩前に母児の状態を把握できるので，新生児に対して出生直後から集中的に適切な治療を行うことができる。母体・胎児集中治療室には24時間体制で複数の産婦人科医が勤務しており，またNICUには24時間体制で小児科（新生児科）医が勤務している。総合周産期母子医療センターは大学附属（付属）病院や地域の基幹病院に設けられており，全国で約100施設が運用されている。地域周産期母子医療センターは総合周産期母子医療センターに準ずる施設であり，全国に約300施設が設置されている。これらの周産期母子医療センターが中心となり，最先端の周産期医療を担っている。これにより，我が国は出生1000に対して新生児死亡率が0.9（2019年）と，世界的に見ても高い周産期医療の水準を維持している。

　周産期医療の進歩により新生児の救命率は上昇したが，一方で様々な障害をもつ子どもが増加することになった。これまでは，重度の肢体不自由（寝たきりまたは座位は可能だが歩けない）と知的障害（IQ20以下）を重複した子どもを重症心身障害児と定義し，福祉の視点から様々な支援を行うため法制度や社会資源を整備してきた（重症心身障害児は医学的な診断名ではなく，行政上の支援を行うための定義である）。

　NICUで治療を受けた子どもたちのなかには，人工呼吸器管理や口腔内・鼻腔内吸引，経鼻経管栄養注入・胃瘻経管栄養注入などの医療行為を日常的に必要とする子どもがいる。医療行為が必要な子どもたちのなかには，重症心身障害児だけではなく，肢体不自由がない子ども，知的障害がない子どもも含まれている（北住，2018）。

　NICUは救命を目的として集中的な治療を行う場であり，急性期を乗り切った多くの新生児は，病状が落ち着いたところで退院となる。しかしながら，人

工呼吸器管理，気管切開管理，経管栄養など医療に対する依存度が高い重症児は，NICUから退院できずに長期間の入院を余儀なくされる。このため，NICUが病床不足となり，周産期母子医療センターにおいて母体搬送の受け入れが困難になる事態が発生している。NICUの後方病棟として「新生児治療回復室」（Growing Care Unit；GCU）（以下，GCU）を備えている病院もある。ここでは，呼吸・循環状態が安定した児をNICUより受け入れて，成長発達に合わせた育児環境を提供するとともに，児の成長発達援助および退院支援を行っている。GCUを備えている周産期母子医療センターはまだ数が少ないため，通常はNICUから小児科一般病棟へ転棟するなどして対応している。しかしながら，小児科一般病棟も病床数に余裕があるわけではなく，長期に入院し続けることは難しい。

　NICUは急性期の治療を行う場であり「ピッ，ピッ」という心電図のモニター音が常時鳴っており，また「キンコン，キンコン」と種々のモニターのアラーム音が鳴り響いている。看護師もクベース（保育器）に入っている新生児の看護ケアのため動き回っており，病状が落ち着いた新生児や乳児（生後28日目からは乳児という）が1日を過ごすには，適した環境とはいえない。GCUや小児病棟においても，児の成長発達に合わせた育児環境を提供するには限界がある。

　子どもが健全に発育・発達するには，家族とともに過ごす時間が必要である。家族の愛情を受けることで子どもは愛情豊かに育ち，また社会性が育っていく。病院では家族との面会時間が制限され，また面会できる家族が限られている。障害が重いため，自宅に帰れず施設に入所する場合であっても，子どもが成長する場としては病院よりもはるかに適している。医療に対する依存度が高い子どもたちは，これまで病院での生活を余儀なくされてきた。しかしながら，地域の社会資源を利用し地域で生活できるような仕組みを作ることで，自宅を生活の基盤とする環境が整えられつつある。

（2）医療的ケア児の在宅支援に関する法的整備

　日常生活に必要な医療的な生活援助行為を，治療行為としての医療行為と区

別して「医療的ケア」と呼ぶことが，1995年の日本小児神経学会で提唱され，その後，関係者の間で徐々に普及してきた。社会福祉士及び介護福祉士法（昭和62年法律第30号）の一部改正により，2012年4月から医療や看護との連携による安全確保が図られていること等の一定の条件のもとで，介護福祉士および一定の研修を受けた介護職員等が痰の吸引等の行為（特定行為）を実施できるようになった。「痰の吸引等」が意味する医療行為は，(a)痰の吸引（口腔内，鼻腔内，気管カニューレ内部），(b)経管栄養（胃瘻又は腸瘻，経鼻経管栄養）である。また，「介護職員等」は，具体的にはホームヘルパーや特別支援学校の教員等を指している。特定行為は医療行為であるという位置づけは維持しつつ，一定の条件下であれば違法行為にあたらないと法律的に整理された。

　元々，看護師は保健師助産師看護師法第5条において，医師の指示に基づき身体的侵襲の比較的軽微な医療行為の一部について補助することが業務として規定されている。具体的には，特定行為だけではなく，採血，静脈注射，点滴，医療機器の操作，処置など多岐にわたる医療行為を行うことができるとされる。看護師だけではなく，介護職員等が特定行為を行うことが法的に認められたことで，医療的ケア児が自宅で生活するための支援基盤が整った。

（3）障害児支援における療育理念の実践に向けて

　「療育」という用語は，高木憲次東京大学名誉教授の造語であるとされる。東京都板橋区にある心身障害児総合医療療育センターは日本で最初の肢体不自由児施設であり，高木氏の尽力により創設された。そこには「療育の碑」が建てられており，「療育の理念」と題して以下のように刻まれている（括弧内は筆者による）。

　たとえ肢体に不自由なところあるも，次の社会を担って我邦の将来を決しなければならない児童達に，くもりのない魂と希望をもたせ，その天稟（生まれつきの才能）をのばさせなければならない。それには児童を一人格として尊重しながら，先づ不自由な個処の克服につとめ，その個性と能力に応じて育成し，以って彼等が将来自主的に社会の一員としての責任を果すことが出来るよ

うに，吾人は全力を傾盡（傾け尽くすこと）しなければならない。　高木憲次

　高木氏が示した療育の理念は，対象は肢体不自由児に限定されていたが，児童を一人の人格を有する存在として尊重したうえで，疾患を治療し，同時に児童の個性と能力に応じた教育を施し，そして社会の一員として社会参加できるように関係者が全力を尽くすことであるとする。療育とは単に医療と保育・教育を合体させたものではなく，社会参加できるよう児童を支援するという福祉（社会参加支援）の要素が含まれている点が重要である。

　児童福祉法の改正により，2012年4月から障害児施設・事業が一本化され，障害児に対する支援が整理された。障害児入所支援は，従来は知的障害，自閉症，盲・ろうあ，肢体不自由，重症心身障害児と障害ごとに分かれていたが，「福祉型障害児入所施設」と「医療型障害児入所施設」の2類型に再編された。「福祉型障害児入所施設」は障害児に対して，保護，日常生活の指導および知識技術の付与を行う施設であり，「医療型障害児入所施設」はこれに医療の提供を伴うものである。

　障害児通所支援についても，障害別だったものが，支援の種類別に4類型に再編された。「児童発達支援」は，日常生活における基本的な動作の指導，知識技能の付与，集団生活への適応訓練などの支援を行うもので，これに医療を伴う場合が「医療型児童発達支援」である。「放課後等デイサービス」は，授業の終了後または休校日に，児童発達支援センター等の施設に通い，生活能力向上のための必要な訓練，社会との交流促進などの支援を行うものである。また，「保育所等訪問支援」は，児童発達支援センター等の職員が保育所等を訪問し，障害児に対して集団生活への適応のための専門的な支援を行うものである。

　障害児通所支援を担っているのは地域の児童発達支援センターである。民間の社会福祉法人が設置・運営するものが多いが，都道府県，市町村などが設置・運営するものもある。児童発達支援センターでは，通所支援を利用する障害児の療育やその家族に対する支援が中心であるが，保育所等訪問支援や障害児相談支援なども行っている。障害児相談支援とは，具体的には給付決定前の障害児通所支援の申請に係る利用計画案の作成や，給付決定後の利用計画の作

成および事業者等との連絡調整などを指している。

　2018年，改正された障害者総合支援法が施行されるとともに，児童福祉法の一部が改正され，障害児のための新しい支援である「**居宅訪問型児童発達支援**」が新設された。これは，前述の「児童発達支援」や「放課後等デイサービス」を在宅で受けることができる制度である。重度の障害のため，これらの通所支援を受けることができない障害児が対象となる。重度の障害に準ずるものとして，人工呼吸器を装着している状態その他の日常生活を営むために医療を要する状態にある場合（医療的ケア児）と，重い疾病のため感染症にかかるおそれがある場合が規定されている。

　地域には「療育センター」「医療療育センター」「総合療育センター」などの名称がついた施設があるが，「療育センター」の定義として特に定められたものはない。これらの多くは，児童福祉法に基づく「医療型障害児入院施設」や「医療型児童発達支援」の役割を担うとともに，医療法に基づく「病院」としての役割を備えており，リハビリテーションを含めた治療を行う施設でもある。医療と保育・教育，福祉の3つの役割を兼ね備えた施設であり，高木氏が説いた療育の理念を実践する施設ということができる。

　NICUを退院する子ども，あるいはNICUからGCUや小児一般病棟を経て退院する子どものなかには，退院後も医療的ケアを必要とする子どもがいる。障害が重度である場合は，家族と離れて医療型障害児入所施設で生活し，障害が軽度であれば，家族とともに自宅で生活する。自宅で生活する子どもたちは，通所支援を受けるため，児童発達センターや療育センターに通う。医療的ケアを必要としながらも，地域の幼稚園や保育所に通っている子どももいる。また，外出が難しい子どもたちは，居宅訪問型児童発達支援を受けることができる。このように社会福祉制度が整備され，施設に入所している子どもたちだけではなく，自宅で生活している子どもたちも療育が受けられるようになった。

　乳児期は親子関係の構築がなされる時期であり，幼児期は他者との関係づくりをする時期である。重症心身障害児や医療的ケア児は親に通常以上に子育ての負担がかかるため，社会資源を活用して負担の軽減を図りながら，子育てを通じて親子関係が構築できるよう支援する必要がある。また，幼児期は仲間と

の関わりを通じて認知機能の発達が促される時期でもあり，可能な範囲で集団
生活の機会を増やす必要がある。このような場面で保護者を支える専門職が，
保育士である（鹿島，2018）。保育士は障害の程度にかかわらず，子ども自身が
生き生きと主体性をもって生活や活動ができるよう考え，生きる喜びと力を育
むことを基本として，その健やかな育ちを支えられるよう努めている。幼児期
における障害児の子育て支援の中心は保育士であるが，療育の効果を最大限に
発揮するためには，医師・看護師・理学療法士・作業療法士・言語聴覚士など
の医療職や行政を含めた福祉専門職との連携が重要である。

学習課題　① 自分が住んでいる地域における障害児入所支援，障害児通所支援の提供体制
を調べ，支援が十分に行き届いているか話し合ってみよう。
② 重症心身障害児や医療的ケア児の母親は，送迎や付添いのため仕事を辞めざ
るをえない場合がある。母親が仕事を継続するために必要な支援について話し
合ってみよう。

引用・参考文献

上谷良行「超低出生体重児——最新の管理・治療と予後　中・長期予後の変遷」『周産期医学』42(5)，2012年，597〜600頁。

鹿島房子「医療を要する子どもと家族の支援を考える——医療に携わる保育士の立場から」『小児看護』41(5)，2018年，549〜554頁。

金澤忠博・安田純・北村真知子ほか「超低出生体重児の精神発達予後と評価——軽度発達障害を中心に」『周産期医学』37(4)，2007年，485〜487頁。

北住映二「“医療的ケア”の再定義」『小児看護』41(5)，2018年，522〜529頁。

木田盈四郎『先天異常の医学——遺伝病・胎児異常の理解のために』中央公論新社，1982年。

楠田聡「最新のNICU治療成績——世界最高水準のNICU治療」『医学のあゆみ』260(3)，2017年，195〜200頁。

杉本健郎・禹満・西田直樹ほか「分娩時仮死は脳性麻痺の主原因か？——神経外来で経過観察中の脳性麻痺児（者）106例の検討」『産婦人科の実際』46(8)，1997年，1133〜1138頁。

Persson, M., Razas, N., Tedroff, K., et al. "Five and 10 minute Apgar scores and risks of cerebral palsy and epilepsy: population based cohort study in Sweden," *BMJ Clinical Research*, 360, 2018, p.k207, Doi : 10.1136/bmj.k207.

第4章

知的障害児の理解と支援

　　知的障害とは，知的機能と適応行動の両面に制約のある能力障害である。日本には定義が存在しないため，世界的にも影響力のあるアメリカ知的・発達障害協会の知的障害定義によってその内容を解説する。定義の内容は明確だが，知的障害の判断基準に絶対的な意味はないことを念頭において，読み進めてほしい。続いて知的障害児の特徴を，知的機能と適応行動に関わる心理学的な知見に基づいて解説する。知的障害児は，能力を適切に発揮することに困難がある。その背景には動機づけ，実行機能，メタ認知，自尊感情といった心理機能の問題がある。それらの相互の関連性に注意しながら，内容の理解を進めていこう。

1　知的障害の理解

（1）知的障害の定義

　日本には，「知的障害」という言葉の統一された明確な定義とみなされるものはなく，行政上の必要に応じてその内容が示されている。たとえば2021年に文部科学省が示した「障害のある子供の教育支援の手引き」には「知的障害とは，一般に，同年齢の子供と比べて，『認知や言語などにかかわる知的機能』の発達に遅れが認められ，『他人との意思の交換，日常生活や社会生活，安全，仕事，余暇利用などについての適応能力』も不十分であり，特別な支援や配慮が必要な状態」と説明されている。この知的機能と適応能力の制約による知的障害の説明は，知的障害に関する世界的な定義の動向を反映したものである。
　知的障害の定義として世界的によく引用されるものの一つは，**アメリカ知的・発達障害協会**（American Association on Intellectual and Developmental

表 4-1　AAIDD, APA, WHO の知的障害定義

	定　義
AAIDD (アメリカ知的・ 発達障害協会)	知的障害は，知的機能，および概念的，社会的，実用的な適応スキルで表される適応行動の，双方の明らかな制約によって特徴づけられる。この能力障害は，運用上，22歳になるまでと定義される発達期に生じる。(2021年発行の知的障害定義第12版より)
APA (アメリカ精神医 学会)	知的能力障害（知的発達症）は，発達期に発症し，概念的，社会的，および実用的な領域における知的機能と適応機能両面の欠陥を含む障害である。(2013年発行のDSM-5より)
WHO (世界保健機関)	知的発達症は，発達期に発症する病因的に多様な群であり，明らかに平均を下回る知的機能と適応行動によって特徴づけられる。(2018年公表のICD-11より)

出所：筆者作成。

Disabilities：**AAIDD**）の定義である。最新の第12版（Schalock et al., 2021：1）では，知的障害を「**知的機能**と**適応行動**の双方の明らかな制約によって特徴づけられる」こと，および「**発達期に生じる**」ことによって定義している。また医学診断基準として世界的に用いられている，**世界保健機関**（WHO）の「**国際疾病分類**」（International Classification of Disease；**ICD**），および**アメリカ精神医学会**（APA）による「**精神疾患の診断・統計マニュアル**」（Diagnostic and Statistical Manual of Mental Disorders；**DSM**）に示されている知的障害の定義も，それぞれAAIDDのものと基本的に一致している（表 4-1）。[(1)]

① 　知的機能と適応行動の評価

　定義を構成している要件の一つは知的機能の制約である。AAIDDは，その評価には知能検査によって得られる**知能指数**（Intelligence Quotient；**IQ**）を用い，手続きとしては平均値からおよそ2標準偏差（Standard Deviation；**SD**）下回った値を基準とするとしている。[(2)]知能検査の標準化においては，知能指数の平均値を100，SDを15とすることが多いため，それによれば，知能指数70が知的

---

(1) 　以下，「AAIDD」とは，Schalock et al.(2021)，つまりアメリカ知的・発達障害協会の知的障害定義（第12版）を指す。

(2) 　標準偏差は，データの散らばり具合を示す統計量の一つ。2標準偏差（2SD）とは標準偏差×2の意味。

表 4-2 AAIDD による適応行動の制約の例

適応行動領域	明らかな制約の例
概念的スキル	・独力でのプランニング，問題解決，抽象的思考の障害 ・直面する問題や状況に対する良い解決策の選択の困難 ・時間や演算子といった表象や記号の効果的使用の困難 ・思考や観念の効果的なやりとりの困難 ・将来の活動の自己管理，手配，プランニングの困難 ・自分の行動の結果を予測することの困難 ・読み，書き，計算といった学業の困難 ・お金や経済の概念に伴う困難
社会的スキル	・対人関係スキルや経験からの学習の障害 ・集団での問題解決に向けた効果的な共同の困難 ・複雑な社会的状況での柔軟でない具体的思考 ・信頼できる人，従うべき人や安全な状況に関する理解の弱さと被害の受けやすさ ・適切でない社会的応答や社会的判断 ・障害を否定または過小評価する傾向による不利益 ・状況理解の制約に基づいた，権威的存在を喜ばせたいという強い欲求 ・人とのやりとりでの騙され易さ，信じ易さ，被暗示性
実用的スキル	・自己ケアと家事スキルの制約 ・生活費を賄う安定した就労，職業適性の満足，同僚や管理職との円滑な関係の維持，仕事上の衝突の適切な解決，プレッシャーのなかでの質の高い仕事の維持などの職業的スキルの制約 ・金銭の使用（お釣りの支払い，通貨価値の理解，請求書の支払い等）の制約，および財産の使用の制約（返さない人へのお金の貸与，財産や権利の譲渡，予算や手段に合わない購買等） ・自分や子どもに関する安全な環境の維持，家庭用掃除用具や食品の貯蔵，治療・薬剤の管理，電気・車・機械に注意し，他の人を守ることの制約

出所：Schalock et al.（2021）をもとに筆者作成。

機能の明らかな制約を判断する際のおよその基準となる。なお，一般に知能検査は複数の下位検査から構成されているが，知的機能の評価には一部の下位検査のみを用いるのではなく，下位検査の成績を総合して得られるフルスケールの知能指数を用いることが推奨されている。

　2つ目の要件である適応行動について，AAIDDは日常生活において学習され，実践される概念的，社会的，実用的なスキルの集合体としている。表4-2は，AAIDDに示された各スキルの制約の具体例である。これらの適応行動

の制約の客観的評価には，適応行動尺度を用いることが推奨されており，AAIDDは概念的スキル，社会的スキル，実用的スキルの少なくとも 1 つにおいて平均値よりも 2SD 以上，得点が下回ることを制約の判断の目安としている。

　なお AAIDD は，知的障害の定義を構成している知的機能と適応行動について，知的機能の制約が適応行動の制約の原因となるといった因果関係があるわけではないこと，知的機能と適応行動のいずれか一方が重視されるといったような重要度の違いが両者の間にあるわけではないことに留意するよう促している。つまり知的障害とは，知的機能と適応行動の制約がともに存在している状態として理解されるものであり，このような捉え方を**二重基準アプローチ**という。

② 発症年齢

　AAIDD の知的障害定義は，基本的に「知的機能と適応行動の制約が発達期に生じる」という内容である。発症年齢について AAIDD は，定義の第 9 版から第 11 版までは「18 歳まで」としてきたが，第 12 版ではこの操作的定義を「22 歳まで」と改めた。AAIDD は，この変更をアメリカの発達障害者権利擁護法，および社会保障局の発症年齢に関する記述と一貫性をもたせた結果と説明している。ただしこれは，アメリカ国内の行政上の整合性を考慮した変更であるため，他の国や地域においてこの定義が単純に流用されるとは考えにくい。しかし現在のところ，発達期に関する明確な定義は見られないことから，今後，その捉え方に対する議論に注目する必要がある。

　なお発症年齢を引き上げた場合，知的障害と診断される人の数が増加する可能性があるが，知的障害の診断は比較的早い年齢段階で行われる場合が多いことから，AAIDD はその影響はないとしている。

（2）知的障害の分類

　知的障害が知的機能だけを基準に診断されるのであれば，その目安（平均から 2SD 以上，下回ること）に該当する人は，知能指数の**正規分布**の性質から，同一年齢集団に約 2.3% 存在すると推定される（図 4 - 1 の上図）。分布上の面積は

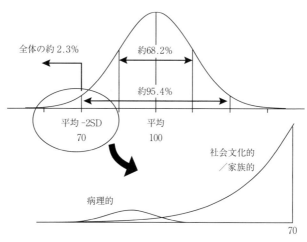

図4−1　知能の正規分布と知的障害の内訳
出所：筆者作成。

人数と対応することから，知的機能に制約のある人たちの内訳として，制約の
程度が重い人ほど数が少ないことが，この図からわかる。推定値を示すと，知
能指数70から55の人たちは同一年齢集団の約2.1%，知能指数55から40の人
たちは約0.13%である。しかしこの推定値と実際の観測値は一致せず，特に
知的機能の制約の重い人が推定よりも多いことが古くから指摘されている（た
とえば，Penrose〔1963〕など）。このような事実は，知的機能に制約のある人を
単一の群としてではなく，明らかな病理のある病理型と，病理のない低文化型
という，異なる2群からなるとする考え方と結びつき，知的障害を**病理的な群**
と**社会文化的／家族的な群**の2群で捉える現在の考え方につながっている（図
4−1の下図に，これら2群の分布の様相を模式的に示した）。

　病理的な群は「医学的・遺伝的および極端な環境的出来事」によって，社会
文化的／家族的な群は「家族と社会のリスク要因」によって発現すると考えら
れている（シモノフ，2018）。病理的な群と関連する具体的な要因としては，染
色体や遺伝子の変異といった遺伝性疾患，感染症や放射線，有害物質への暴露，
分娩時異常による新生児仮死などが挙げられ（表4−3），知的機能の制約が重
い人を多く含んでいる。内訳として最も多いのは遺伝性疾患であり，最も一般

表4-3　知的障害と関連する病理的要因

発症時期と要因		例
出生前	遺伝性疾患	ダウン症候群，フェニルケトン尿症，ウィリアムズ症候群，脆弱X症候群
	先天性奇形	神経管異常，コルネリア・ド・ランゲ症候群
	暴　露	先天性風疹症候群，胎児性アルコール症候群，放射線被ばく
周産期	感染症	髄膜炎
	分娩時異常	新生児仮死
	その他	高ビリルビン血症
出生後	感染症	脳炎
	毒　素	鉛中毒
	その他	頭部外傷，脳腫瘍

出所：King et al.（2009）をもとに筆者作成。

的な**ダウン症**は染色体の異常によるものである。染色体は遺伝情報をもつ
DNAが折りたたまれて形づくられたもので，人は性別を決める性染色体2本
と，その他の常染色体44本をもっている（いずれも父と母から半数ずつ受けとっ
ている）。常染色体は，形と大きさが同じ2本を1組とする22対に整理するこ
とができ，大きいものから小さいものへと番号がつけられている。ダウン症の
ほとんどは，21番目の染色体の組が3本となる**21トリソミー**と呼ばれるタイ
プである（詳細については，本書第3章を参照）。一方で社会文化的／家族的な群
は基本的に病理が不明であり，知的機能に制約のある親の遺伝的影響や環境的
な刺激の乏しさに由来すると考えられている。

（3）知的障害の有病率とその意味

　知的障害を知的機能と適応行動の2側面から捉える考え方の発端は，
AAIDDでは1959年の**ヘバー定義**[3]に遡る。しかし知能検査の実用化に対して，

---

(3)　ヘバー（Richard Franz Heber）がとりまとめた1959年，1961年の定義。当時，AAIDDはア
　　メリカ精神薄弱協会（American Association of Mental Deficiency；AAMD）と称していた。

適応行動尺度の普及には時間がかかり，AAIDDの知的障害定義においてさえ，適応行動の制約の判断基準が明確に示されたのは2002年である。そのため，知的障害の有病率に関する調査には，知的機能のみを判断材料として行われたものが見られる。知的機能の制約のみで見るなら，上述のように知的障害の有病率は2.3％強と予想されるが，DSM-5は知的障害の有病率を約1％としている。知的障害は，知的機能と適応行動の制約をともにもつ状態であり，両者の相関はそれほど高くないとされることから考えれば，有病率が2.3％よりも低くなるのは不自然ではなく，最近のメタ分析（Anderson et al., 2019）においても同様の結果が得られている。

　日本の状況については，古い調査ではあるが，久留米市の児童全数を対象としたもの（Shiotsuki et al., 1984）があり，有病率は0.57〜0.83％と報告されている。日本の有病率に関するこのような調査研究はあまりないが，療育手帳[4]交付台帳搭載数を知的障害者数とみなしてその割合を計算することは可能である。2019年の搭載数は115万1284人であり，これは人口の0.91％に相当する。数値としてはDSM-5に示されている有病率の値に近い。これまで行政データに基づく調査では，有病率は低く出る傾向があるとされてきた。それは，何らかの支援の必要を感じないため，あるいは障害に対する誤解や偏見を避けるために手帳の取得に至らない，未把握の知的障害者が存在するためとされている。しかし，搭載数や人口に対するその割合は継続的に上昇しており（図4-2），2019年度の18歳未満の搭載数は，同年齢の人口に対して約1.5％である。学校教育の対象となる年齢で療育手帳の交付割合が高まり続けていること，ここ四半世紀ほどの間，特別支援学校に在学する知的障害児数が増え続けていることは，少なくとも若い世代の保護者に特別支援教育や福祉サービスへの理解や期待が高まっていることと無関係ではないと考えられる。

　ただし，18歳未満の療育手帳取得者の割合（約1.5％）と比較してもなお，知的機能に制約があると考えられる人の推定値である2.3％強との間には小さ

---

(4)　障害者手帳の一つで，児童相談所または知的障害者更生相談所において知的障害があると判定された人に交付される。

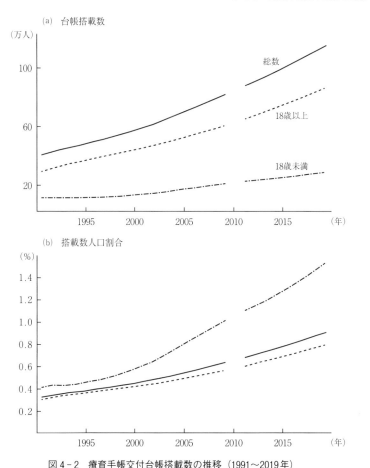

(a) 台帳搭載数

(b) 搭載数人口割合

図 4 - 2　療育手帳交付台帳搭載数の推移（1991〜2019年）
注：東日本大震災による集計方法の違いのため，2010年度は除いた。
出所：筆者作成。

くない隔たりがある。これを知的機能と適応行動の相関の低さによるものとだ
け考えるのではなく、潜在的なニーズと見ておく必要があるだろう。そもそも
知的障害は，検査得点や年齢に関する任意の基準値を設けて定義されており，
この定義に絶対的な意味があるわけではない。かつてAAIDDのヘバー定義で
は，知能指数の基準は85（平均から1SD下回った値）であったし，最新の定義
（第12版）では年齢の基準が18歳から22歳に引き上げられた。また，知的障害

の判定において定義の基準値は厳格に適用されているわけではなく，基準値周辺を境界領域として幅をもたせて活用されている。障害には，個人と環境の出会い方で決まる，状態としての側面がある。これは障害が固定的なものではなく，個人の特性や環境，状況などが相互に作用し合いながら常に変化するものであることを意味している。知的障害を判定する基準は手続きとしては明確であるものの，基準とニーズの関係は必ずしも明瞭ではない。学校生活における認知機能や適応行動への負荷は学年とともに大きくなり，そういったなかでニーズが顕在化する場合もある。そのため，有病率を超えて存在する特別な教育的ニーズに目を向ける必要がある。

2　知的障害児の心理

（1）認知と適応

　知的障害の定義要件の一つである知的機能は，「知能」あるいは「認知機能」と呼ばれる概念と重なる。生活で直面する課題解決のプロセスには，知能，認知，知的機能の特性が現れる。知能や認知の成り立ちに関する理論の整理が進むなかで，一般に用いられる知能検査はそういった理論を背景に作られるようになっている。知能のCHC（Cattell-Horn-Carroll）モデルは，代表的な理論の一つであり，AAIDDは知的障害を理解するうえで，その理解が重要であるとしている。

　ただ，人の知能や認知機能が生活における課題解決場面で十分に発揮されるとは限らない。生活場面での行動には知能や認知機能の特性が反映されるが，課題と認知機能の間にはその結びつきを調節する心理機能が介在する。状況や課題と自分の能力や知識との結びつきを判断すること，能力の発揮の仕方を考えること，状況や課題に向けて行動を起こそうと動機づけることなどがうまく機能しない場合，行動は場面や状況に即した適応的なものとならない。ここでは，知的障害と認知機能，およびその調節機能について見ていく。

① 認知の様式——結晶性知能と流動性知能

　CHCモデルは，キャロル（John B. Carroll）の3層（Three-stratum）理論と，

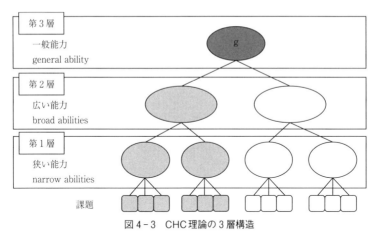

図 4 - 3　CHC 理論の 3 層構造

出所：Schneider, & McGrew（2018）をもとに筆者作成。

キャッテル（Raymond B. Cattell）とホーン（John L. Horn）のGc-Gf理論を統合した知能モデルである。図 4 - 3 に示したように，3 層理論では知能を一般能力（general ability：第 3 層），広い能力（broad abilities：第 2 層），狭い能力（narrow abilities：第 1 層）の 3 層構造で捉える。知的機能には様々な側面があり，それぞれの評価には対応する異なる課題が用いられる。一般に知的機能の諸側面を測定する課題の成績には高い正の相関が見られ，第 1 層の狭い能力とは，高い相関をもつ課題によって評価される能力のまとまりである。また第 1 層の狭い能力の間にもやはり相互に高い相関をもつまとまりがあり，これが第 2 層の広い能力である。

　知能のCHCモデルの出発点には，多様な認知課題の成績に共通して影響を与える一般知能の存在を仮定したスピアマン（Charles Spearman）の2因子説[5]がある。CHCモデルの第 2 層は，この一般知能が多くの因子に分けられるという考えを反映しており，ここに含まれる代表的な因子が結晶性知能（Gc）と流動性知能（Gf）である。結晶性知能は，利用可能な知識の蓄積と，慣れ親し

---

(5)　2因子とは，種々の課題に共通して広く影響を与える一般因子と，個々の課題に固有の影響を与える特殊因子である。

んだ学習方法によってさらに知識を習得する能力を指し，流動性知能は，学習を通して身につけた知識があまり役に立たないような，新しい状況への適応が必要な場面で発揮される推論能力を指す。

　流動性知能と結晶性知能は異なる発達的変化をたどる。流動性知能は成人期の初期にピークに達し，その後，着実に低下する。一方，結晶性知能は上昇し続け，成人期後期まで低下しない。このように，異なる発達的経過をたどるものの，両者の間には関連性があると考えられている。未知の課題や，すでにある知識が役に立たないような課題の解決の過程には，課題を分析し，課題を構成している要素間の関連，つながりを探索し，解決につながる手がかりを探る試行錯誤がある。パズルのピースを前にあれこれと組み合わせてみるような試行錯誤の過程は，ピース（課題の要素）間の関係を分析しているのであり，これによって課題を解決する手がかりを探っているのである。こういった流動性の推論過程での試行錯誤の経験は，整理されて結晶性の知識となり，似たような流動性の推論を後押しする基盤となる。知能の発達における，こういった流動性の側面と結晶性の側面の相互作用に関する理論に，キャッテルの**投資理論**（investment theory）がある。これは，課題解決に向けて行われる試行錯誤の経験は流動性知能に対する投資であり，結晶性知能はその結果とする考え方である。

　知的障害児・者の結晶性知能と流動性知能の特徴を詳細に調べた研究はあまりない。しかしFacon（2008）は，成人期（20〜54歳）に関してではあるが，知的障害者の結晶性知能と流動性知能を測定する課題の得点[6]が，定型発達者と同様の年齢変化をたどることを明らかにしている。具体的には，この年齢範囲では流動性知能の得点は低下し続け，その変化は生活年齢によって説明される一方，結晶性知能の得点には年齢による低下は見られなかった。またFacon, & Facon-Bollengier（1999）は，知的障害児において，流動性知能の得点と生活年齢が，結晶性知能の得点の変動の多くを説明することを示した。ここで年齢は生活経験を反映するものと捉えられることから，これは知的障害児の知能に

---

(6)　知能を測定するための課題の素点のこと。

おいても投資理論によって説明されるメカニズムが働いていることを示す知見といえる。またこの知見は，すでに身につけている事柄との結びつきを明確にしながら課題に対する試行錯誤を経験できる環境を整えることが，新しい考え方や技能，知識を開拓する支援にとって基本となることを示している。

② 知的障害児の認知に関する発達論と差異論

　先に見たFacon（2008）およびFacon, & Facon-Bollengier（1999）は，結晶性知能と流動性知能の発達的変化において，知的障害者が定型発達者と同様の経過をたどること，および相互の関連の仕方が類似していることを示唆していた。知的障害者の認知発達に関する考え方の一つに，定型発達者と比較して速さと到達度に違いはあるものの，認知処理の質に違いはないとする**発達論**があるが，上の2つの知見は，発達論を支持するものと捉えることができる。分析の対象を社会文化的／家族的な知的障害者に絞ったChen et al.（2017）もまた，結晶性知能と流動性知能の課題の得点が，基本的に定型発達者と同様の発達経過をたどることを報告している。

　一方，精神年齢[(7)]などで測られる発達の水準が同等であっても，知的障害者の認知処理は定型発達者と質的に同じとはいえず，知的障害者の認知機能は低いとする**差異論**がある。たとえば，病理的な知的障害の代表的なものであるダウン症者について，Couzens et al.（2011）は，結晶性知能を測定する課題の得点が20歳付近をピークとして低下する一方で，流動性知能を測定する課題の得点は上昇し続けることを報告している。これは結晶性知能と流動性知能の成績の変化に見られる一般的傾向とは逆である。研究の数が少ないため，今後，知見の積み重ねが必要だが，差異論は病理的な知的障害者の認知特性に関していわれるものとされることが多い。

　しかし，社会文化的／家族的な知的障害者の認知機能が発達論的といえない現れ方をする場合もある。ピアジェ（Jean Piaget）の発達理論に基づく認知課題を用いて知的障害者と定型発達者を比較した研究のメタ分析（Weisz, & Yeates, 1981）では，精神年齢を一致させた社会文化的／家族的な知的障害者と

---

(7)　知能検査で測定される尺度の一つで，知的発達の水準を年齢で示したもの。

定型発達者の間には差が見られず，発達論を支持する知見が多いことが指摘されている。一方で，情報処理に関する実験的課題（たとえば記憶，注意，推論など）を用いた研究のメタ分析（Weiss et al., 1986）からは，社会文化的／家族的な知的障害者の成績は精神年齢を一致させた定型発達者よりも低く，差異論を支持する知見が多いことが明らかとなっている。2つのメタ分析の結果の違いは，分析対象の研究で用いられた課題の質の違いに由来すると考えられる。ピアジェの課題は自然で対話的な，生活に近い内容であり，条件の統制を優先する記憶や注意などの情報処理課題よりも生態学的妥当性が高い。そのため，この結果の違いは発達論か差異論かということではない，知的障害者の課題遂行上の特徴を反映したものと考えられる。つまり，知的障害者では課題遂行の水準が状況によって大きく変動する可能性があり，少なくとも身近でなじみのある状況でこそ，知的障害者の能力は発揮されやすいと考えられる。

　また課題の生態学的妥当性の低さは，課題をこなすことへの見通し，成功への期待を低下させる。バンデューラ（Albert Bandura）はこのような見通し，期待のことを**効力予期**，自己の効力予期の程度に関する認知を**自己効力感**と呼んだ。情報処理課題において知的障害者のパフォーマンスが下がったことには，課題のなじみのなさから自己効力感の低下を生じたことが関与している可能性がある。さらに課題をうまくこなせない時に，その原因を自分の能力に帰属させてしまうと学習性無力感につながる。差異論的と見られる知的障害者の課題遂行の低さの背景には，こういった課題への取り組みに対する**動機づけ**の要因が関与している可能性を考慮する必要がある。

（2）認知と行動の調整
①　実行機能とメタ認知
　認知や行動には，目的と状況に応じた一定の方向性，まとまりが必要である。つまり認知能力は，心理的な調整を受けて行動を形づくる。この調整に関わる心理機能として，**実行機能**と**メタ認知**を挙げることができる。実行機能は，①目的にとって妨げとなる認知や行動を抑える**抑制機能**，②認知や行動を柔軟に変える**切り替え機能**，および③目的や計画に関する情報を保持し，必要な時に

活性化する**ワーキングメモリ**の3要素で構成される。またメタ認知は，①自分自身や直面している課題，その解決方略などに関する知識である**メタ認知的知識**と，②認知や行動をモニタリングし，制御する**メタ認知的活動**の2つに整理される。実行機能とメタ認知的活動は，認知と行動を制御する働きとして機能的に重なり，その制御機能はメタ認知的知識によって方向づけられる。

　これらの機能を通して，経験や知識に基づく計画の立案と実行，計画の保持と行動の両立，計画と行動の照合と修正という循環が維持されている。すべきことがわからない，目的と関係のない行動をとる，同じことを繰り返すなどの行動は，これらの実行機能とメタ認知によって成り立つ行動の流れに混乱が生じた結果と考えられる。また実行機能の働きは情動の制御にも及ぶ。日常生活における適応行動には，周囲の状況と自分の欲求や考えに折り合いをつけ，制御することが求められる。しかし知的障害児には実行機能とメタ認知の弱さが見られることが指摘されており，それが課題解決や適応行動の問題の背景となっていると考えられている。

② 動機づけと自尊感情

　認知や行動を開始し，方向づけ，調節・維持する心理過程を動機づけという。**デシ**（Edward L. Deci）と**ライアン**（Richard M. Ryan）は，この動機づけの個人差を，**自律性，有能感，関係性**に対する心理的欲求の満足の度合いによるものと捉えた。認知機能の制約により，直面する課題に失敗する経験を蓄積すると，有能感の欲求が満たされない。その結果，課題に取り組む動機づけが低下し，慣れない，どのように取り組んだらよいかわかりにくい課題に取り組むことを避ける傾向が生じる。そういった有能感の低下を背景として，知的障害児が課題解決の手がかりを自分自身の能力にではなく，やみくもに外に求めるようになることを，**ジグラー**（Edward Zigler）は**外的指向性**と呼んだ。知的障害のある場合に限らないが，課題遂行の支援においてはその能力や状況・環境への適応の状態に配慮し，学習・経験の内容をわかりやすく用意する必要がある。

　様々な経験を通して，人は次第に自己に関する知覚，認識である自己概念，自尊感情を形成していく。基本的には，学業成績や運動能力などの領域ごとの自己評価（領域固有の自己概念）の総体として，全体的自己に関する評価感情で

ある自尊感情がある。ただし，それぞれの領域の重要性は人によって異なるものであるため，領域固有の自己概念は，その領域の重要度を介して自尊感情に影響を与えると考えられている。そのため，学業成績の高さが自尊感情につながる人もいれば，そうでない人もいる。また自尊感情は，自己に関する評価感情ではあるものの，他者の影響を受けないわけではない。自尊感情については，自分自身を「とてもよい」と感じることと，「これでよい」と感じることという2側面がある。前者は優越性と完全性の感情と関連し，他者からの優越という意味合いを含んでいる。知的障害児においては，有能感を得られにくいことから，基本的には自尊感情への配慮が必要である。知的障害者の自尊感情に関する研究は多くないが，たとえばPaterson et al.（2012）は，コミュニティや生活の場でのスティグマ[8]の経験（子ども扱いされる，からかわれるなど）や，社会的な比較において他者よりも自分を低く見てしまうことが，自尊感情の低さと結びつくことを指摘している。

3　知的障害児の支援

（1）動機づけへの配慮

　知的障害児においては，しばしば課題への動機づけが低い，あるいは受け身であると指摘される。動機づけには自律性，有能感，関係性という心理的欲求の満足が必要と考えられているが，知的障害児の場合，失敗の経験が有能感の得られにくさと結びついている可能性がある。この点に配慮する際，支援者が留意したいのは，取り組む課題の解決に向けた見通しを明確にすることである。有能感，自己効力感に関する見通しには，上述の効力予期の他に，行動に伴う結果に関する予期，つまり何をすれば求める結果に結びつくかがわかるという結果予期がある。行動の道筋を把握できなければ，効力予期を判断することはできない。課題を小さなステップに分けること，手順書などによってステップのつながりと目指す目標との関係を示すこと，なじみのある題材を選ぶことな

---

(8)　障害者など，マイノリティに対する否定的な認識や態度。

どは，そのための工夫となりうるものである。またこのような配慮を行う際，支援者には自律性への配慮として，課題の何から手をつければよいと思うか，何をやりたいと思うかを問いかけ，確認しながら取り組むことが期待される。考えて行動し，たどり着いた結果から学ぶという試行錯誤を大切にすることは，内省的な心理過程であるメタ認知を育てることにもつながる。ただしこういったプロセスを，知的障害児が完全に自立して行うのは簡単ではない。必要に応じて行動の見通しをもつための手がかりを示してくれる周囲の他者の存在が助けとなる場合がある。学校などの学びの場が集団で構成されることの意味は，足りない部分を補い合い，共同して高め合える点にある。そういった集団の機能を十分に引き出すことができるように，集団の成員の関係性を作る必要がある。

（2）実行機能とメタ認知への配慮

　認知や行動を目的に沿って計画・実行・修正するには，まず直面している課題の分析を行う必要がある。そのうえで自分が知っていること，できることを考え，何をどのように行うかを整理する。その後，計画を頭に入れつつ，確認しながら手順を進める。この時，計画の不足や見込み違いがあれば，それは修正する必要がある。このような流れが，実行機能やメタ認知と呼ばれる心理機能が支えている基本的な内容である。言い換えれば，もっている能力を効果的に，適切に発揮するうえでこれらの働きは欠かせない。

　こういった実行機能とメタ認知の問題に対しては，まず必要な手続きを確実に実行できるようにする工夫，たとえば課題の達成に必要な手順書や，ポイントごとの見直しのためのチェックリストなどを支援者が用意するといったことが考えられる。これは実行機能が担っている心理過程を目に見える形にして，外的に用意することである。こういった道具を使用することには，必要な手順を確実に実行することの他に，苦手なこと，身につける必要があることと意識的に向き合う機会を作り出すという意味がある。漠然と失敗を繰り返すのではなく，こういったリストの使用によってミスしやすい，忘れやすい点を明確にできれば，失敗を減らすために取り組むべき課題に対する見通しをもつことが

できる。失敗を繰り返すことで生じる有能感の低下について述べた際，その克服には課題に対する見通しを示す必要があることを指摘したが，このような手続きは，その手がかりを得る機会となると考えられる。

　また手順書やチェックリストは，計画の内容とその実行に必要な手続きに関する情報である。これを頭に入れて保持しつつ，忘れないように注意しながら課題を実行するのは誰にとっても認知的に負荷が大きい。こういった情報の保持はワーキングメモリの機能だが，知的障害児では扱い得る情報の容量が小さい。手順書やチェックリストの使用は，ワーキングメモリを補助し，有効活用する手段でもある。ワーキングメモリを制御している**中央実行系**は，注意配分の調整にも関与しているが，手順書などを使うことでメモリ内の情報保持に注意を割かずに済めば，課題の実行に注意を集中でき，失敗を減らすことが期待できる。

　こういった手順書などの作成においては，支援の対象である子どもの認知特性に配慮する必要がある。一般に，知的障害児では言語的な情報よりも視覚的な情報の方が理解しやすいとされるが，認知機能検査などを通して，視覚的な情報と言葉の情報のいずれが理解しやすいかを把握できると，より確かな支援につながる。視覚情報が理解しやすい場合，手順書のようなものの他に，絵カードや写真といったものを準備することや，課題に取り組む場の構造化を図ることもあわせて考えられる。たとえば，よく整えられた仕事場には余分なものが置かれておらず，すべきことが無駄なく行えるように必要なものが揃えられている。そういった場が使いやすいのは，すべきことが直観的に理解しやすいからである。構造化された場を用意することは，課題の実行にかかる認知的負荷を減らすという意味で，実行機能やメタ認知を支援する有効な方法の一つである。

（3）自尊感情への配慮

　生活を通して失敗を経験しやすいことは，知的障害児の自尊感情を低下させる可能性がある。しかし自己概念や自尊感情は，経験の主観的な受けとめであるため，それを方向づけることはある程度可能である。たとえば，知的障害

軽い場合，他者との比較において否定的な経験をしたとしても，それが直接的に自尊感情を低下させるわけではないとする報告がある（O'Byrne, & Muldoon, 2017）。これは否定的な経験をうまく調整し，自尊感情を守ることが可能であることを示唆している。たとえば，先に見た実行機能やメタ認知の働きが，否定的な経験からの直接的なダメージを回避するように認知を制御するといったことは，その可能性の一つと考えられる。

　また自尊感情には，「とてもよい」という評価と「これでよい」という評価があり，後者の「これでよい」という評価は自己受容の感覚である。この判断は自分自身の価値によるものであり，自律的である。他者との比較における否定的な経験が自尊感情を低下させるという流れを回避するには，「これでよい」と納得できる自分自身の価値を明確にし，自律的な有能感に基づく自尊感情を育むことが考えられる。そのためには，知的障害のある人を受容し，認めてくれる他者が周囲に存在することが必要である。Huck et al.（2010）は，定型発達児とともに学ぶ環境に身を置く場合であっても，周囲の子どもや家庭から受け入れられていると感じられる場合，学業成績の低さにかかわらず，知的障害児の自尊感情は低下しないことを報告している。他者との交流感に支えられ，自律的に自己と向き合うことが保障される環境が求められるが，それは互いに人格と個性を尊重し合い，人々の多様なあり方を認め合う共生社会の実現に向けた取り組みと位置づけられている特別支援教育がねらいとするものでもある。特別支援教育は，特性に応じた個別支援を基本としつつ，その効果を高める環境づくりをあわせて行うことを両輪として推進する必要がある。

学習課題　① 特別支援学校（知的障害）の在籍児童生徒数の推移を調べ，その変化の理由を考えてみよう。
　　　　　② 知的障害児の学習への動機づけを高めるためにどのような工夫をするとよいか，考えてみよう。

引用・参考文献

シモノフ, E.「知的能力障害」小野善郎訳，アニタ・タパー／ダニエル・パイン／ジェームズ・レックマンほか編『ラター児童青年精神医学　原書第6版』長尾圭造・氏家武・小

野善郎ほか監訳，明石書店，2018年，903〜924頁。

Anderson, L. L., Larson, S. A., MapelLentz, S., et al. "A systematic review of U.S. studies on the prevalence of intellectual or developmental disabilities since 2000," *Intellectual and Developmental Disabilities*, 57 (5), 2019, pp. 421-438.

Chen, I., Lifshitz, H., & Vakil, E. "Crystallized and fluid intelligence of adolescents and adults with intellectual disability and with typical development : Impaired, stable or compensatory trajectories?" *The Grant Medical Journals*, 2 (5), 2017, pp. 104-115.

Couzens, D., Cuslkelly, M., & Haynes, M. "Cognitive development and Down syndrome : Age-related change on the Stanford-Binet test (fourth edition)," *American Journal on Intellectual and Developmental Disabilities*, 116 (3), 2011, pp. 181-204.

Facon, B. "A cross-sectional test of the similar-trajectory hypothesis among adults with mental retardation," *Research in Developmental Disabilities*, 29 (1), 2008, pp. 29-44.

Facon, B., & Facon-Bollengier, T. "Chronological age and crystallized intelligence of people with intellectual disability," *Journal of Intellectual Disability Research*, 43 (6), 1999, pp. 489-496.

Huck, S., Kemp, C., & Carter, M. "Self-concept of children with intellectual disability in mainstream settings," *Journal of Intellectual and Developmental Disability*, 35 (3), 2010, pp. 141-154.

King, B. H., Toth, K. E., Hodapp, R. M., et al. "Intellectual disability," In B. J. Sadock, V. A. Sadock, & P. Ruiz (eds.), *Kaplan & Sadock's Comprehensive Textbook of Psychiatry* (9th ed.), Lippincott Williams & Wilkins, 2009, pp. 3444-3474.

Numminen, H., Service, E., & Ruoppila, I. "Working memory, intelligence and knowledge base in adult persons with intellectual disability," *Research in Developmental Disabilities*, 23 (2), 2002, pp. 105-118.

O'Byrne, C., & Muldoon, O. "Stigma, self-perception and social comparisons in young people with an intellectual disability," *Irish Educational Studies*, 36 (3), 2017, pp. 307-322.

Paterson, L., McKenzie, K., & Lindsay, B. "Stigma, social comparison and self-esteem in adults with an intellectual disability," *Journal of Applied Research in Intellectual Disabilities*, 25 (2), 2012, pp. 166-176.

Penrose, L. S. *The Biology of Mental Defect*, Sidgwick and Jackson, 1963.

Schalock, R., Luckasson, R., & Tassé, M. J. *Intellectual Disability : Definition, Diagnosis, Classification, and Systems of Supports* (12th ed.), American Association on Intellectual and Developmental Disabilities, 2021.

Schneider, W. J., & McGrew, K. S. "The Cattell-Horn-Carroll theory of cognitive abilities,"

In D. P. Flanagan, & E. M. McDonough (eds.), *Contemporary Intellectual Assessment : Theories, Tests, and Issues* (4th ed.), The Guilford Press, 2018, pp. 73-163.

Shiotsuki, Y., Matsuishi, T., & Yoshimura, K., et al. "The prevalence of mental retardation (MR) in Kurume city," *Brain & Development*, 6 (5), 1984, pp. 487-490.

Weiss, B., Weisz, J. R., & Bromfield, R. "Performance of retarded and nonretarded persons on information-processing tasks : Further tests of the similar structure hypothesis," *Psychological Bulletin*, 100 (2), 1986, pp. 157-175.

Weisz, J. R., & Yeates, K. O. "Cognitive development in retarded and nonretarded persons : Piagetian tests of the similar structure hypothesis," *Psychological Bulletin*, 90 (1), 1981, pp. 153-178.

第 5 章

肢体不自由児の理解と支援

　肢体不自由とは基本的に姿勢と運動の障害だが，これらは外界と向き合い，働きかけるための基盤である。一般的には，人を含む外界との積極的な相互作用を通して言語機能や認知機能が形づくられる。そのため，肢体不自由児の心理特性を理解するには，外界と関わる経験の制約という側面と，肢体不自由の原因となっている病理の影響という側面をおさえる必要がある。本章では，肢体不自由の概念，代表的な原因疾患である脳性麻痺，筋ジストロフィー，二分脊椎の病理と心理特性，および，それらをふまえた支援の基本的な考え方を理解していこう。

1　肢体不自由の理解

（1）肢体不自由の定義

　「肢体不自由」という言葉は医学用語ではない。日本の肢体不自由児教育の黎明期に活躍した人物の一人である**高木憲次**の造語である。文部科学省（2022）によると，現在，肢体不自由は「身体の動きに関する器官が，病気やけがで損なわれ，歩行や筆記などの日常生活動作が困難な状態」とされている。

　日本の肢体不自由児教育の基盤を築いた代表的な人物として，高木憲次の他に**田代義徳**，**柏倉松蔵**の名前を挙げることができる。田代は東京帝国大学（現在の東京大学）に1906年に開講された整形外科学講座の初代教授，高木はその後を継いだ第2代教授である。柏倉は日本体育会体操学校（現在の日本体育大学）卒業後，教師となっていたが，医療体操への関心から田代のもとを訪ね，

---

(1)　中川（1984）によれば，「整形外科に属する疾病治療に用いるもの」であり，「脳性麻痺児の治療訓練を主眼」として用いられた運動療法を指す。

整形外科学講座の研究生となった。その後，柏倉は日本初の肢体不自由児のための学校である**柏学園**を開設した。柏学園はいわゆる私塾であったが，最初の公立の肢体不自由児学校は，1932 年に開校した**東京市立光明学校**であり，田代はその設立に尽力した。高木は1942 年に**整肢療護園**を開園し，肢体不自由児の医療・教育・職業指導を柱とする療育に取り組んだ。肢体不自由という言葉を提唱した高木は，これを「肢体の機能に不自由なところがあり，そのままでは将来生業を営む上に支障をきたす恐れのあるもの」（西川，2014：10）と定義した。この定義からは，日本の肢体不自由児教育が，治療とともに社会参加への取り組みも視野に入れていたことがうかがわれる。

（2）肢体不自由の原因疾患

　先に述べた通り，肢体不自由とは運動機能の障害を総じて指すものであり，疾患名ではない。その原因となる疾患は多様であり，予防，早期発見，治療といった医療の変化によって，その内訳に変化が見られる。全国特別支援学校肢体不自由教育校長会（2020）の調査によると，特別支援学校（肢体不自由）に在籍する児童生徒に見られる主な疾患は，**脳性麻痺**などの脳性疾患が圧倒的に多く，約64％，**筋ジストロフィー**などの筋原性疾患，**二分脊椎**などの脊椎・脊髄疾患がこれに続き，それぞれ約 4 ％である。

① 脳性麻痺

　脳性麻痺は，特別支援学校（肢体不自由）に在籍する児童生徒の原因疾患のなかで最も多くを占める。日本で一般に知られる脳性麻痺の定義は，厚生省脳性麻痺研究班会議によって1968年に示され，その内容は「脳性麻痺とは受胎から新生児期（生後 4 週間以内）までの間に生じた脳の非進行性病変に基づく，永続的なしかし変化しうる運動および姿勢の異常である。その症状は満 2 歳までに発現する。進行性疾患や一過性運動障害または将来正常化するであろうと思われる運動発達遅延は除外する」（近藤，2014：15）というものである。周産期の異常（早産，出生児仮死，頭蓋内出血，核黄疸，低血糖）を原因とするものが多く，近年の報告では，発生率は0.17％（公益財団法人日本医療機能評価機構，2018：7）とされる。脳性麻痺にはいくつかのタイプが存在し，**痙直型，アテ**

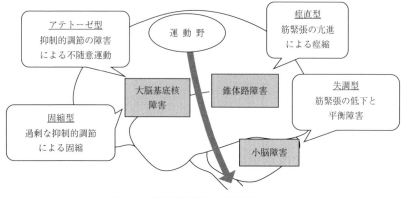

図5-1　脳の損傷部位と脳性麻痺のタイプ

出所：筆者作成。

トーゼ型，固縮型，失調型，複数の型の混合型などがある（図5-1）。

　痙直型は，現在最も多く見られるタイプである。運動の発現に関わる大脳からの信号を筋肉に伝える神経細胞には，脳幹や脊髄にはじまり筋肉へ達する下位運動ニューロンと，大脳にはじまり下位運動ニューロンに接続する上位運動ニューロンがある。このうち上位運動ニューロンが運動の信号を伝える神経路は錐体路（あるいは皮質脊髄路）と呼ばれ，痙直型は錐体路の損傷を原因とするタイプとされる（図5-1）。ところで，運動の基盤には安定した姿勢があり，その維持に関わる仕組みに伸張反射がある。姿勢の変化である体の動きは関節が動くことによって作り出されるが，それには必ず筋肉の伸張が伴う。たとえば，肘関節が曲がる時には，上腕三頭筋が伸張する。伸張反射は，筋肉の伸張を感知してそれを元に戻すように緊張，収縮させる反射であり，体が一定の姿勢を無意識に維持できていることの背景には，この伸張反射の働きがある。一方で，滑らかな体の動きを意識的に作り出そうとする時，関節の動きを妨げないように伸張反射は抑制される必要がある。この反射の抑制は錐体外路が担っている。錐体路の損傷の影響は，多くの場合，錐体外路の働きにも及ぶため，

---

(2) 大脳皮質運動野のベッツ細胞にはじまり，下位運動ニューロンに接続する経路を錐体路というが，それとは別に運動制御に関わる仕組みがある。それを錐体外路と称しており，解剖学的に特定の部位を指すわけではない。

伸張反射の抑制が効かなくなり，結果として筋緊張の亢進（過剰になること）が生じる。痙直型に見られる体の硬い動きはこれによるもので，痙縮（けいしゅく）と呼ばれる。

　アテトーゼ型は，手足を動かそうとするときに，意思によらない運動（不随意運動）が生じてしまい，思うように体を動かすことが難しいという点に特徴がある。これは大脳深部にあって運動に対して抑制的な調節をかける**大脳基底核**の損傷によるものとされる（図5-1）。つまり不随意運動は，大脳基底核の損傷によって，目的とする運動以外の体の動きにブレーキが効いていない状態と考えられている。この主要な原因として，新生児期の**核黄疸**（かくおうだん）（血中の処理しきれないビリルビンの大脳基底核への影響）が知られてきたが，治療法の確立とともに核黄疸を原因とするアテトーゼ型脳性麻痺の数は大きく減少している。

　固縮型は，アテトーゼ型と同じく大脳基底核の損傷を原因とする。上述のように大脳基底核は，運動に対して抑制的な調節をかける役割をもつが，ブレーキが過剰に働いた場合，筋緊張の亢進が生じ，関節の動きに強い抵抗（固縮）が生じる（図5-1）。なお，痙直型と固縮型の関節の動かしにくさは，いずれも筋緊張の亢進によって生じるものだが，痙直型は速い動きに対して抵抗がより強く生じ，動きの途中で急に抵抗がなくなるという特徴があるのに対して，固縮型は動かす速さと関係なく，動きに対して常に抵抗がある。

　失調型の特徴は，痙直型や固縮型とは逆に，筋緊張の低下が生じることである。歩行可能となる例も少なくないが，不安定である。これは運動の調節を行い，体の平衡を維持する**小脳**の損傷によるものと考えられている（図5-1）。

② 筋ジストロフィー

　筋ジストロフィーにはいくつかのタイプがあるが，基本的には遺伝子異常を原因とする筋力低下を特徴とする。体を動かすための骨格筋には，収縮・弛緩に伴う負荷が絶え間なく生じている。骨格筋を構成する筋細胞の膜は非常に弱く，筋細胞膜の外側は基底膜，内側は細胞骨格によって保護され，これらをジストロフィンやジストログリカンなどの蛋白質（たんぱくしつ）がつなぎとめる構造となっている。筋ジストロフィーに生じる筋力低下は，筋細胞の変性と壊死によるものだが，その背景には，筋細胞膜を保護する構造に必要な蛋白質の欠損がある。日

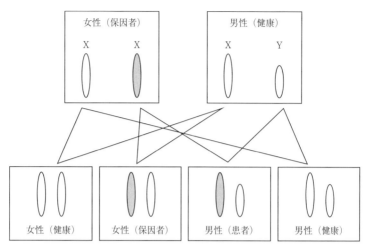

図5-2　デュシェンヌ型筋ジストロフィーの親から子への遺伝

注：女性患者はほぼ見られないため，親からの遺伝によって子が発症するのは，保因者の女性と健康な男性から生まれる男児に限られる。この他に，子の世代での突然変異による場合がある。白い染色体は変異遺伝子をもたない。（X：X染色体／Y：Y染色体）

出所：筆者作成。

本ではデュシェンヌ型，福山型が多く見られる。

　デュシェンヌ型では，ジストロフィン遺伝子の異常により，筋細胞膜の維持に必要なジストロフィン蛋白質が作られない。発生率は人口10万人あたり3〜5人とされる（日本神経学会，2009：50）。デシェンヌ型筋ジストロフィーはX連鎖劣性遺伝，つまり，原因となる遺伝子が性染色体であるX染色体にある。そのため疾患の現れ方に男女差があり，基本的に男性にしか見られない（図5-2）。疾患が劣性遺伝の場合，一般に父と母から1本ずつ受け取る2本一組の染色体の両者に変異がない限り発症しない（片方の染色体にのみ変異した遺伝子をもっている場合，保因者という）。しかし男性の性染色体の1本は父由来のY染色体であり，そもそもX染色体を1本しかもっていないため，X染色体の原因遺伝子の変異は発症に直結する（つまり，男性に保因者は存在しない）。これに対して，原因遺伝子の変異が2本のX染色体でともに生じる確率は非常に低く，結果としてデュシェンヌ型筋ジストロフィーは，女性ではほとんど見られない。

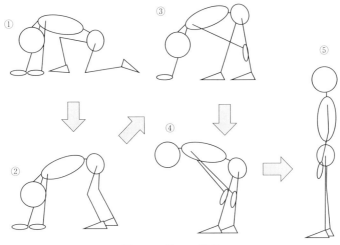

図 5-3　ガワーズ徴候

出所：筆者作成。

　デュシェンヌ型の場合，いったん獲得された歩行機能が，学童期を通じて徐々に失われていくという経過をたどる。歩行獲得の時期は通常よりもやや遅い程度だが，その後 2 ～ 3 歳頃からの筋力低下により，転びやすい，段差を飛び降りようとしないといったことが見られ始める。次第に臀部，大腿部を中心とする下肢帯の筋力低下が，**ガワーズ徴候**（床から起立する際に，膝に手をついて立ち上がること）（図 5-3）や**動揺性歩行**（歩行時に腰に左右の動揺が生じること）といった特徴的な動作となって現れるようになり，その後の症状の進行のなかで，学童期の後半には歩行困難となる。また肋間筋や横隔膜といった呼吸筋にも障害が及ぶようになり，呼吸管理が必要となる。以前は呼吸不全による死亡が多く見られたが，齊藤ほか（2014）の調査によると，呼吸管理の進歩のため，現在の最大の死因は心不全・不整脈といった心臓関連死である。また平均的な死亡年齢は徐々に伸びており，30 歳を越えるようになっている。なお，デュシェンヌ型と同じくジストロフィン遺伝子の異常によって発症する**ベッカー型**があるが，遺伝子変異のパターンが異なっており，進行がデュシェンヌ型よりも遅い。発症時期が幼児期から成人期まで幅広く，デュシェンヌ型の軽症タイ

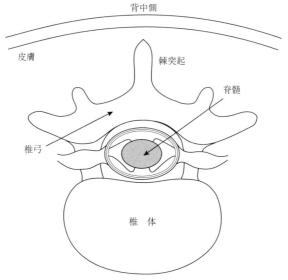

図 5-4　脊椎による脊髄の骨性保護

出所：筆者作成。

プといわれる。

　福山型は国外での報告がまれであり，日本特有の疾患とされてきた。日本神
経学会（2009：54）によると，発生率は人口10万人あたり1.92〜3.68人である。
9番染色体のフクチン遺伝子の異常を原因とするものであり，基底膜とジスト
ログリカンをつなぐ糖鎖に欠損が生じ，筋細胞膜を保護する構造の結合が破綻
する（戸田，2016）。乳児期に筋緊張の低さが見られ，運動発達の顕著な遅れに
特徴がある。移動に関しては，多くが座位での移動にとどまり，つかまり立ち
以上の立位歩行を獲得するのは約1割とされる（日本神経学会，2009：55）。こ
ういった運動機能の障害とあわせて，脳奇形や眼症状（近視，白内障，視神経低
形成，網膜剥離など）を伴うことから，骨格筋—眼—脳を中心に侵す系統疾患の
一つ（戸田，2016）と捉えられている。呼吸不全が死因となりうるが，人工呼
吸管理によって成人に達する場合もある。福山型は常染色体劣性遺伝である。
常染色体には性別による違いがないため，デュシェンヌ型とは異なり，福山型
は男女ともに発症する。劣性遺伝であるため保因者が存在し，90人に1人（荒

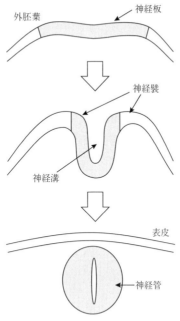

図 5-5　神経管の形成過程

出所：筆者作成。

川ほか，2018：20）と推定されている。

③　二分脊椎

　脊椎（いわゆる背骨）は椎骨の連なりである。椎骨の背中側にある椎孔がつ
ながった脊柱管と呼ばれる管腔は，脳と体をつなぐ神経の束である脊髄の通り
道となっている。つまり脊髄は脊椎に囲まれ，保護されている（骨性保護）（図
5-4）。脊髄や脳のもととなる神経管の形成がうまく進まないと，この骨性保
護が作られない。脊椎動物の神経管の形成過程は，基本的に外胚葉からできた
神経板に，神経溝と呼ばれるくぼみができることから始まる（図5-5）。神経
溝の壁は神経襞と呼ばれ，これが閉じて神経管が形成される。この神経管が先
に形成され，その周囲を脊椎が覆っていき，脊髄の骨性保護ができあがるが，
神経管の閉鎖がうまく進まないと，脊椎も正常に形成されない。その結果，椎
弓の欠損など，脊椎の形成不全である二分脊椎が生じる。この病変は，脊椎

の腰椎，仙椎（仙骨）のレベル（腰仙部）に生じることが多い。二分脊椎の原因
は十分明らかにされていないが，遺伝的要因と環境的要因による多因子遺伝に
よるものと考えられている。環境的要因との関連では，母体の葉酸摂取が二分
脊椎の発生を減らすことが知られている。二分脊椎は，外見上の所見により開
放性と潜在性に分けられる。**開放性二分脊椎**には病変部の皮膚の欠損があり，
脊髄の露出が見られる。**潜在性二分脊椎**では皮膚はほぼ正常であり，脊髄の露
出は見られない。二分脊椎による生活機能の障害は，運動障害と感覚障害，お
よび**膀胱直腸障害**（排尿・排出の障害）である。二分脊椎は腰仙部に頻発するた
め，下肢の障害となることが多い。運動障害は，筋緊張が低下した**弛緩性麻痺**
と反射の消失を基本とするが，痙縮や伸張反射が見られる複雑な様相となる場
合もある。運動障害の程度は，脊髄における病変の高さと対応しており，病変
が高い位置にあるほど障害の範囲は広く，重い。開放性二分脊椎の代表的疾患
である**脊髄髄膜瘤**では，これらの症状とともに**水頭症**[(3)]を合併することが多い。
一方，潜在性二分脊椎の代表的疾患である脊髄脂肪腫では，出生直後から運動
障害などが見られる場合もあれば，成長に伴って現れてくる場合もある。脊髄
脂肪腫では，水頭症などの合併症はほとんど見られない。

2 肢体不自由児の心理

（1）知的機能

　肢体不自由の原因となる疾患は，知的機能の低下と結びつく場合がある。脳
性麻痺は大脳の損傷を原因とするものであり，その影響が広範囲に及ぶ場合，
認知機能の制約を生じる可能性が高い。公益財団法人日本医療機能評価機構
（2018：15）の報告では，脳性麻痺児が知的障害を重複する割合は79.7％に上
るとされ，また脳性麻痺児の知的機能については，運動障害の程度と相関する
とされている。脳性麻痺児では視空間的な認知機能の問題がよく指摘されるが，

---

(3) 脳脊髄液は，脳の奥にある脳室で作られ中枢神経系を循環する。水頭症はその循環障害であり，
　　溜まった脳脊髄液が脳を圧迫し，脳機能に影響する場合がある。

これは知的機能や運動機能の障害の程度とは独立して生じると見られている。

　筋ジストロフィーについては，デュシェンヌ型の場合，知的機能が一般的な平均的水準よりも低下し，視空間的な情報処理や作業を通して測定される動作性の知能指数よりも，言語の理解や表出の面から測定される言語性の知能指数の方が低くなる傾向がある。しかし，知能指数が平均的水準を上回る者から，知的機能に明らかな制約があると判断される者まで，知的機能のばらつきは大きい。約3分の1に知的障害が見られ，原因となるジストロフィン遺伝子の変異の様相によって，知的機能の障害の現れ方が変わることがわかっている。一方，福山型では多くに知的障害が見られ，正常範囲の知的機能を獲得するのはごくまれとされる（米谷・斎藤，2009：126）。

　二分脊椎の知的機能は，開放性と潜在性の間で違いが見られる。潜在性では知的機能の問題は基本的に生じないが，開放性の場合，脳梁の低形成や水頭症[4]の合併といった脳への影響と知的機能の低下が生じることが知られている。

　以上のように，原因疾患に由来する知的機能への影響が様々あるが，姿勢と運動の障害による後天的な影響も指摘されている。姿勢と運動の障害は，主体が外の世界に向かい，働きかける機能の制約につながる。一般的には，運動機能の発達に伴い，周囲の人や物との関わりが豊富になる。乳児期は，運動とそれに随伴して生じる感覚の結びつきを繰り返し経験することで，自分の体や外界の認知，認識が高まる時期である。この時期の運動経験が肢体不自由児の認知機能に与える影響は，たとえばStanton et al.（2002）によって検討されている。この研究では，思春期の肢体不自由児を対象として，バーチャル空間での迷路探索の後，迷路内の指定の場所をつなぐ近道を答える課題が行われた。肢体不自由児は，知的機能が平均的水準にあり，課題実施時点では移動能力に差がない人たちであったが，幼児期の移動能力には差があり，課題実施時よりも移動能力が高かった群と低かった群に分けて分析が行われた。幼児期の移動能力が高かった群の正答率はチャンスレベル[5]を超えていたが，移動能力が低かっ

(4)　左右の大脳半球をつなぐ神経線維の束。
(5)　ある事柄が偶然生じる確率。

た群ではチャンスレベルを下回った。これは，自律的に身の回りの環境を探索する幼少期の経験の質が，後の視空間認知能力に影響する可能性を示すとともに，周囲の環境を探索する経験を可能な限り早い段階から支援することが，肢体不自由児にとって大切であることを示している。

（2）言語とコミュニケーション

　運動機能の障害である肢体不自由児のコミュニケーションは，発話，特に構音の困難と無関係ではない。また，肢体不自由児には運動機能の他に認知機能に低下が見られる場合がある。言語の発達は，語彙や統語規則の習得など認知機能に依存するものでもあり，肢体不自由児のコミュニケーションについては，運動と認知の両面を視野に入れてその特徴を捉える必要がある。

　脳性麻痺児では，構音の問題が肢体不自由児のなかでは特に明瞭だが，言語の問題は表出と理解の両面に現れることが少なくない。脳性麻痺児の言語発達の障害は，幼児期の早い段階から見られ始め，知的機能の制約は言語発達の障害のリスクを高めること（Mei et al., 2015），特に理解面の問題と強く関連すること（Vos et al., 2014）が報告されている。

　デュシェンヌ型筋ジストロフィーの言語については，やはり構音の問題が運動機能の低下とともに生じる。また言葉の表出と理解に関しては，表出面の問題を指摘されることが多いものの，幼児期以前の早い段階では，表出と理解の両面の問題が報告されている（Cyrulnik et al., 2008）。福山型筋ジストロフィーにおいては言語発達の遅れが顕著であり，二語文の表出に至るのは一部とされる。

　二分脊椎は，一般に下肢の運動と感覚の障害を生じるものだが，脊髄髄膜瘤など水頭症を併発する場合は，多くに小脳の形態異常による構音障害が見られる。またLomax-Bream et al.（2007）は，幼児期の縦断研究により，脊髄髄膜瘤児の言語発達が定型発達児よりも遅いことを報告している。成長に伴い，脊髄髄膜瘤児の語彙，統語，流暢性の遅れは目立たなくなるが，意味の伝達や会話での意味の理解といった語用面に困難が見られる[(6)]（Fletcher et al., 2002）。脊髄髄膜瘤児のそういった困難は，言語性知能が平均以上である場合にも現れる。

　円滑なコミュニケーションにおいて，相手の意図や信念を理解することは大切な要素の一つである。これは相手とのやり取りを俯瞰し，相手の心理を推測するメタ認知過程といえる。他者心理を推測し，理解する能力は**心の理論**(Theory of mind) と呼ばれ，**誤信念課題**[7]などによる検討から，一般的には幼児期の後半，４歳代以降に発達することが知られている。年齢などの要因の効果を明確にしきれていないが，脳性麻痺児の心の理論についても研究が蓄積されつつある。

　幼児期後半から学童期にかけて行われた縦断研究によると，脳性麻痺児では，生活年齢や非言語性の精神年齢[8]をそろえた定型発達児と比べて心の理論の発達に時間がかかるとされている (Falkman et al., 2005)。心の理論は，他者の信念や考えに関する高次の推論過程であり，言語機能の関与が考えられる。そのため非言語性の精神年齢とともに，言語理解の水準を一致させた比較が行われているが，脳性麻痺児の心の理論課題の成績は定型発達児よりも低いとされる (Dahlgren et al., 2010)。この傾向は，家族以外の他者には聞き取りが難しいほどの構音障害がある場合に顕著であり，他者との主体的なコミュニケーションの機会に制約があることによるのではないかと推測されている。

　誤信念課題には，課題の構造の複雑さが異なる一次誤信念課題と二次誤信念課題があり，前者では「Aさんは〇〇と思っているはずだ」という推論，後者では「Aさんは『Bさんが〇〇と思っている』と思っているはずだ」という推論が求められる。上述の構音障害を伴う脳性麻痺児では，一次誤信念課題の通過すら困難であったが，構音に著しい障害がない場合，二次誤信念課題の通過は困難であったものの，一次誤信念課題は通過可能であった (Caillies et al., 2012)。今後のまとまった検証が必要だが，主体的な経験の制約はコミュニケーションの発達や支援を考えるうえでも考慮すべき要因といえる。

---

(6)　脊髄髄膜瘤児に見られる，しっかりした構文能力と多弁の一方で，理解力が低い「ハイパーバーバル」な状態は，カクテルパーティー症候群といわれる。

(7)　心の理論課題の一つで，サリー・アン課題に代表される。提示された話の内容をふまえ，自分ではなく登場人物の知識や思考を推測させる。

(8)　視覚的推論など，言語の媒介を極力減らした課題によって測定した知的発達水準を年齢尺度で表したもの。

（3）自尊感情

　自己に関する全般的な評価感情を**自尊感情**という。これは基本的に，運動能力や学業成績などの領域固有の自己評価の総体と捉えられている。身体障害は，生活上の様々な制約につながるものであり，ボトムアップ的にその人の自尊感情を低下させる可能性がある。しかし自尊感情は，領域固有の自己評価の影響を直接的に受けるばかりではない。たとえば，相対的に軽い身体障害（発達性協調運動障害など）と重い身体障害（脳性麻痺と二分脊椎）を分けて行われた自尊感情のメタ分析から，軽い身体障害のある子どもにおける，より顕著な自尊感情の低下が明らかとなっている（Miyahara, & Piek, 2006）。このメタ分析では，身体障害の軽重にかかわらず，身体領域の有能感が他の領域よりも低いことが確認されていることから，身体障害に伴う有能感と自尊感情の間には何らかの調整が働いていると考えられる。たとえば，身体能力の重要性に関する本人の捉え方，身体能力を自己評価する際の比較対象，身体障害に対する周囲の否定的な態度に関する本人の捉え方などにより，身体領域の有能感の低さが自尊感情に与える影響は変化すると考えられる。

　脳性麻痺児や二分脊椎児を含む，種々の慢性疾患児の自尊感情に関するメタ分析によると，脳性麻痺児の自尊感情は定型発達児よりも低いが，その差は小さいとされている（Pinquart, 2013）。一方，二分脊椎児では，自尊感情の低下の程度が脳性麻痺児よりも顕著であるとされている。二分脊椎児では，近年，通常の学校に就学することが多くなっているが，その多くに下肢の運動障害の程度にかかわらず排尿・排出の制御の困難である膀胱直腸障害が見られる。この問題は周囲との共有が簡単ではなく，隠れた障害となって二分脊椎児の学校での参加制約や自尊感情の低下の一因となっている可能性が指摘されている。自尊感情の問題に対しては，ニーズへの直接的な対処だけでなく，原因となっている困難の受容と周囲からの理解といったことが考慮される必要がある。

3　肢体不自由児の支援

（1）姿勢と運動の支援

　運動機能の発達には多水準的な意味がある。四肢の運動に伴って関節が形成され，筋の厚みが増大するなど，運動機能が順調に育つことは身体そのものの成長を促進する要因である。身体の成長と運動機能の発達は，周囲の環境に働きかける経験を通して，行為の主体としての自分や周囲の人，環境の認知，認識を育てる。社会生活への適応や参加は，身体や運動，認知の発達がその基盤となっている。

　肢体不自由児への姿勢と運動の支援の基本的な内容として，疾患に伴う筋緊張の緩和，関節可動域の制限である**拘縮**の予防，下肢や脊柱の変形の予防，筋力の維持・強化などを挙げることができる。筋緊張の亢進に対する治療としては，バクロフェンやジアゼパム，ボツリヌス毒素などの弛緩薬の投与，選択的脊髄後根切断術[9]などの外科的治療といったものがある。これらと組み合わせて，短縮している筋を伸ばすストレッチや，他動的に関節を動かす関節可動域訓練，エネルギー消費を伴う骨格筋の反復運動を行うフィットネスなどにより，拘縮や変形の予防，運動の幅を広げることにつなげる。こういった内容には，基礎にある疾患の特徴に応じた選択が必要であるため，医療機関と情報交換をしながら学校で取り組む内容を決定する連携が求められる。

　周囲の人や環境との関わりを組織するうえでは，リラックスでき，対象に働きかける身体の動きを可能な限り制限しない姿勢を探ること，その維持に必要な環境（座位保持椅子や机など）を整備すること，手指の巧緻性に応じた働きかけのための道具や対象を用意すること，視覚・聴覚・触覚などの認知能力や興味関心の対象を把握することなど，環境への関わり手としての主体性を引き出す工夫が期待される。

---

(9)　下肢の感覚神経の一部を脊髄に近い脊髄後根で切断し，下肢の筋緊張を軽減する手術。

（2）言語とコミュニケーションの支援

　言葉の表出や理解に困難のある人への支援の考え方の一つに，**拡大・代替コミュニケーション**（Augmentative and Alternative Communication：**AAC**）がある。コミュニケーション支援には，身体的表現を活用する選択肢と，外的な道具や機器といった代替手段を用いる選択肢とがあるが，一方に偏って考えるものではなく，一般には両者の最適な組み合わせを探る。身体的表現である表情・ジェスチャー・発声などは，肢体不自由児の場合，運動機能の障害のため独特なものとなる可能性があるが，AACでは発信手段として利用可能な場合は，それを最大限に活用することが推奨されている。

　身体表現を活用する場合であれ，それを補助する絵カードや**音声出力コミュニケーションエイド**（Voice Output Communication Aids：**VOCA**）などの支援機器の利用を促す場合であれ，コミュニケーション支援の目的は，表出とその意味の結びつきが明確であり，発信者の意図が伝わる状態を目指すことにある。これは，支援を必要とする人と周囲の世界とのアクセスを確保すること（Beukelman, & Light, 2020）ともいわれ，コミュニケーション支援が単に情報の伝達と受容の補助にとどまらないことを，その意味として含んでいる。表出と意味の結びつきが曖昧であり，伝わらないという状態は，コミュニケーションに対する有能感と動機づけを低下させる可能性がある。これは発信手段の幅を広げ，言葉などのサインの意味理解を深めるというコミュニケーションに関わる能力の発達にとって不利益となる。さらに，他者との共同活動を基礎として，様々な学習や社会適応の発達が進むことを考慮すると，コミュニケーション手段を獲得し，周囲の世界へのアクセスを確保することの意味は大きい。

　肢体不自由児のコミュニケーション支援の内容としては，すでに見られている情動表出や身体表現に反応を返し，働きかけることなどを通して，明瞭ではない表出を伝達手段として育てることが挙げられる。ここでは，子どもの表出を観察し，状況や文脈から表出の意味を推測するなど，コミュニケーションのきっかけとなる行動を積極的に読み取ることが求められる。また伝達の意図が明確になり，発達に伴ってその内容が豊富になるなかで，必要に応じて利用可能な代替手段の活用を視野に入れた支援が必要となる。特に代替手段の活用は，

とりやすい姿勢，運動機能と認知機能の評価に応じた選択が必要であり，成長に伴う身体の変化や，運動機能，知的機能の評価が求められる。

　さらに，肢体不自由児のコミュニケーションに関しては，心の理論の発達の問題，つまり他者心理の理解の困難に配慮する必要がある。やり取りの相手の心理を理解することは，その過程に積極的に関わる経験のなかで育つと考えられ，肢体不自由児に見られる心の理論の問題には，発話や運動の障害による，そういった場面への参加の制約が関与していると考えられている。表出手段の獲得支援には，心の理論の問題への対応の入り口としての重要性もある。また，心の理論の発達に対して，子どもの**自律性**を支援する態度が促進的な意味をもつことが指摘されている（Lundy, & Fyfe, 2016）。自律性を尊重することは，子どもに対して自分の心の状態や思考過程に向き合うことを促す。また，自分なりに感じ取った，あるいは解釈した思考などの内的経験を他者に伝え，それに対する相手の反応にふれることは，他者には自分とは異なる視点があるということを理解する助けとなる可能性がある。肢体不自由児の場合，学習や生活の場面に自律的に関わることが難しい面はあるが，そのプロセスに主体的に関わりをもつことができるよう配慮することが，周囲の関わり手には期待される。

（3）認知と学習の支援

　脳性麻痺，筋ジストロフィー，二分脊椎は，その原因疾患が脳機能に影響を与える可能性がある。これは，認知や学習にとって不利な先天的要因となる。また肢体不自由児には，運動機能や言語機能に制約がある。これらは周囲の人や環境と関わり，学ぶ経験を媒介する手段であり，その障害は認知や学習の発達に制約をもたらす後天的要因となる。現在のところ，認知や学習に対して行いうる支援の基本は，後者に関するもの，つまり経験の質を高めるために，人や事物に働きかける手段を確保することである。橋本ほか（1969）は，生活年齢と知的機能をそろえた脳性麻痺児，ポリオ児[10]，定型発達児を対象として，提示されたテーマ（たとえば，「魚釣り」や「郵便局」など）と関連する絵カードを

---

[10]　ポリオウイルスによる感染症であり，脊髄損傷による運動障害を生じる。

選択させる課題を実施し，対象児の概念形成の状態を比較した。その結果，脳性麻痺児ではテーマと本質的に関連するカードを選ぶ数が最も少ない，つまり概念形成の曖昧さが顕著であった。しかし，テーマに関する経験の程度を調査し，概念形成との関連を分析したところ，脳性麻痺児においても経験が多いテーマについては本質的に関連するカードをより多く選ぶことができていた。これは，経験の豊かさが認知発達の基盤となる概念形成を促進する要因として重要であることを示唆している。経験に対する支援の具体的内容としては，姿勢や動作を補助する道具など，対象と関わる環境を整えること，脳性麻痺児の視空間情報処理の苦手さのような，情報処理に見られる特性に配慮すること，意思表示を補助，代替する手段を用意することで，事物を介した他者との共同活動が円滑に行われるようにすることである。

　なお，本章で取り上げた脳性麻痺児，二分脊椎児，筋ジストロフィー児には，認知や行動を方向づける**実行機能**の障害が報告されている。これは，認知や行動のプランニングの困難，注意のそれやすさ，行動の抑制や切り替えの困難，必要な情報を一時的に覚えておくワーキングメモリの障害などとして現れる。こういった課題に対しては，直面している課題の認知的な負荷を減らすこと，たとえば，課題をいくつかのステップに分けること，取り組みの見通しを示した手順書や絵カード，あるいは手本となる見本や他者の行動を，いつでも参照できるようにすることなどが対応の基本となる。こういったことを，経験の質を保障する環境整備の内容の一環として組み込むことが期待される。

　最後に，肢体不自由児に対する支援における自律性の保障について述べておきたい。人には自分自身が行為の源泉でありたいという自律性に対する欲求があり，自律性の欲求が満たされることが，内発的動機づけや自尊感情の高さと結びつくとされている。逆に，前節において肢体不自由児の有能感と自尊感情の低さについて述べたが，これは行為に対する自律性の感覚の得られにくさに由来すると考えられる。肢体不自由児に対する学習支援の中心は，周囲の世界へのアクセスの困難を軽減し，学習の場における経験の質を高めることだが，ここで支援における自律性と独立性を区別することが求められる。肢体不自由が重いほど手厚い支援が必要となるが，これは自律性の問題ではなく，独立性

の問題である。独立性の問題とは別に，何をどのように学ぶか，という意思決定に本人が関わる余地を残すことが，自律性の保障である。適切な自尊感情をもち，学習に動機づけられる姿は，自律性を尊重することによるものである。

　①　認知や言葉の発達における，姿勢や運動機能の重要性を示す例を，これまでの経験のなかから探してみよう。
②　肢体不自由に対する支援と子どもの自律性の保障を両立する方法を，具体的に考えてみよう。

引用・参考文献

荒川玲子・日野香織・北村裕梨ほか「神経筋疾患の遺伝学的検査」『脳と発達』50(3)，2018年，192〜196頁。

公益財団法人日本医療機能評価機構「脳性麻痺児の実態把握に関する疫学調査報告書」2018年。

米谷博・斎藤義朗「福山型先天性筋ジストロフィー」埜中征哉監修，小牧宏文編『小児筋疾患診療ハンドブック』診断と治療社，2009年，125〜128頁。

近藤和泉「脳性麻痺の定義」公益財団法人日本リハビリテーション医学会監修『脳性麻痺リハビリテーションガイドライン　第2版』金原出版，2014年，13〜18頁。

齊藤利雄・夛田羅勝義・川井充「国内筋ジストロフィー専門入院施設におけるDuchenne型筋ジストロフィーの病状と死因の経年変化（1999年〜2012年）」『臨床神経学』54(10)，2014年，783〜790頁。

篠田達明監修，沖高司・岡川敏郎・土橋圭子編『肢体不自由児の医療・療育・教育　改訂3版』金芳堂，2015年。

全国特別支援学校肢体不自由教育校長会『全国特別支援学校（肢体不自由）児童生徒病因別調査』2020年。

戸田達史「筋ジストロフィーの分子機構と治療戦略」『日本内科学会雑誌』105(9)，2016年，1578〜1587頁。

中川一彦「柏倉松蔵の医療体操に対する考え方に関する研究」『筑波大学体育科学系紀要』7，1984年，201〜207頁。

西川公司「肢体不自由児の教育——歴史と現状」川間健之介・西川公司編『肢体不自由児の教育　改訂版』放送大学教育振興会，2014年，9〜25頁。

日本神経学会監修，「神経疾患の遺伝子診断ガイドライン」作成委員会編『神経疾患の遺伝子診断ガイドライン　2009』医学書院，2009年。

橋本重治・松原達哉・井上和子「肢体不自由児の経験と概念思考」『特殊教育学研究』7(1)，1969年，9〜18頁。

文部科学省『障害のある子供の教育支援の手引——子供たち一人一人の教育的ニーズを踏まえた学びの充実に向けて』ジアース教育新社，2022年。

Beukelman, D. R., & Light, J. C. *Augmentative & Alternative Communication: Supporting Children and Adults with Complex Communication Needs* (5th ed.), Paul H. Brookes Pub, 2020.

Caillies, S., Hody, A., & Calmus, A. "Theory of mind and irony comprehension in children with cerebral palsy," *Research in Developmental Disabilities*, 33 (5), 2012, pp. 1380-1388.

Cyrulnik, S. E., Fee, R. J., & Batchelder, A., et al. "Cognitive and adaptive deficits in young children with Duchenne muscular dystrophy (DMD)," *Journal of the International Neuropsychological Society*, 14 (5), 2008, pp. 853-861.

Dahlgren, S., Dahlgren Sandberg, A., & Larsson, M. "Theory of mind in children with severe speech and physical impairments," *Research in Developmental Disabilities*, 31 (2), 2010, pp. 617-624.

Falkman, K. W., Dahlgren Sandberg, A., & Hjelmquist, E. "Theory of mind in children with severe speech and physical impairment (SSPI): A longitudinal study," *International Journal of Disability, Development and Education*, 52 (2), 2005, pp. 139-157.

Fletcher, J. M., Barnes, M., & Dennis, M. "Language development in children with spina bifida," *Seminars in Pediatric Neurology*, 9 (3), 2002, pp. 201-208.

Lomax-Bream, L. E., Barnes, M., & Copeland, K., et al. "The impact of spina bifida on development across the first 3 years," *Developmental Neuropsychology*, 31 (1), 2007, pp. 1-20.

Lundy B. L., & Fyfe, G. "Preschoolers' mind-related comments during collaborative problem-solving: Parental contributions and developmental outcomes," *Social Development*, 25 (4), 2016, pp. 722-741.

Mei, C., Reilly, S., & Reddihough, D., et al. "Language outcomes of children with cerebral palsy aged 5 years and 6 years: A population-based study," *Developmental Medicine & Child Neurology*, 58 (6), 2015, pp. 605-611.

Miyahara, M., & Piek, J. "Self-esteem of children and adolescents with physical disabilities: Quantitative evidence from meta-analysis," *Journal of Developmental and Physical Disabilities*, 18 (3), 2006, pp. 219-234.

Pinquart, M. "Self-esteem of children and adolescents with chronic illness: A meta-analysis," *Child: Care, Health and Development*, 39 (2), 2013, pp. 153-161.

Stanton, D., Wilson, P. N., & Foreman, N. "Effects of early mobility on shortcut performance in a simulated maze," *Behavioural Brain Research*, 136 (1), 2002, pp. 61-66.

Vos, R. C., Dallmeijer, A. J., & Verhoef, M., et al. "Developmental trajectories of receptive and expressive communication in children and young adults with cerebral palsy," *Developmental Medicine & Child Neurology*, 56 (10), 2014, pp. 951-959.

第6章

病弱児の理解と支援

　本章では，まず，病弱に関する基本的な理解を得ることを目的として，病弱・身体虚弱の概念および原因となる代表的な疾患について説明する。次に，病弱児を対象とする学校教育についての理解を得ることを目的として，病弱児個々のニーズに主眼をおいて教育を行う教育諸機関の概要を説明する。最後に，病弱児への支援の観点を得るために，心理的適応との関連が深い自尊感情に注目し，自尊感情の形成に関する理論と筆者が経験した学習支援場面における臨床実践を紹介する。

1　病弱児の理解

（1）病弱・身体虚弱とは

　病弱とは，一般に，体が弱くて，病気がちであること，病気になって体が弱っていることを意味し，虚弱とは，体が弱いことを意味する言葉である。

　日本の学校教育において，「病弱」「身体虚弱」は，単に医学的診断名があるということではなく，障害種を示す用語として使用されている。学校教育法第72条によれば，「**病弱者**」は「**身体虚弱者**」を含む概念であり，視覚障害者，聴覚障害者，知的障害者，肢体不自由者とならび，特別支援学校の対象となる障害種の一つである。

　文部科学省（2013a）によれば，「病弱」とは「心身の病気のため継続的又は繰り返し医療又は生活規制（生活の管理）を必要とする状態」を指す。ここでいう，**生活規制**とは「入院生活上又は学校生活，日常生活上で留意すべきこと等であり，例えば健康の維持や回復・改善のために必要な服薬や，学校生活上での安静，食事，運動等に関して留意しなければならない点などがあること」

（文部科学省，2013a）である。なお，「病弱」は「心身の」病気であること，つまり，精神症状または身体症状，あるいはこれら両方の症状が生じうる病気であることに注意する必要がある。一方，「身体虚弱」という概念は一定したものではなく，時代によって変化してきた。最近では，「治療等の医療的な対応は特に必要とはしないが，元気がなく，病気がちのため学校を欠席することが多い者で，医師から生活規制が継続して必要と診断された場合」（文部科学省，2013a）についても「身体虚弱者」として必要な教育が行われている。このなかには「短期間で退院したが，原因不明の不調状態が続く子供」や「体力的に通常の時間帯での授業を受けることが困難な子供」が含まれている。「病弱」も「身体虚弱」も「このような状態が継続して起こる，又は繰り返し起こる場合」に使用され，たとえば「風邪のように一時的な場合」は該当しない（文部科学省，2013a）。

　「病弱」「身体虚弱」に類似の用語として「**病気療養児**」がある。病気療養児とは「病弱・身体虚弱の幼児児童生徒で病院等に入院又は通院して治療を受けている者」（文部科学省，2013c）をいう。

　以上より，学校教育において「病弱」「身体虚弱」とは，いずれも健康上の理由により，長期間にわたって生活が制限される状態を意味する用語といえる。

（2）病弱・身体虚弱の原因

　病弱・身体虚弱の原因は様々であり，その多くは慢性疾患である。原田・加藤（2011）によれば，「慢性疾患とは，経過が長く，治りにくいかまたは治らない，長いあいだ治療や特別の養護を要する疾患」と定義される。小児の慢性疾患は成人の慢性疾患とは大きく異なり，「主なものでも数百種類を超え，その頻度は1,000人に1人以下というまれな疾患群」（原田・加藤，2011）である。たとえば，病弱の原因となる疾患として，医療費助成制度の対象となる**小児慢性特定疾病**が挙げられる。小児慢性特定疾病とは，児童福祉法第6条の2によれば，「児童又は児童以外の満20歳に満たない者が当該疾病にかかつていることにより，長期にわたり療養を必要とし，及びその生命に危険が及ぶおそれがあるものであつて，療養のために多額の費用を要するものとして厚生労働大臣

が社会保障審議会の意見を聴いて定める疾病」であり，800種以上の疾患が対象疾病となっている（2021年11月１日現在）。

　また，文部科学省（2021）では，病弱の原因となる代表的な疾患として，次の14種（その他を除く）を例示している。すなわち，悪性新生物，腎臓病，気管支喘息，心臓病，糖尿病，血友病，アレルギー疾患，てんかん，筋ジストロフィー，整形外科的疾患，肥満（症），心身症，うつ病等の精神疾患，重症心身障害，その他（色素性乾皮症〔XP〕，ムコ多糖症，もやもや病，高次脳機能障害）である。さらに同資料において，代表的な疾患の中には「脳原性疾患（脳性まひ，脳脊髄変性疾患，脳血管障害等）」が含まれること，最近では「自閉症や学習障害，注意欠陥多動性障害等の発達障害を併せ有する病弱・身体虚弱の子供が特別支援学校（病弱）において増えている」ことが報告されている（文部科学省，2021）。以下では，病弱の原因となる代表的な４疾患について概説する。

① 悪性新生物

　子どもの悪性新生物（小児がん）には，白血病，リンパ腫，神経芽腫，脳腫瘍，骨の悪性腫瘍など多くの種類がある。最も多いものは白血病であり，小児がんの約３分の１を占める。白血病は，造血細胞が骨髄のなかで腫瘍化した疾患であり，リンパ性と骨髄性に大別される。子どもでは急性リンパ性白血病の頻度が最も高く，医療の進歩に伴って長期生存例が増えている。治療は化学療法が主流であり，文部科学省（2021）によれば，「白血病細胞をできるだけ多く破壊する寛解導入法と残っている白血病細胞の絶滅を期して間欠的に行われる強化療法，その寛解状態を長期に維持する目的の寛解維持療法を計画的に実施」する。化学療法の副作用として，骨髄抑制（白血球，赤血球，血小板の減少），粘膜障害（悪心・嘔吐，食欲不振，口内炎，下痢，便秘，陰部の出血），脱毛がほぼ共通して見られる（濱・林，2012）。入院治療において，子どもは環境変化，痛みを伴う検査，化学療法の副作用を経験し，退院後には長期間の外来治療と感染予防に配慮した生活が求められる。治療経過を通して，子どもの状態像は大きく異なるため，学校教育においては，その時々のニーズを把握し，それに応じた支援が必要となる。

② 気管支喘息

　発作性に起こる気道 狭 窄（きょうさく）によって喘鳴や呼気延長，呼吸困難を繰り返す疾患である。これらの症状は自然ないし治療により軽快・消失するが，ごく稀に致死的となる。発作に関わる増悪因子（発作を引き起こしたり悪化させたりする要因）は特異的刺激因子と非特異的刺激因子に大別される。前者はアレルギー反応を引き起こす原因物質，すなわちアレルゲンであり，主にダニ，ハウスダスト，カビ，花粉が挙げられる。後者は，天候や気温の変化，におい，煙，風邪などの感染症，ストレスや過労など発作に関連する様々な要因である。また，急激な運動によって発作（運動誘発喘息）が起こることもある。治療は薬物療法が中心である。発作時は気道狭窄を改善させる気管支拡張薬が主体であり，特に吸入療法は効果の発現も早く確実である（亀田，2011）。他方，「非発作時の治療は，慢性の気道炎症を抑え，症状の再燃を防ぐ」ために，一般に長期的な薬物療法が行われる。気管支喘息は適切な治療によってほぼ確実にコントロールできる疾患であり，自己管理能力の育成が重要である。

③ 筋ジストロフィー

　骨格筋（身体を支え，動かす筋肉）の壊死・再生を主病変とする遺伝性疾患の総称であり，主な症状は進行性の筋委縮と筋力の低下である。遺伝形式，症状，経過によって複数の病型に分類される。最も頻度の高い型は，デュシェンヌ型であり，X連鎖劣性遺伝形式により原則男児に発症する。デュシェンヌ型は，年齢上昇に伴って筋力および内臓機能の低下が見られ，自然経過では，幼児期に転びやすい，10歳前後に歩行不能，10歳代後半に呼吸不全および心不全を示しやすい。「デュシェンヌ型筋ジストロフィー診療ガイドライン」作成委員会（2014）によれば，「慢性呼吸不全と心筋症の治療により生命予後は改善」し，かつては「10歳代後半であった平均寿命が現在30歳を超えて」いる。認知面については，「広汎性発達障害，学習障害の合併が多く，約1/3に知的障害」（「デュシェンヌ型筋ジストロフィー診療ガイドライン」作成委員会，2014）が認められる。学齢期においては，体調面や運動面への配慮にとどまらず，学習面や対人面を含む総合的な状態把握と，それに応じた教育的支援が必要である。生命予後の改善に伴い，最近では学校生活の充実はもとより，将来的な自立と

社会参加を目指した教育が求められている。

④　心身症

「身体疾患の中で，その発症や経過に心理社会的因子が密接に関与し，器質的ないし機能的障害が認められる病態をいう。ただし，神経症やうつ病など，他の精神障害に伴う身体症状は除外する」（日本心身医学会教育研修委員会，1991）と定義される。なお，**心理社会的因子**とは，発症前から存在し，症状を引き起こしたり，悪化させたりする要因である。ここで，心身症とは，病態を指す用語であることに注意が必要である。たとえば，気管支喘息は，その発症に心理社会的因子が見出された場合に「気管支喘息（心身症）」と診断される。従来，小児科領域では気管支喘息の他に，アトピー性皮膚炎，過敏性腸症候群，起立性調節障害など，慢性に経過する様々な身体疾患が心身症の周辺疾患として認識されてきた。また，石﨑（2017）によれば，子どもの心身症の特徴は「年齢が低ければ低いほど，子ども自身よりも周囲の環境を反映する」「症状は成人のように臓器特異性が明確ではなく，身体の不定愁訴として表れやすく問題行動を伴いやすい」「その発症に子どもの発達上の問題（発達特性や知的水準）がかかわることが多い」ことである。子どもの心身症は怠けと捉えられがちであり，子どもの心身症に関する周囲の大人の正しい知識と理解が求められている。

2　病弱児の学校教育

（1）病弱教育とその意義

病弱・身体虚弱の子ども（病弱児）に対して行われる教育を**病弱教育**という。病弱教育は「病気自体を治すものではないが，情緒の安定や意欲を向上させることにより治療効果が高まったり，健康状態の回復・改善等を促したりすることに有効に働くもの」（文部科学省，2013a）として取り組まれてきた。病弱教育の意義は，概ね次の5点にまとめられる。すなわち，①病気によって教育を受けられない期間の学力を補完する，②入院中は社会的経験が乏しくなるので積極性・自律性・社会性を育成する，③病弱児は心理的に不安定な状態になりやすいので心理的な安定をはかる，④病気の自己管理能力を習得させる，⑤教育

を受けている病弱児の方が健康の回復が早いとの指摘がある，ことである（文部省，1994）。

　最近では，短期間での頻繁な入退院の増加が予想されることをふまえて，病弱児の転学や就学に関わる手続きの簡素化，入院中の病弱児における交流及び共同学習の充実，後期中等教育を受ける病弱児の入退院に伴う編入学等の手続きの円滑化，特別支援学校による小・中学校の要請に応じた助言と援助，退院後も通学が困難な病弱児への対応が求められている（文部科学省，2013b）。

（2）病弱に関する教育諸機関の概要と病弱児の障害の程度

　病弱児個々のニーズに主眼をおいて教育を行う教育機関として，特別支援学校（病弱），病弱・身体虚弱特別支援学級，通級による指導（病弱・身体虚弱）がある。各教育機関が対象とする病弱児の障害の程度は法令と通知によって定められている。ただし，学びの場の決定にあたっては，「病気等の状態だけでなく，日々大きく変動する病状の変化や治療の見通し，関係する医療機関の施設・設備の状況，教育との連携状況，教育上必要な支援の内容，地域における教育体制の状況その他の事情を勘案して判断する」（文部科学省，2021）必要がある。

① 特別支援学校（病弱）

　特別支援学校では，一人ひとりの発達段階や病状に配慮しながら，小・中学校または高等学校に準じた各教科等の指導が行われている。それに加えて，障害による学習上または生活上の困難を主体的に改善・克服するために，「自立活動」という指導領域があり，自立活動の時間には，病弱児の身体面の健康維持とともに，病気に対する不安感や自信の喪失などに対するメンタル面の健康維持を目的とした指導が行われている。

　特別支援学校（病弱）の対象となる障害の程度は，学校教育法施行令第22条の３によって「1　慢性の呼吸器疾患，腎臓疾患及び神経疾患，悪性新生物その他の疾患の状態が継続して医療又は生活規制を必要とする程度のもの」「2　身体虚弱の状態が継続して生活規制を必要とする程度のもの」と定められている。文部科学省（2021）によれば，第１号の「継続して医療を必要とするも

の」とは，病気のため継続的に医師からの治療を受ける必要があるもので，医師の指導に従うことが求められ，安全および生活面への配慮の必要度が高いものをいう。また「継続して生活規制を必要とするもの」とは，安全および生活面への配慮の必要度が高く，日常生活に著しい制限を受けるものの，医師の治療を継続して受ける必要はないものをいう。第2号の「継続して生活規制を必要とするもの」とは，病弱ではないものの，安全面や生活面について配慮する必要性が高く，日常生活において著しい制限を必要とするものをいう。

② 病弱・身体虚弱特別支援学級

病弱・身体虚弱特別支援学級では，各教科等の指導とともに，身体面とメンタル面の健康維持を目的とした指導も行われている。小・中学校内に設置された病弱・身体虚弱特別支援学級と，入院中の子どものために病院内に設置された病弱・身体虚弱特別支援学級の2種類が存在する。病院内に設置された学級では，在籍している子どもが退院後に元の学校（前籍校）に戻ることを想定し，前籍校との連携を図りながら個々のニーズに応じた指導が行われている。

病弱・身体虚弱特別支援学級の対象となる障害の程度は，文部科学省（2013b）によって「1 慢性の呼吸器疾患その他疾患の状態が持続的又は間欠的に医療又は生活の管理を必要とする程度のもの」「2 身体虚弱の状態が持続的に生活の管理を必要とする程度のもの」と定められている。文部科学省（2021）によれば，第1号の「疾患の状態が持続的又は間欠的に医療又は生活の管理を必要とする」とは，病気等のため医師の診断を受け，持続的又は間欠的に医療又は生活の管理が必要なことである。第2号の「身体虚弱の状態が持続的に生活の管理が必要とする」とは，病弱ではないものの，安全面や生活面について配慮が必要で，日常生活において制限が必要なことである。

③ 通級による指導（病弱・身体虚弱）

通級による指導とは，文部科学省（2021）によれば，通常の学級に在籍している病弱児に対して，各教科等の大部分の授業を通常の学級で行いながら，一部の授業については当該の子どもの障害の状態等に応じた特別の指導を特別の指導の場（通級指導教室）にて行うものである。

通級による指導（病弱・身体虚弱）の対象となる障害の程度は，文部科学省

(2013b) によって「病弱又は身体虚弱の程度が，通常の学級での学習におおむ
ね参加でき，一部特別な指導を必要とする程度のもの」と定められている。

（3）病弱教育機関における在籍者の病気の種類と変遷

　特別支援学校（病弱）と病弱・身体虚弱特別支援学級における在籍者の病気
の種類（病類）は医療の進歩や制度の変化に応じて変遷することが知られてい
る。1960年代は「結核等」を中心とする感染症が主流であり，1970年代以降
は「気管支喘息」「腎臓疾患」「身体虚弱・肥満」「脳性まひ」「精神・神経疾
患」「筋ジストロフィー」が増加した（文部省，1992）。1980年代には，不登校
経験のある子どものなかで，医療や生活規制を必要とするものが「心身症」の
診断を受けて，特別支援学校（病弱）に在籍するようになった（文部科学省，
2013a）。1990年代から2010年代にかけては「気管支喘息など呼吸器系の疾患」
「筋ジストロフィーなど神経系疾患」「腎炎など腎臓疾患」「虚弱・肥満」が減
少し，「心身症など行動の障害」「腫瘍など新生物」「眼・耳・鼻疾患」「リウマ
チ性心疾患など循環器系の疾患」「潰瘍など消化器系疾患」「アトピー性皮膚炎
など皮膚疾患」が増加した（日下，2015）。最近では，「精神疾患および心身症」
「小児がん」「脳・神経・筋疾患」の順に全病類に占める比率が高く，この傾向
は2015年と2017年に行われた過去2回の調査結果と同様であったことが報告
されている（大崎ほか，2021）。

3　病弱児の支援

（1）自尊感情の形成過程

　子どもの疾患は多種多様であり，疾患が成長・発達に与える影響も様々であ
る。近年，疾患の影響を和らげたり，充実した生活を支え促したりする心理機
能の一つとして，自尊感情が注目されている。**自尊感情**とは，自己全体に対す
る肯定的または否定的な評価感情であり，認知発達や社会的な相互作用（他者
との関わり）を通して，発達的に形成されることが知られている。

　以下では，幼児期から青年期に至る自尊感情の形成に関する理論を解説し，

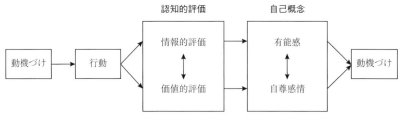

図6-1　コンピテンス自己評価プロセス

出所：Novick et al.（1996）をもとに筆者作成。

筆者が経験した病弱児の自尊感情に関する臨床実践を紹介する。

　ノヴィックら（Novick et al., 1996）は，動機づけと自尊感情の形成，発達に関する広範な文献レビューに基づいて，幼児期から始まる自尊感情の形成過程（competence self-evaluation process）に関する理論モデルを提案し（図6-1），行動が自尊感情（self-esteem）と**有能感**（competence self-concept）に影響を与える条件について検討を行った。ここでいう有能感とは，特定の生活行動領域における自己の能力や特性に対する有能性または適切性の主観的評価であり，自己全体に対する評価感情としての自尊感情とは区別される。また，自尊感情と有能感は相互作用し，どちらも比較的安定した自己に対する知覚，すなわち自己概念（self-concept）の構成要素である。このモデルによれば，動機づけ，行動，認知的評価（cognitive appraisals）は自己概念の形成要因であり，これらの変数間には円環関係が仮定される。Novick et al.（1996）は自己概念の形成要因として，行動の実質的な成果よりも，遂行結果に対する認知的評価の重要性を主張した。認知的評価とは，遂行結果に対する行為者の主観的な解釈であり，情報的評価（informational cognitive appraisals）と価値的評価（evaluative cognitive appraisals）に大別される。情報的評価とは，遂行結果に対する成功または失敗の評価であり，主として有能感の形成に寄与し，他方，価値的評価とは，快または不快の情動であり，主として自尊感情の形成に寄与するものと考えられる。

　認知的評価（たとえば，ある行動が「うまくできてうれしかった」）は，その後の行動の開始と従事に関わる動機づけに直接的に影響を与えるが，その過程において比較的安定した自己に対する知覚，すなわち，自尊感情と有能感に転移す

る。その際，情動（快／不快）は，認知的評価が自尊感情と有能感に影響を与える媒介として機能する。つまり，このモデルは遂行結果に対する自己評価的反応の蓄積が自尊感情と有能感に転移し，その媒介として情動の関与を重視するものである。

　また，Novick et al. (1996) は情動喚起の促進要因について検討し，①遂行目標（performance goal），②自己関連性（self-relevance），③生理的覚醒（興味）（physiological arousal〔interest〕），④快楽反応（hedonic response），⑤社会的強化（social reinforcement）の重要性を指摘した。つまり，特定の行動が情動を喚起するためには，遂行課題が行為者に興味をもたらすほど重要であり，個人的目標と関連している必要がある。自己関連性と興味があれば，認知的評価は情報的な意味（成功／失敗）にとどまらず，価値的な意味（快／不快）をもつ。もし，行動に対する認知的評価が肯定的ならば，人は自己に対する肯定的な情動を経験し，否定的ならば否定的な情動を経験する。さらに，他者からの承認または否認などの社会的強化は，子どもの快または不快の情動に促進的に作用する。たとえば，子どもが目標指向的な課題を遂行し，その結果に対して親や教師のような重要他者から励ましをもらい，自分の行動に対して快を感じるならば，その行動は繰り返されるであろう。このように，動機づけと認知的評価には個人的側面と社会的側面の2側面が存在し，これらは累積的に，動機づけ，行動，遂行結果に対する解釈，そして，最終的には自尊感情と有能感の形成に決定的な役割を果たすのである。

　さらに，Novick et al. (1996) は，情動喚起の要素として次の3点を指摘した。すなわち，第1に，自己と他者のいずれもが重要とみなしている目標，第2に，その目標に直接関わる目標指向的行動，第3に，遂行の主体的統制（agentic control over performance）である。つまり，行為者が個人的にも社会的にも重要性が高いとみなされる課題に従事し，その行動を自らの意志に基づいて主体的に遂行できたと感じるならば，遂行結果に対する認知的評価は情動を喚起し，自尊感情と有能感に影響を与えるのである。

　以上より，子ども自身と親や教師が重要とみなす生活行動領域において，子どもの目標指向的行動への従事，遂行結果に対する肯定的な評価，主体的統制

の知覚を促す支援は自尊感情の改善に寄与することが期待できる。

（2）学習支援場面における病弱児の自尊感情

　筆者はかねてから大学の授業の一環として，大学院生とともに，病弱児を対象とする教科学習支援を行ってきた。そのなかで，病弱の中学生に対して学習支援を行ったところ，学習支援は病弱児の自尊感情を少なくとも低下させるものではなく，自尊感情の低い子どもの場合には改善する可能性が示唆された。以下に取り組みの概要を紹介する。

① 対象者の概要と事前アセスメント

　対象者は，「神経線維腫症1型（NF1）」「ADHD」「学習困難」の診断名がある通常の学級に在籍する中学3年生の女子，A児であった。A児と親は数学の学習内容の理解と家庭学習の方法の支援を希望した。面談時におけるA児の発言より，数学の授業を理解できないこと，学習方法がわからないこと，宿題を提出できないことに心理的負担を感じていることが確認された。

　学習場面の観察から，A児は計算に困難を示すことが明らかになった。具体的には，四則計算において文字，演算子，数，符号の見落としや誤認など，ケアレスミス様の誤答を示しやすく，小数と分数の計算は未獲得であることが確認された。

　自己評価尺度（八島ほか，2017）の測定結果から，支援前のA児の自尊感情，学業有能感，行動有能感の得点は，通常の学級に在籍する中学生女子よりも全般的に低いことが示された（図6-2）。ここで，自尊感情，学業有能感，行動有能感の各得点は，順に，自己全体に対する評価感情（たとえば，「わたしは今の自分に満足している」），学業能力に対する有能性（たとえば，「わたしは勉強ができる」），行動に対する適切性（たとえば，「わたしは正しい行いをする」）に対する主観的評価を反映し，得点が高いほど自己の特性や能力を肯定的に評価していると解釈される。

　日本版KABC-Ⅱの検査結果から，A児は同年齢段階相当の語彙力を有し，一旦習得した知識を適切に使用することができる一方で，視覚処理と記憶の定着に困難を示すことが推察された。

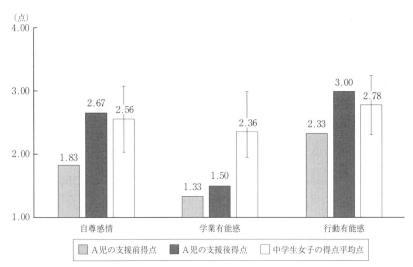

図6-2 A児の支援前後の自尊感情得点と有能感得点および中学生女子の得点平均値
出所：筆者作成。

　Judgment of Line Orientation（JLO）の検査結果から，A児は中程度の視知覚障害があり，特に線分傾斜の判別に困難を示しやすいことが推察された。なお，認知機能の評価に際して日本語版KABC-ⅡとJLO検査を使用した理由は，NF1児の疾患特性として，全般的知能の水準は正常範囲にあるものの，特定領域の認知機能に障害を示しやすく，とりわけ視知覚障害の発症リスクが高いことが多くの先行研究（たとえば，レトネンら〔Lehtonen et al., 2013〕）によって指摘されていたためである。

② 学習目標と基本方針

　学習目標は，中学校段階の計算スキルの習熟を促すこと，家庭学習の開始と継続を促すことの2点とし，基本方針として，視知覚障害を補うための工夫をすること，語彙力の強みを生かし学習内容に関する知識の定着を促す工夫をすること，計算過程に見られるケアレスミスの予防方略を考案することの3点を設定し，未獲得が示唆された分数と小数の計算については学習活動のなかで意図的に取り上げることとした。

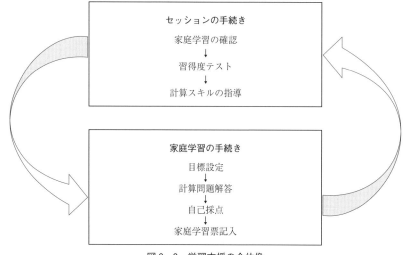

図6-3　学習支援の全体像

出所：筆者作成。

③　学習支援の実際

●学習支援の全体像

　図6-3は学習支援の全体像を示したものである。セッションとは，大学の学習室にて行われるA児と支援者による個別指導形態の学習活動である。頻度は原則として1週間に1回，1回約90分間であった。支援期間中に35回のセッションを開催し，A児と親はすべてのセッションに参加した。

　家庭学習とは，A児が家庭にてひとりで行う学習活動である。A児はセッションにおいて学習した計算問題と類似問題を家庭学習の課題として遂行し，次回のセッションに持参した。

●教　　材

　教材として，教科書，学習プリント，習得度テスト，家庭学習票を使用した。

　教科書とは，中学校1年生から3年生までの教科用図書である。1回目から5回目までのセッションにおける計算スキルの指導と家庭学習用の課題として使用した。

　学習プリントとは，A4用紙1枚に最大12問の計算問題が記載された問題集

と解答集のセットである。「教科書の問題をノートに写すのが面倒でやる気が出ない」というA児の発言に応じて6回目のセッションにて作成し，教科書の使用を中止して，計算スキルの指導と家庭学習用の課題として使用した。学習プリント作成にあたり，視知覚障害を考慮して，A児とともに用紙1枚に配置する計算問題数，文字フォント，ポイント数を確認しながら作成した。

　習得度テストとは，A4用紙1枚に10問の計算問題が記載されたテスト用紙である。「家庭学習はできるようになったけど，成績が上がらない」というA児の発言に応じて，15回目のセッションにて作成し導入した。習得度テストの計算問題は，既習の「学習プリント」のなかから10問を抽出して設定した。

　家庭学習票とは，A4用紙1枚に家庭学習1週間分の「日付」「目標数」「達成数」「正答数」の記入欄を設けた記録票である（図6-4）。家庭学習時にA児が自己記入し，次回のセッションに持参した。

●セッションの手続き

　セッションは「家庭学習の確認」→「習得度テスト」→「計算スキルの指導」の順に実施した（図6-3）。

　「家庭学習の確認」では，支援者がA児の持参した家庭学習の遂行状況を確認し，前回のセッションから次回のセッションまでの期間に計算問題を1問でも遂行していた場合には，口頭と記述にて称賛した。家庭学習を遂行していなかった場合には，A児とともに改善策を検討し，適宜遂行支援を行った（たとえば，学習プリント，習得度テストの導入がこれにあたる）。

　「習得度テスト」では，習得度テストの問題が学習プリントのなかから抽出されていることを確認し，家庭学習の遂行と計算スキルの習得度との関連をA児とともに確認した。その結果，A児より「（家庭学習において）勉強した問題はできるようになる」との発言が聞かれた。

　「計算スキルの指導」では，認知的モデリングによる指導とケアレスミスの予防方略の指導を行った。認知的モデリング（シャンク，2007）とは，まず支援者が計算スキルの要点と思考過程を言語化しながら計算問題に解答し，A児に同じ問題への解答を求めるという指導法である。この指導法は，A児の視知覚障害を補い，語彙力の強みを活用できるとともに，計算過程の事前呈示により，

日付	／ （月）	／ （火）	／ （水）	／ （木）	／ （金）	／ （土）	／ （日）
目標数							
達成数							
正答数							

①今日の日付を書こう。
②目標問題数を「目標数」の欄に書こう。
③解いた数を「達成数」の欄に書こう。
④解いたら答え合わせをして「正答数」の欄に書こう。
⑤〇曜日にもってきてね。

図6-4　家庭学習票

出所：筆者作成。

計算スキルの誤学習を予防できると考えられた。A児が正答した場合には，類似問題への独力での解答を促し，誤答の場合には，再度認知的モデリングによる指導を行った。認知的モデリングの直後であれば，A児はほとんどの問題に正答することが可能であった。

　ケアレスミスの予防方略の指導とは，ケアレスミスの予防方略をA児とともに考案し，解答場面にて試行することである。支援期間中に，指差し確認（計算式を指でなぞる），言語化（計算過程を音声化する），マーキング（演算子や符号に鉛筆で印をつける），再解答（一度解答した問題を再解答する）の4方略が考案・試行され，再解答の方略については，指導後の定期テストや模擬テストにおいて継続的に使用されていたことが確認された。

●家庭学習の手続き

　主体性と統制の知覚を促すために，A児は家庭学習を「目標設定」→「計算問題解答」→「自己採点」→「家庭学習票記入」の順に実施することとした。

　「目標設定」とは，遂行する計算問題の目標数をA児自身が決定することである。「計算問題解答」とは，A児が計算問題に解答することである。「自己採点」とは，解答した問題の正誤を自己確認することである。「家庭学習票記入」とは，家庭学習の遂行状況を自己確認するために，日付，目標数，達成数，正答数を家庭学習票に自己記録することである。

　家庭学習が開始された6回目から8回目までのセッションでは，「目標数を

表6-1　NRT（数学）の領域別評価点

領域(評価点／満点)　　　　実施時期	中学1年生時2月	中学2年生時2月	中学3年生時1月
数と式	2/5	2/5	3/5
図　形	2/5	2/5	2/5
関　数	2/5	2/5	3/5
資料の活用	—	—	3/5

注：当該学年でNRTに含まれていなかった領域は「—」で示す。
出所：筆者作成。

決められない」との発言が聞かれた。そこで，この期間は，目標数を支援者とともに決定した。その結果，9回目以降はA児による目標数の自己決定が可能となった。また，家庭学習の開始以降，学校の宿題を提出できるようになったことが母親からの報告によって確認された。

④　学習支援の効果

●学業成績

　表6-1は，中学1〜3年生時に中学校で行われた数学の教研式標準学力検査（NRT）の結果（領域別評価点）を示したものである。学習支援を実施した中学3年生時の成績は中学1・2年生時の成績よりも高いことが示された。以上より，疾患特性の把握と認知特性に応じた一連の学習支援は，学力向上に一定の効果を示したものと考えられた。

●家庭学習の遂行状況

　教科書を家庭学習の課題として使用していた1回目から6回目までのセッションにおいて，家庭学習が遂行されることはなかった。一方で，学習プリントの導入以降，A児は特別な理由がない限り，毎日継続して家庭学習を遂行していたことが確認された。さらに家庭学習票に記載された計算問題の「達成数」は常に「目標数」を上回っており，その理由として，A児より「自分で決めた目標を達成したいから」との発言があった。以上より，視知覚障害を補う学習プリントと遂行結果を可視化する家庭学習票の導入は，対象者の認知的負荷を低減し，学習活動を動機づける指導法として有効であると考えられた。

●自尊感情と有能感

　前掲の図 6‐2 は，自己評価尺度によって測定された A 児と通常の学級に在籍する中学生女子の自尊感情，学業有能感，行動有能感の各得点を示したものである。支援期間の前後において，A 児の自尊感情得点は大きく上昇し，学業有能感得点と行動有能感得点も上昇していたことがわかる。ただし，学習支援を実施したにもかかわらず，学業有能感得点の上昇は相対的に微小であった。

　A 児によると，自尊感情が上昇した理由は，「計算の勉強は自分なりに一生懸命できたと思うから」であり，行動の適切性を反映する行動有能感得点の上昇との関連が推察された。他方，学業有能感得点の微小な上昇の理由は，「計算はできるけど，他の子よりも勉強ができるようになったとは思えないから」であり，A 児は「計算ができること」と「学業が全般的にできること」を弁別して評価していたことが示された。

　今回紹介した臨床実践は，広範な文献レビューに基づいて提唱された Novick et al.（1996）の理論モデルと一致するものであり，重要な生活行動領域，具体的には，学習場面における目標指向的行動への従事，遂行結果に対する肯定的な評価，主体的統制の知覚を促す支援が自尊感情の改善に役立つ可能性を示唆するものである。ただし，病弱児に対する支援にあたっては，疾患特性の把握とそれに応じた事前アセスメント，そしてアセスメント結果に基づく実質的な遂行支援が必要であるといえるだろう。

学習課題　①　知っている疾患名を取り上げて，疾患の「定義」「原因」「頻度」「主な症状」「治療法」「合併症」「生活上の配慮事項」の観点から整理してみよう。
　　　　　②　複数の事典や辞典を用いて「自尊感情（self-esteem）」の意味を調べてみよう。

引用・参考文献

石﨑優子「子どもの心身症・不登校・集団不適応と背景にある発達障害特性」『心身医学』
　　57(1)，2017年，39～43頁。
大崎博史・小西孝政・土屋忠之ほか「病弱・虚弱教育における病気の児童生徒の病類の現状
　　──全国病弱虚弱教育連盟『令和元年度病類調査』結果から」『国立特別支援教育総合

研究所ジャーナル』10，2021年，11〜16頁。

亀田誠「呼吸器疾患の理解と支援」小野次朗・西牧謙吾・榊原洋一編『特別支援教育に生かす病弱児の生理・病理・心理』ミネルヴァ書房，2011年，74〜85頁。

日下奈緒美「平成25年度全国病類調査に見る病弱教育の現状と課題」『国立特別支援教育総合研究所研究紀要』42，2015年，13〜25頁。

シャンク，D. H.「小学生を対象にしたモデリングによる数学スキルについての自己調整の指導」ディル・H・シャンク，バリー・J・ジマーマン編，塚野洲一編訳，伊藤崇達・中谷素之・秋場大輔訳『自己調整学習の実践』北大路書房，2007年，137〜160頁。

日本神経学会・日本小児神経学会・国立精神・神経医療研究センター監修，「デュシェンヌ型筋ジストロフィー診療ガイドライン」作成委員会編『デュシェンヌ型筋ジストロフィー診療ガイドライン2014』南江堂，2014年。

日本心身医学会教育研修委員会編「心身医学の新しい診療指針」『心身医学』31(7)，1991年，537〜573頁。

濱麻人・林真紀「白血病（急性リンパ性白血病・急性骨髄性白血病）」石黒彩子・浅野みどり編『発達段階からみた小児看護過程＋病態関連図　第2版』2012年，275〜291頁。

原田正平・加藤忠明「小児の慢性疾患の定義・疫学」楠田聡専門編集，五十嵐隆総編集『小児科臨床ピクシス26　小児慢性疾患のサポート』中山書店，2011年，2〜5頁。

文部科学省「教育支援資料——障害のある子供の就学手続と早期からの一貫した支援の充実」2013年a。

文部科学省「障害のある児童生徒等に対する早期からの一貫した支援について（通知）」(2013年10月4日付25文科初第756号) 2013年b。

文部科学省「病気療養児に対する教育の充実について（通知）」(2013年3月4日付24初特支第20号) 2013年c。

文部科学省「障害のある子供の教育支援の手引——子供たち一人一人の教育的ニーズを踏まえた学びの充実に向けて」2021年。

文部科学省「(5) 病弱・身体虚弱」『特別支援教育』。https://www.mext.go.jp/a_menu/shotou/tokubetu/mext_00805.html（2022年4月1日閲覧）

文部省『病弱教育の手引き——指導編（二版）』慶應通信，1992年，1〜29頁。

文部省「病気療養児の教育について（審議のまとめ）」1994年。

八島猛・大庭重治・葉石光一ほか「青年初期における自己認知の発達に関する横断的研究——自尊感情，コンピテンス，重要度評価の観点から」『上越教育大学特別支援教育実践研究センター紀要』23，2017年，79〜85頁。

Lehtonen, A., Howie, E., & Trump, D., et al. "Behaviour in children with neurofibromatosis type 1: cognition, executive function, attention, emotion, and social competence," *Developmental Medicine & Child Neurology*, 55 (2), 2013, pp. 111-125.

Novick, N., Cauce, A. M., & Grove, K. "Competence Self-Concept," In B. A. Bracken (ed.), *Handbook of Self-Concept : Developmental, Social, and Clinical Considerations,* John Wiley & Sons, 1996, pp. 210-258.（ノヴィック，N.・コース，A. M.・グローブ，K.「コンピテンス自己概念」ブラッケン，B. A. 編，梶田叡一・浅田匡監訳『自己概念研究ハンドブック——発達心理学，社会心理学，臨床心理学からのアプローチ』金子書房，2009年，245〜300頁。）

第7章

視覚障害児の理解と支援

　視覚障害教育では，最初に，児童生徒の認知や運動などの領域に見られる特性と，それらに伴う社会的障壁を明らかにすることが重要である。そのうえで，情報保障をはじめとする合理的配慮の内容を決定し，実行していかなければならない。このため，視覚障害教育に携わる教師には，視覚障害そのものの理解，視覚障害教育の仕組み，視覚障害に伴う認知特性と期待される配慮事項など，学習支援に必要な一連の知識の修得が求められる。また，視覚障害教育を取り巻く社会の急激な変化に迅速に対応していくための専門性も必要とされる。そこで，本章では，義務教育段階の視覚障害教育を中心に，視覚障害児の理解と支援のための基本的事項について学び，専門性の向上に向け，さらなる学修の基盤となる力を身につけていこう。

1　視覚障害の理解

（1）視覚障害とは何か

　私たちの普段の生活をながめてみると，そこには視覚障害者のための様々な配慮がなされていることに気づく。歩道には視覚障害者誘導用ブロック（点字ブロック）が敷設され，交差点には音響式信号機が設置されている。また，家のなかでは，点字が付された家電製品や食品の容器などを目にすることができる。視覚障害者は，これらの情報を活用することにより，人間社会のなかで，他者と同様な日々の生活を営んでいる。このことは，巷によくある「人間は情報の8〜9割を視覚から得ている」という指摘が，視覚障害者にはあてはまらないことを示している。社会の側が適切に配慮すれば，視覚障害者は必要な情報を確実に手に入れることができる。

「視覚障害」については，決まった定義があるわけではない。厚生労働省は視力や視野に一定以上の障害があり，それが永続する状態（身体障害者福祉法別表）と説明し，身体障害の認定基準としている。また，文部科学省は，「視機能の永続的な低下により，学習や生活に困難がある状態」（文部科学省，2021）と定義し，学習面に注目している。

　これらの説明や定義は，視覚障害者自身の機能障害と，それに伴う学習や生活への影響，すなわち社会的障壁の指摘にとどまっている。児童生徒に対して合理的配慮を提供しなければならない教師にとって，障害状況の認識にとどまる説明や定義では不十分である。学習環境や生活環境の改善が，社会に対して常に求められていることへの明確なメッセージが必要である。すなわち，視覚障害教育においては，児童生徒本人の**機能障害，社会的障壁，合理的配慮**という3つの観点を含む包括的な定義が必要である。そこで本章では，「視覚障害」を「視機能の永続的な低下に伴う様々な場面における支障を回避または改善するために，視覚情報を補完する合理的配慮の提供を必要とする状態」と表すことにする。このような状態に置かれている子どもが「視覚障害児」である。どこで視覚障害児に出会ったとしても，この定義を思い起こせば，そこでとるべき行動のおよその見当をつけることができる。まず，視機能の状態と，それに伴う学習や生活における社会的障壁の状況を明らかにする。そのうえで，どのようなニーズが存在するのか，どのような合理的配慮が必要とされているのかを関係者との協議を通して整理し，現実的に可能な範囲でその提供に努める。教師として「視覚障害」とは何かを考える際に重要なことは，情報保障を中心とする合理的配慮によって，社会的障壁を少しでも取り除くための努力の必要性を忘れないことである。

（2）視覚障害の背景

　視覚情報は，次のような一連の経路を経て伝達・活用される。

①視覚情報の入り口である眼球内における入力経路

②眼球から取り込まれた情報の通り道である脳までの伝達経路

③伝達された情報の脳内における処理経路

表7-1　主な視機能の役割と機能障害に対する配慮内容

視機能と役割	機能障害に関連して配慮すべき内容
［視力］ 物体の形や存在の把握	• 屈折異常（近視，遠視，乱視）がある場合には，正しく矯正した状態で測定する。 • 検査時には，片眼を覆うと発現する潜伏眼振の有無に注意を払う。 • ランドルト環を使用する検査では，ひとつずつ記載された視標を使用する「字ひとつ視力」も測定しておく。 • 視力が0.01に満たない場合には，通常の視力検査では測定が困難なため，一般的に眼前30cmの所に提示された指の数を答える「指数弁」，眼前での手の動きを捉える「手動弁」，光の点滅を捉える「光覚」を測定する。
［視野］ 眼を動かさずに見ることができる範囲	• 単なる平面的な広さではなく，見える範囲内での感度分布として理解する。 • 視野の機能障害が指摘されている場合には，感度分布の状態から，物を見る際に視野のどの領域が利用し易いのかを推定する。
［色覚］ 色の識別	• 色覚は視野の中心部で機能するため，中心部における視野の状態とあわせて理解する。 • 機能障害が色覚だけの場合には視覚障害とはみなさないが，暗い場所や注意の集中が欠け易い場面では慎重な行動を求める。
［光覚］ 光の強さの識別	• 明るい場所と暗い場所を移動する際の暗順応や明順応に時間がかかるため，その適応状況を把握しておく。
［眼球運動］ 視線の移動	• 視覚的な探索活動に影響を及ぼすため，眼球を動かすことができる速さや視線移動の正確さを確認する。 • 眼球の不随意的な往復運動である眼振の有無も確認する。

出所：筆者作成。

　これらのいずれかの経路に何らかの機能障害があり，かつその機能障害が機器等により改善されない場合には，恒常的に合理的配慮を必要とする「視覚障害」の状況が発生する。視覚障害の背景を知るためには，まずこのような機能障害の観点から情報の収集を行うことが不可欠である。

　学習環境の整備を行う際には，視力，視野，色覚，光覚，眼球運動など，代表的な機能に関連して配慮すべき内容を理解しておく（表7-1）。障害の程度の判定では視力や視野が重視されているが，学習場面ではその他の機能も重要な役割を果たしているため，できるだけ視機能全体の状態を把握するように努める。

　機能障害を引き起こす原因として，情報伝達の最初の段階である入力経路において観察される**眼疾患**がある（図7-1）。情報は眼球にある角膜，眼房，水

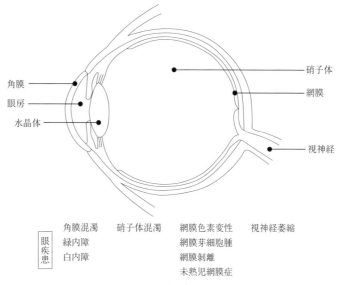

	角膜混濁	硝子体混濁	網膜色素変性	視神経萎縮
眼疾患	緑内障		網膜芽細胞腫	
	白内障		網膜剝離	
			未熟児網膜症	

図7-1　眼球と主な眼疾患

出所：筆者作成。

晶体，硝子体を経て網膜に達する。視覚情報は網膜に到達するまでは光刺激として伝達されるため，これらの部位では透明性が保たれている必要がある。また，角膜と水晶体は光を屈折させる役割を果たしており，それによって網膜上にきれいな像が投影される。このため，透明性が失われたり，適切な屈折が得られないような状況が生じたりすると，視覚情報は正確に伝達されなくなる。ただし，屈折異常（近視，遠視，乱視）については，コンタクトレンズや眼鏡等による矯正が可能な場合には視覚障害とは呼ばない。視覚障害は，そのような矯正がなされても適切な視覚情報が得られない状態である。また，網膜では複雑な情報処理が行われるため，関連する眼疾患の種類が多い。

　次に，視覚情報は眼球を出て脳に向かっていく。眼球から出た情報は，まず視神経により間脳にある外側膝状体に到達する。そこで神経が継がれ，さらに視放線を通って大脳皮質の最も後ろにある一次視覚野に到達する。この経路の途中において，外傷や腫瘍などによる損傷を受けると，機能障害が発生する。その際，損傷部位に対応した視野障害が観察される。このため，学習時には，

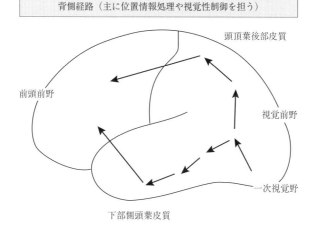

図7-2　大脳皮質における 2 つの視覚系

出所：八木（2006）をもとに筆者作成。

使用できる視野の領域を確認し，その状態に応じた学習スタイルを検討する必要がある。

　さらに，大脳皮質に到達した視覚情報は，頭頂葉に向かう背側経路と側頭葉に向かう腹側経路に分かれて伝達され，他の感覚情報と統合される（図7-2）。統合された情報は最終的には前頭葉に送られ，発話や動作を含む高次な活動に利用される。これらの処理過程が脳損傷や脳の未発達などにより十分に機能しないことがある。その状態を**大脳性視覚障害**と呼び，機能障害が生じている経路によって異なる状態が観察される（表7-2）。大脳性視覚障害では，眼科検査における所見に異常がなく，外見上も視覚障害があるようには見えないため，高次な心理機能に影響を及ぼしているにもかかわらず見落とされていることがある。大脳性視覚障害の存在を知り，児童生徒にその可能性がある場合には，場面に応じて特性に合わせた支援方法を検討しなければならない。

　このように，視覚障害の背景は非常に多様であるため，事前に機能障害全般にわたって深く理解しておくことは困難である。教師は，学級に視覚障害児が

表7-2　大脳性視覚障害に見られる困難な場面の例

背側経路の機能障害の場合	腹側経路の機能障害の場合
• 離れた所にある対象を指差されても，それを見つけることができない。 • 混雑したお店で買い物ができない。 • 階段の昇降に戸惑う。 • 物をつかむ際に距離の目測を誤る。 • 動きが激しい映画やテレビを見ることができない。 • 動いている物を見ることができない。	• 知っている人でも，話し始めるまで誰かわからない。 • 車を色では区別できても，形では区別できない。 • 色のマッチングはできても，色名をいえない。 • 読みの学習ができない。 • すぐに迷子になる。 • 写し書きができない。

出所：Dutton（2003）をもとに筆者作成。

在籍することがわかった時に，すみやかに必要な情報を収集できるように備えておくことが重要である。

2　学校における視覚障害教育

（1）視覚障害教育の対象

　視覚障害児のなかには，「弱視児」と「盲児」と呼ばれる，程度の異なる2つの状態にある児童生徒が含まれている。両者を区別する基準は必ずしも明確ではないが，学校教育においては，使用できる学習方法の違いに注目して区別すると，合理的配慮を考える際の目安にすることができる。いずれの状態においても，視覚情報の伝達経路に何らかの機能障害が必ず存在しており，それらの機能障害の総体的な結果として，弱視や盲の状態が形成されている。

　弱視児は視覚に基づく情報を入手できる児童生徒であり，普通の文字（点字に対して墨字と呼ぶ）による学習が可能である。ただし，視覚情報の入手が可能であるとはいえ，視覚障害のない児童生徒と同様の正確さと速さをもって情報を入手できるわけではない。資料に目を通したり板書内容を書き写したりする場面では，他の児童生徒に比べて多くの時間を必要とする。また，普段の生活とは異なる場面では，人の顔を認識することが難しく，外出先で友人とすれ違ってもそれに気づけないことがある。

　盲児は，他者の言葉や環境音から得られる聴覚情報や，手を中心とした探索

活動による触運動感覚情報など，視覚以外の情報を主に使用する児童生徒である。盲児にとって，点字は学習場面における代表的な情報源である。このため，盲の人を「点字使用者」と呼ぶことがある。盲児には，光の情報をまったく取り込むことができない状態（全盲または視力０）の他，明暗の区別が可能な状態（明暗弁または光覚）や眼前の手の動きを把握できる状態（手動弁または眼前手動）にある児童生徒が含まれている。少しでも視覚情報を入手できると，移動時の方向の確認などに利用することができる。なお，知的障害を伴う重複障害のある盲児では，他者の言葉を十分に理解できないことがあるため，触運動感覚情報がより大きな役割を果たしている。

　また，視覚障害児のなかには，生まれた時点あるいはきわめて早期の段階（概ね記憶がほとんど残らないとされる３歳以前）からその状態にある「**先天性視覚障害児**」と，一定の成長を遂げた後に視覚障害の状態となった「**中途視覚障害児**」がいる。先天性の全盲児は，景色や色彩のような視覚情報を直接的に体験することはできない。しかし，日々の生活では，そのような話題にふれることは多々あるため，それらの理解を促す特別な学習機会を提供する必要がある。一方，中途の全盲児では，過去の視覚経験を様々な場面において利用できる可能性がある。このため，それらをできるだけ長く保持できるような支援が望まれる。また，進行性の眼疾患のある中途の弱視児に出会った際には，将来的に必要となる学習方法を予測しつつ，その時点で使用できる学習方法を最大限に活用して支援にあたる必要がある。

（2）視覚障害教育の場

　視覚障害児の学習の場として，特別支援学校，特別支援学級，通常の学級がある。通常の学級に在籍する児童生徒のなかには，通級による指導を受けている者もいる。どこを学習の場とするかの判断では，本人や保護者の意見が最大限尊重されるような仕組みが整えられており，関係者間の合意形成が図られた後，最終的に教育委員会が決定している。

　学習の場の選択に関連して，文部科学省は，障害の程度に応じた対象者の目安を次のように示している（文部科学省，2021）。

○**特別支援学校**（視覚障害領域を含む特別支援学校）の対象者

　「両眼の視力がおおむね0.3未満のもの又は視力以外の視機能障害が高度のもののうち，拡大鏡等の使用によっても通常の文字，図形等の視覚による認識が不可能又は著しく困難な程度のもの。」

○**特別支援学級**（弱視特別支援学級）の対象者

　「拡大鏡等の使用によっても通常の文字，図形等の視覚による認識が困難な程度のもの。」

○**通級による指導**（通級指導教室）の対象者

　「拡大鏡等の使用によっても通常の文字，図形等の視覚による認識が困難な程度の者で，通常の学級での学習におおむね参加でき，一部特別な指導を必要とするもの。」

　なお，「拡大鏡等」とは，ルーペや単眼鏡などの弱視レンズ類と，教科書などを拡大して映像を提示できる拡大読書器などの**支援具**である。また，通級による指導における「一部特別な指導」とは，主に**自立活動**に関する指導であり，その内容は特別支援学校の学習指導要領を参考に検討されている。

　特別支援学校には，幼稚部，小学部，中学部，高等部が設置されている。幼稚部には3歳から5歳の幼児が入学できる。また，高等部には，中学校相当の学校を卒業していれば入学できる本科（普通科，保健理療科など）と，高等学校相当の学校を卒業していれば入学できる専攻科（理療科，保健理療科など）がある。このうち，理療科や保健理療科は**職業課程**として設置されており，入学者の年齢制限がない。このため，特別支援学校の在籍者はきわめて幅広い年齢層にわたっている。

　過去5年間の義務教育段階にある視覚障害児の在籍人数の変化（表7-3）を見ると，特別支援学校の在籍者数が大きく減少している。ただし，特別支援学校では，重複障害のある児童生徒の割合が高く，義務教育段階に限ると約8割に上る。したがって，特別支援学校の教師は，重複障害のある児童生徒の指導に関与することが多くなるため，他の障害領域についても理解を深めておく必要がある。一方，特別支援学級の在籍者と，通常の学級に在籍して通級による指導を受ける児童生徒の数は，いずれも増加傾向にある。これらの場の果たす

表7-3　視覚障害児童生徒の在籍人数の変化

（単位：人）

学習の場	2016年	2017年	2018年	2019年	2020年
特別支援学校	3,023	2,778	2,700	2,628	2,571
特別支援学級	552	547	592	627	643
通級による指導	179	197	208	218	未発表

注：小学校，中学校，義務教育学校の視覚障害児の総数である。
出所：文部科学省（2017～2021）をもとに筆者作成。

役割は，今後ますます大きくなることが予想される。

　なお，2021年4月に施行されたバリアフリー新法（高齢者，障害者等の移動等の円滑化の促進に関する法律）では，バリアフリー基準適合義務の対象として，特別支援学校に加え，新たに公立小・中学校が追加された。また同時に，ハード面の整備の他，心のバリアフリーを推進するための教育啓発特定事業も追加された。その想定される事業の一つとして「小中学校におけるバリアフリーに関する教育（バリアフリー教育）」が挙げられている。このため，視覚障害児が小・中学校等に在籍する場合には，教師はこのような法整備に沿った学習環境の改善を進めるとともに，今後は特に心のバリアフリーを推進するためのソフト面での充実に努めなければならない。

（3）視覚障害教育における教育内容

　学校における教育目標や教育内容などを体系的にまとめたものを教育課程と呼ぶ。教育課程は在籍する学校によってその根拠が異なる。通常の学級に在籍する視覚障害児の教育課程は，当然のことながら他の児童生徒と同じであり，小・中学校の学習指導要領にその内容が示されている。通級による指導を受ける場合には，特別の指導に関する内容を小・中学校の教育課程に加えるか，あるいはその一部に替えることにより「**特別の教育課程**」を編成することができる。新たな教材・教具や支援具の使用方法などを学ぶ必要がある時には，特別の教育課程を編成する。ただし，通級指導教室は，視覚障害に伴う学習や生活における困難の改善や克服を目的とする場であるため，学習の遅れを取り戻すための場として利用することはできない。

表7-4　視覚障害教育において想定される自立活動に関する主な学習内容

区分と項目	想定される主な学習内容
1　健康の保持 (1)生活のリズムや生活習慣の形成 (2)病気の状態の理解と生活管理 (3)身体各部の状態の理解と養護 (4)障害の特性の理解と生活環境の調整 (5)健康状態の維持・改善	・覚醒と睡眠リズムの安定 ・進行性眼疾患の理解と対応 ・残存視機能の保全 ・生活空間における物の位置の把握と自己管理
2　心理的な安定 (1)情緒の安定 (2)状況の理解と変化への対応 (3)学習上又は生活上の困難を改善・克服する意欲	・視覚機能の低下に対する対応 ・新しい環境への適応 ・環境の変化への対応
3　人間関係の形成 (1)他者とのかかわりの基礎 (2)他者の意図や感情の理解 (3)自己の理解と行動の調整 (4)集団への参加の基礎	・対面している他者が把握できない時の対応 ・視覚以外の情報の活用 ・参加する集団に関する情報の取得
4　環境の把握 (1)保有する感覚の活用 (2)感覚や認知の特性についての理解と対応 (3)感覚の補助及び代行手段の活用 (4)周囲の状況についての把握と状況に応じた行動 (5)認知や行動の手掛かりとなる概念の形成	・残存視機能の有効活用 ・視覚以外の情報の活用 ・視覚補助具や代行機器の活用 ・日常生活に役立つ概念の形成
5　身体の動き (1)姿勢と運動・動作の基本的技能 (2)姿勢保持と運動・動作の補助的手段の活用 (3)日常生活に必要な基本動作 (4)身体の移動能力 (5)作業に必要な動作と円滑な遂行	・他者の動きを模倣するための方法の修得 ・走る，投げる，ジャンプするなどの動きの理解 ・衣食住に必要な基本的動作の理解 ・屋外歩行時の手掛かりの活用
6　コミュニケーション (1)コミュニケーションの基礎的能力 (2)言語の受容と表出 (3)言語の形成と活用 (4)コミュニケーション手段の選択と活用 (5)状況に応じたコミュニケーション	・会話する際のマナーに関する理解 ・事物，事象，動作と言葉の関連づけ ・文字の読み取りにおけるコンピュータの活用 ・時間，場所，場面に応じた対応

出所：文部科学省（2018）をもとに筆者作成。

　特別支援学級に在籍する視覚障害児の教育課程も，小・中学校の学習指導要領に基づく編成が基本である。しかし，特別支援学級では，視覚障害に伴う学習や生活における困難の改善や克服のための自立活動の指導に関する内容が必要となることから，「特別の教育課程」を編成している。**特別支援学校学習指導要領**を参考にして，自立活動に関する 6 区分 27 項目の内容のなかから，個々の児童生徒に必要な項目を選定し，相互に関連づけることにより具体的な指導内容を設定している（表 7 - 4）。なお，特別支援学級では，各教科をはじめとする教育内容に関連して，目標やねらいによっては通常の学級での学習が望ましいと判断される場合があり，その際には学習の場を通常の学級に移すこともよく行われている。

　特別支援学校における教育課程は，特別支援学校学習指導要領に基づいて編成する。そこでは，小・中学校の教育課程に準じて同等の教育内容が提供されている。ただし，自立活動の指導に関する領域も設けられているため，特別支援学校の教育課程には，小・中学校の教育課程と自立活動の内容が含まれている。特別支援学校では，弱視児と盲児が学級内に混在している場合がある。そのような場合には，児童生徒が相互にコミュニケーションをとることができるように，扱う教育内容に応じて教材や学習方法を工夫することが求められる。また，重複障害のある児童生徒に対しては，各教科の目標・内容を下学年の目標・内容に置き替える，各教科等を合わせた内容にする，自立活動を中心とした内容にするなどの工夫もなされている。

　視覚障害教育では，読み書きや移動手段の獲得などに関する特別な学習が，教育課程全体の基礎となる。したがって，児童生徒がどこに在籍していても，必要とされる自立活動に関する指導を確実に受けることができるように，指導体制を整えなければならない。

3　視覚障害児・者の認知特性と教育的支援

（1）弱視児の認知特性と教育的支援

　弱視児は，目を使うことができても，十分かつ効率よく視覚情報を取り込む

表7-5　弱視児に観察される主な認知特性と困難な状況

主な認知特性	困難な状況の例
事物の輪郭が不明瞭なため，細部にわたる正確な把握ができない。	動作の模倣 構造の理解や顔の認知
接近して見るため，事物の全体像や全体と部分の関係の把握が難しい。	絵の鑑賞 漢字の構造の把握
事物の位置の発見や情報取得のための探索により，認知に必要な時間が長くなる。	板書の視写 文章の読み取り
事物が動くと，自分との距離や位置関係の把握が難しくなり対応できない。	走る車の動きの把握 ボールのキャッチ

出所：筆者作成。

ことが困難なため，様々な生活場面において，視覚的手がかりが限定された状況に置かれている。視力，視野，鮮明度，明るさ，眼球運動など，児童生徒によって個々の視機能の状態は異なるものの，機能障害に伴う弱視児特有の認知特性が観察される（表7-5）。たとえば，テーブルに置かれたりんごを見て，単に果物あるいは丸い食べ物という理解にとどまってしまうことがある。このような経験の積み重ねは，新たな語彙の習得や事物の概念に関する階層の形成を妨げる可能性がある。

　弱視児に対する支援の内容は，教師が中心となって対応できる学習環境の整備（社会的障壁への対応）と，児童生徒自身の認知機能を高めるための支援（個人特性への対応）の2つの観点から検討する。

　学習環境の整備では，まず児童生徒が事物を見る際の**網膜像**の拡大を図る。網膜像の拡大は，網膜に投影される事物の像をできるだけ大きくすることにより，網膜内の刺激に反応する細胞の範囲を広げ，像から得られる情報量を増やすために行われる。その最も簡単な方法は，事物の観察時に，児童生徒に自らの顔を接近させるか，逆に事物を顔に近づける方法である。この方法は接近することが危険な事物では採用できないが，弱視児にはその判断が難しいため，周囲にいる他者が危険性を伝える必要がある。また，観察する対象そのものを拡大することによって対応することもできる。文字や図形などを拡大して教科書を複製した拡大教科書は，義務教育段階ではすべて無償で給与される。授業

で使用するプリント類は，適度な大きさに拡大コピーし，自然界の細かなもの
で直接的な観察が困難なものは，拡大模型を準備する。プリント類の作成では，
できる限り必要な情報に限定して単純化する，背景とのコントラストを上げる，
中間色を避け，色数はできるだけ少なくするなどの配慮が必要である。さらに，
観察対象そのものの拡大が困難な場合には，支援具を介して事物を観察できる
ようにする。支援具には，プリントの読み取りなど，近くの物を見るための近
用弱視レンズ（ルーペ類など），黒板や屋外での観察など，離れた所にある物を
見るための遠用弱視レンズ（単眼鏡など），文字の読み書きやプリントの読み取
りなどに使用する拡大読書器（卓上型・携帯型）がある。操作が可能であれば，
パソコンの拡大機能を活用することもできる。なお，網膜像を拡大した状況で
は，認知に多くの時間が必要となるため，事前に資料を配付するなどの配慮に
より，それらの作業への負担をできるだけ軽減するための工夫が求められる。

　一方，児童生徒自身に対する認知的支援では，まず**残存視機能**を最大限活用
することの意義に関する理解を促し，積極的に見ようとする姿勢を引き出す。
そのためには，事物の観察に興味をもつことができるように，対象に関する適
度な情報（先行オーガナイザー）を，観察に先立って提供する関わりが有効であ
る。これによって，児童生徒のなかに観察に対する枠組みができ，その後に続
く観察に取り組みやすくなる。また，弱視児は他者の行動を観察できないため，
事物を提示されても，観察の方法がわからないことがある。教師は，事物の観
察方法を具体的に演示したり，効率よく情報を取り込むための支援具の操作方
法を教示したりする必要がある。観察後には，確実に情報が入手できているか
を確かめることも必要である。

（2）盲児の認知特性と教育的支援

　盲児は，他者の言葉から得られる情報や手の探索によって得られる情報など，
視覚以外の感覚情報を，学習時における主な手がかりとして利用している。言
葉を介して情報を得るためには，必要としている内容を他者に伝えなければな
らない。また，手の探索によって情報を得るためには，触るべき対象に確実に
たどりつかなければならない。このため，学習時に必要な情報を効率よく入手

するためには，他者との適切なコミュニケーションが必要となる。

　しかし，たとえそのようなコミュニケーションが成立したとしても，視覚によらなければ経験できない事物については，当然ながら直接的に理解することはできない。たとえば，遠くから眺めた山の景色，夜空に輝く月や星，燃え上がる炎，空高く飛んでいる飛行機などである。しかしながら，このことは，決して全盲の児童生徒が，これらの事物に関する知識を習得できないということを意味しているわけではない。適切な学習機会が与えられれば，見えの世界の事象を学習することは可能である。たとえば，普段の生活でもふれることの多い色彩は，先天全盲の児童生徒には直接経験することはできないが，赤や青など，基本的な色を表す色彩語に関しては，他の児童生徒と類似した印象を抱くことができる（惠羅ほか，2019）。全盲児も色のある世界に生活していることに変わりはなく，自分の服や自然界の色に興味を示すことは多い。盲児がこのような色彩語を十分に理解できるようになるためには，周りにいる他者との日々の会話のなかで，色彩に関わる話題に接することが不可欠である。このような経験の積み重ねが，色彩に限らず，視覚の世界の幅広い理解につながっていく。

　盲児に対する支援内容は，弱視児と同様に，学習環境の整備と児童生徒に対する認知的支援の2つの観点から検討する。

　学習環境の整備では，校内あるいは教室内を見渡し，まず移動に関する**安全性**の確保を図る。校内の移動では，段差や階段の降り口など，その先が落ち込んでいる場所の発見は特に難しく危険を伴うため，そのような箇所を洗い出して点字ブロックを敷設するなどの手立てを講じる。教室内においても，危険を回避するために，できるだけ床に物を置かないようにする。また，盲児が学習に使用する支援具などの位置を，本人に告げることなく移動しない。これらの配慮の必要性は，周りにいる他の児童生徒にも理解を促す。一方，学習場面では，盲児には点字教科書が無償給与されるので，その申請を行う。教科書の内容はデジタルデータも活用できるため，必要な場合にはあわせて申請を行う。また，点字とともに，一般の文字である墨字も読み書きできるように，そのための**支援機器**を導入する。さらに，光の有無，色，温度，時間などの読み取りを可能とする視覚代行機器の導入も検討する。支援機器類の新たな開発は今後

も進められるため，教師は学級に在籍する児童生徒の必要性に応じて活用でき
る機器を選択し，積極的に授業に取り入れていくようにする。

　認知的支援において最も重要な観点は，周囲の環境に対して児童生徒が主体
的に情報を取りにいくことができる，**能動性**の獲得を促すことである。そのた
めには，TPOに応じた他者との関わり方や，事物の全体像を把握するための
効率のよい触探索の仕方など，盲児が理解できる方法で具体的にモデルを提示
するようにする。ただし，点字を使用する児童生徒の場合，指先のけがは触読
に支障をきたすため，手で事物を触る時には特に注意を促すようにする。また，
日常の動作や歩行に関する認知的支援についても配慮する必要がある。盲児は
他者の動作を視覚的に観察できないため，挨拶の仕方やボールの投げ方のよう
に，きわめて身近な動作の修得においても，他者の支援が必要となる場合があ
る。さらに，単独で歩行できる技術の修得には，生活における活動範囲が拡が
り，社会参加が促進されるという重要な意義があるため，歩行訓練士と協力し
ながら，計画的な支援を実施していく。なお，歩行空間の状況は天気や車の往
来などによって刻々と変化することから，歩行時には，周囲の状況変化に迅速
に対応するための特別な認知的支援が必要となる。

（3）中途視覚障害者の認知特性と教育的支援

　特別支援学校の高等部には，年齢制限がない職業課程が設置されており，幅
広い年齢の中途視覚障害者が在籍している。中途視覚障害者は，過去の視覚経
験を有しているため，見えの世界に関する知識（広い空間や色彩など）や，見え
に特有な認知処理様式（事物の全体像の想起など）を活用することができる。ま
た，十分な視覚情報が得られていた以前との比較により，現在の見えにくさの
状況を他者にわかりやすく説明できる可能性もある。一方，視覚に代わる情報
源を活用しなければならない状況下に置かれるため，新たな学習を効率よく進
めることが困難となり，自らの評価に関連する自己肯定感や**自尊感情**などの低
下を招くことがある。このため，中途視覚障害者の教育的支援においては，そ
れらの状態を考慮しつつ，段階的に支援を進めていかなければならない。

　中途視覚障害の原因は，緑内障，網膜色素変性，糖尿病網膜症など，進行性

の眼疾患がほとんどである（Morizane, et al., 2019）。そこで，中途視覚障害者に出会った時には，まず眼疾患に関する正確な情報を共有し，その後の学習の内容や方法を含め，当面の支援の方向性について意見交換を行うようにする。その際，まず生徒の個人内要因において主要な要素である「年齢」に着目する必要がある。学齢期にある生徒では，当面の学習方法の修得や，近い将来に直面する受験への備えなどが主なニーズとなる。また社会人として働いていた生徒では，仕事の継続が困難となっている状況を改善するために，早期の社会復帰や生活再建などが最も大きな関心事となることが多い。しかし，中途視覚障害者のなかには，特別支援学校に入学した段階では，まだ自らが置かれた状況を正しく理解できず，不安を感じている場合がある。そのような状況においては，まず支援の中心となる教師が信頼できる支援者であることを生徒に理解してもらう必要がある。

　次の段階では，生徒の支援に対する具体的なニーズを整理し，そのニーズに応じた支援内容を，妥当性のある根拠に基づいて提案していく。中途視覚障害者では，学習活動の前提として，視覚を使わずに読み書きを行うための新たな方法の修得や，単独歩行などの移動手段の修得が必要となる。中途視覚障害者の点字の修得には多くの時間を要するため，近年ではコンピュータを読み書きに使用することが多い。ただし，コンピュータの操作に不慣れな生徒では，テクノストレスを抱え込むことにもなりかねないので，その場合には，録音機器や音訳教材の活用など，他の方法を取り入れることも検討する。いずれにしても，卒業後の自立に向けて何らかの読み書き手段を修得し，学習に専念できるように支援する。

　生徒のなかに学習に対する意欲が高まると，同じ境遇に置かれた他者との関わりを求め，他者を参考にして将来を展望しようとする欲求が芽生える。特別支援学校の高等部は，このような段階にある生徒にとって，心の拠り所となる貴重な学習の場である。さらに，次の段階に進むと，高等部に入学した目標を達成して，自己実現に向けて新たなスタートを切ろうとする欲求へと発展する。高等部の職業課程では，同じ境遇下にある他の生徒や卒業生との情報交換を通して，自らの進路を構想する際の手がかりを得ることができる。このような段

階を経て，生徒は中途視覚障害という状況に置かれたことによって一旦崩れた
自らの存在意義を再認識し，**アイデンティティ**の再構築を果たしていく。中途
視覚障害者の支援過程では，自らの状態をどのように認識しているのかを判定
できる自我同一性尺度などを用いて，生徒とともに，アイデンティティの状態
を定期的に把握することが重要である。

4　これからの視覚障害教育

（1）新たな時代における視覚障害教育

　視覚障害は，眼球から脳に至る一連の情報伝達経路に何らかの機能障害が存
在し，それが支援機器等を使用しても改善されない場合に発生する状態である。
従来，このような機能障害への対応は，角膜の変形や混濁を改善するための献
体による角膜移植が中心であった。ところが，近年，人工多能性幹細胞（iPS
細胞）を用いた**再生医療**の成果を活用して，眼球内への細胞移植により機能障
害を改善しようとする取り組みがなされている。2018年に，網膜内の一つの
層をなす網膜神経節細胞の作製に成功したことが公表された[1]。また，2019年
には，角膜の最表層にある角膜上皮細胞の作製[2]，2020年には網膜内で光の情
報を処理する視細胞の作製[3]に成功し，それぞれ角膜と網膜に移植する試みがな
された。これらの研究は，角膜疾患，網膜色素変性，緑内障など，主要な眼疾
患の治療法として大きな期待が寄せられている。今後，このような再生医療の
安全性と有効性が確認され，治療法が確立すれば，近い将来には視機能を一定
程度改善させることができる可能性がある。その際には，見ることに関連した

(1)　Kobayashi, W., Onishi, A., & Hung, YT., et al. "Culture systems of dissociated mouse and human pluripotent stem cell-derived retinal ganglion cells purified by two-step immunopanning," *Investigative Ophthalmology & Visual Science*, 59, 2018, pp. 776-787. https://iovs.arvojournals.org/article.aspx?articleid=2672015（2022年4月4日閲覧）
(2)　大阪大学大学院医学系研究科・医学部NWES & TOPICS「世界初，iPS細胞から作製した角膜上皮細胞シートの第1例目の移植を実施」2019年8月29日。http://www.med.osaka-u.ac.jp/archives/19156（2022年4月4日閲覧）
(3)　日本経済新聞「神戸アイセンター，iPS視細胞を初移植」2020年10月16日。https://www.nikkei.com/article/DGXMZO65122690W0A011C2CR8000/（2022年4月4日閲覧）

認知機能を向上させるための支援が必要となる。これからの視覚障害教育に携わる教師には，このような再生医療の進歩に伴って視機能の改善が得られた児童生徒への認知的な支援が求められるかもしれない。

　再生医療と同様に，視覚障害児が活用できるICTの開発も著しい進歩を遂げている。すでに活用が始まっている教科書デジタルデータは，テキストデータをはじめとする多くの情報を音声化して利用することができるため，視覚障害教育にとっては大きな進歩である。また，認知機能の支援機器として，眼鏡枠に取りつけられた小型カメラの画像認識技術により，指で差した対象を音声で瞬時に読み上げ，また登録された人の顔や物を認識して音声で知らせてくれるウェアラブル機器が販売されている。[4] 必要な情報を手軽に入手できる小型のウェアラブル機器の開発は，視覚障害者の社会参加を推進する際の大きな原動力となる。歩行に関しても，最適な歩行ルートを案内してくれる音声ガイドや，映像情報に基づく遠隔支援などは，すでに利用できる状況にある。また，GPS情報，インターネットを介したルート情報，3D画像を利用することにより，目的地までの歩行ルートを設定し，道案内をしてくれる小型のデバイスの開発も進められており，盲導犬に代わる支援機器として，商品化が期待されている。[5]さらには，自動運転技術が最終段階にまで向上すれば，車の利用によって活動範囲が大きく拡大することも予想される。

　このように，ICTは視覚障害児の自立と社会参加を推進するための重要な手段として期待されている。児童生徒が将来ICTを主体的に使いこなすことができるように，ICTリテラシーの修得に向けた支援を計画的に進めておく必要がある。

---

(4) OrCam Technologies Ltd.（オーカムテクノロジーズ）ホームページ「OrCam MyEye」（商品ページ）。https://www.orcam.com/ja/myeye2/（2022年4月4日閲覧）

(5) Loughborough University Media Centre "Student designs autonomous way-finding device for visually impaired people unable to home a guide dog," 24 July 2020. https://www.lboro.ac.uk/media-centre/press-releases/2020/july/theia-autonomous-way-finding-device-designed/（2022年4月4日閲覧）

（2）視覚障害教育における教師の専門性

　視覚障害教育に携わる教師は，担当する児童生徒について，眼疾患などに関する視覚障害の背景，認知特性，運動特性など，支援に必要とされる情報を速やかに収集しなければならない。そのためには，書籍やインターネットの活用，保護者や特別支援教育コーディネーターとの連携，外部機関との連携などを通して情報を収集できるように，その具体的な方法を身につけておく必要がある。また，特別支援教育の目標である自立や社会参加に関しても，当該児童生徒の長期的な目標として，具体的に構想できる力を身につけておく必要がある。

　視覚障害児童生徒の実際の支援場面においては，様々な支援機器の活用や，個々の特性に合わせた認知的支援が求められる。支援機器としては，パソコンやスマートフォンのように，広く流通している機器類が活用されている。一方，一般には知られていない視覚障害者用の特別な支援機器も開発されているので，教師はできるだけそれらについての情報を入手できるように心がける。視覚障害領域を主とする特別支援学校には，このような支援機器類をはじめとして，長年にわたって蓄積された教材・教具が保管されている。地域の小・中学校の教師は，このような近隣の特別支援学校を活用して，支援に必要な情報を入手することができる。また，新たな支援機器の導入の際には，実際にふれながらその活用方法を検討する場が必要となる。特別支援学校等がセンターとしての機能を発揮し，多くの教師がそれらの機器を試用できる場を地域に提供することが期待される。

　認知的支援については，個々の児童生徒の特性に応じた方法を選択しなければならない。その際，特別支援教育コーディネーターと連携をとりながら検討を進めるとともに，学校全体が当該児童生徒に対して一貫した支援を実施することができるように，**校内委員会**などを開催して情報を共有し，共通理解を図るようにする。また，今後は，ICTのさらなる進歩に伴って，これからの時代を生きる児童生徒にとって有用な支援機器が開発されることが予想される。このため，関連する学会や研修会等に積極的に参加し，自らの支援力を常にアップデートしていく努力が求められる。

　なお，近年，視覚障害教育の専門性を育み，また後世に引き継ぐための教育

現場が徐々に失われつつある。視覚障害のある児童生徒の多くは，今後も地域の小・中学校に在籍することになると思われる。しかし，個々の小・中学校がそのような視覚障害に関する専門性を蓄積していくことは困難である。また，特別支援学校においても，視覚障害教育に関するノウハウが次の世代の教師に十分に引き継がれなくなっており，視覚障害教育の専門性の維持が難しくなっている。視覚障害領域のみの特別支援学校の小学部および中学部を担当する本務教員の人数は，2019年度の時点で2957人であり，過去10年間で1割近く減少している。視覚障害教育全体の質的な維持・向上を図るためには，特別支援学校において，視覚障害に関する専門性を備えた中核となる教師を育成し，継続的に地域に輩出できるような体制を整える必要がある。

学習課題　① 眼疾患に関する情報を収集するための方法について考えてみよう。
　　　　　　② 弱視児が学級に在籍する際の配慮事項について考えてみよう。
　　　　　　③ 盲児が学習に使用できる支援機器について調べてみよう。

引用・参考文献

恵羅修吉・菅原まゆ・大庭重治「視覚障害児における色彩語の意味記憶特性」『上越教育大学特別支援教育実践研究センター紀要』25，2019年，19〜23頁。

所敬監修，吉田晃敏・谷原秀信編『現代の眼科学　改訂第13版』金原出版，2018年。

丸尾敏夫『NEWエッセンシャル眼科学　第8版』医歯薬出版，2014年。

文部科学省「特別支援教育資料（平成28年度）〜（令和2年度）」2017〜2021年。https://www.mext.go.jp/a_menu/shotou/tokubetu/1343888.htm（2022年4月4日閲覧）

文部科学省『特別支援学校教育要領・学習指導要領解説　自立活動編（幼稚部・小学部・中学部）』開隆堂出版，2018年。

文部科学省「障害のある子供の教育支援の手引——子供たち一人一人の教育的ニーズを踏まえた学びの充実に向けて」2021年。https://www.mext.go.jp/content/20210629-mxt_tokubetu01-000016487_02.pdf（2022年4月4日閲覧）

八木文雄『神経心理学』放送大学教育振興会，2006年。

Dutton, G. N. "Cognitive vision, its disorders and differential diagnosis in adults and children : knowing where and what things are," *Eye*, 17 (3). 2003, pp. 289-304.

Morizane, Y., Morimoto, N., Fujiwara, A., & Kawasaki, R., et al. "Incidence and causes of visual impairment in Japan : the first nation-wide complete enumeration survey of newly certified visually impaired individuals," *Japanese Journal of Ophthalmology*, 63 (1), 2019, pp. 26–33.

第 8 章

聴覚障害児の理解と支援

聴覚障害は，単純に聞こえの困難をもたらすだけではなく，認知面や言語面の発達，コミュニケーションモードや障害認識・アイデンティティの形成など様々な領域に影響を及ぼす。また聴覚障害の早期発見・早期療育が可能となったことから，一般の小・中学校に在籍する軽・中等度難聴児への支援ニーズも高まっている。また，近年注目されている，聴覚情報処理障害（APD）についてもふれ，発達障害との関連についても概観する。本章において，"聞こえにくさ"が及ぼす様々な影響や，教育現場における支援方法について学んでいこう。

1 聴覚障害の生理・心理

（1）音を聞く仕組み

聴覚障害とは，「音を聞く」ことに何らかの困難が生じている状態を意味する。

音は空気などの媒介の振動であるが，聴覚はその振動が電気信号に変換されることで生じる感覚である。

音を聞くための主な器官を図8-1に示した。外耳は，耳介や外耳道から成り，音の方向感（特に前後方向や上下方向）の精度を高める役割や，特定の周波数帯域を増幅させる役割がある。中耳は鼓膜，耳小骨（つち骨・きぬた骨・あぶみ骨），鼓室，耳管などから成り，わずかな音の振動を増幅させ，内耳内部を満たすリンパ液に効率よく振動を伝える役割を有する。内耳は，音の振動数（周波数）の分析を行う蝸牛と，平衡感覚の処理を行う前庭と三半規管（外側半規管・前半規管・後半規管の3つの半規管の総称）から成る。蝸牛において音の

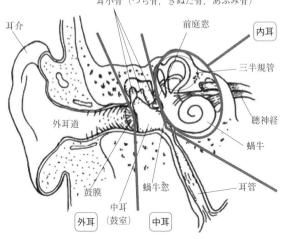

図 8 - 1　主な聴覚器官

出所：文部科学省（2013）をもとに筆者作成。

振動が電気信号に変換され，聴神経を通りオリーブ核や下 丘，大脳皮質の 聴
覚野などの中枢聴覚系に伝わる。

　これらの聴覚器官は，音を聞く仕組みとして，伝音系と感音系の 2 種類に大
別される。外耳と中耳は，小さな音の振動をより増幅させる役割をもつため，
「伝音系」と呼ばれる。一方，蝸牛や中枢聴覚系は音の周波数分析など複雑な
処理を行うため「感音系」と呼ばれる。

（ 2 ）聴覚障害をもたらす疾患

　音を聞く仕組みは，「伝音系」と「感音系」に分かれることを前項で述べた
が，外耳や中耳に疾患がある場合は「**伝音性難聴**」，内耳や中枢聴覚系に疾患
がある場合は「**感音性難聴**」に分類される。

　伝音性難聴には，外耳疾患と中耳疾患があり，外耳疾患には小耳症や外耳道
閉鎖症などが挙げられる。中耳疾患には中耳炎や中耳奇形などがあり，そのな
かでも滲出性中耳炎は小児期に生じやすく，罹患しても痛みが少ないため，子
ども本人も周囲の大人も気づきにくく，聞こえにくい状態が長期化しやすい。

感音性難聴には，蝸牛を含む内耳疾患と，中枢聴覚系の疾患（後迷路性難聴とも呼ばれる）がある。内耳疾患は，遺伝性難聴や胎児期のウイルス感染などの先天性難聴と，内耳炎や耳下腺炎（おたふく風邪），メニエール病，突発性難聴などの後天性難聴に大きく分かれる。また，蝸牛だけでなく前庭や半規管にも影響が及んでいることが多く，めまいなどの症状も現れることが多い。また中枢聴覚系の疾患は，聴神経腫瘍や脳血管障害，頭部外傷，単純ヘルペス脳炎による後遺症などが含まれる。

　伝音性難聴は，重度の聴力低下が生じることは少なく，また内耳に障害がなく音が歪まずに聞こえることから，補聴器装用の効果も得られやすい。一方，感音性難聴は音の分析を行う器官に障害が起こっているため，補聴器を使っても健聴者のような聞こえの状態にはなりにくいケースが多い。また，重度・最重度難聴者のほとんどが感音性難聴である。

（3）聞こえの評価

　聴覚障害者の聞こえの状態を評価する方法はいくつかあるが，最も基本的で重要な検査が，**純音（気導・骨導）聴力検査**である。音は，空気などの振動であると第1項で説明したが，それはさらに純音と複合音の2種類に分けられる。純音とは，ただ1種類だけの周波数（1秒間に振動した回数）で構成された音である。それに対し，音声や車のクラクション，楽器の音など様々な音は，何種類もの純音が複雑に含まれた音（複合音）である。

　純音聴力検査では，125，250，500，1000，2000，4000，8000 Hz の7種類の純音を呈示し，それぞれの純音について，聞くことができる最も小さな音の大きさ，すなわち閾値が何 dB かを調べる。また，各周波数の閾値は図8-2のようなオージオグラムに表される。

　また，純音聴力検査において，気導聴力閾値と骨導聴力閾値を測定することで，伝音性難聴なのか感音性難聴なのかを調べることができる。気導聴力閾値とは，ヘッドフォンから提示される音，すなわち外耳・中耳を経由して聞いた純音の閾値である，一方，骨導聴力閾値とは，耳の後ろや前額部にあてた端子が振動して提示される音，すなわち骨を振動して伝わり内耳に直接届く純音の

周波数（Hz）

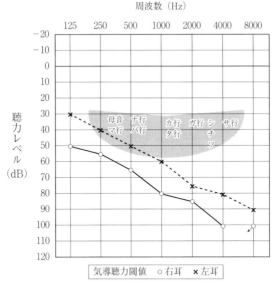

図 8-2　聴覚障害者のオージオグラムの例

注：矢印はスケールアウト，灰色の部分は会話音の大きさを表す。
出所：筆者作成。

閾値である。伝音性難聴の場合は，気導聴力閾値は低下するが，骨導聴力閾値は正常となる。一方，感音性難聴は，気導聴力閾値と骨導聴力閾値が同程度の聴力低下を示す。

　聴覚障害の程度を分類するために，平均聴力レベルというものを求める場合がある。これは，500Hz，1000Hz，2000Hz の閾値により，下記の計算式によって求められる。

　　{(500Hz の閾値) ＋ (1000Hz の閾値) × 2 ＋ (2000Hz の閾値)} ÷ 4

　日本聴覚医学会難聴対策委員会（2014）によると，平均聴力レベルが25dB以上の場合に聴覚障害があると定義しており，平均聴力レベルが25dB以上40dB未満を軽度難聴，40dB以上70dB未満を中等度難聴，70dB以上90dB未満を高度（重度）難聴，90dB以上を重度難聴と分類する。

　純音聴力検査の他に，教育現場でよく用いられる聴力評価の方法として，**語音弁別検査**がある。語音弁別検査は，ひらがな 1 文字で表される音（単音節）

を呈示し，その正答率を求めて，日常生活での音声言語の聞き取りの状態を調べる検査である。伝音性難聴の場合は，音が歪まずにそのまま聞くことができるため，音を大きくして呈示すれば，健聴者と同じように100％に近い正答率を示す。一方，感音性難聴の場合は，高い周波数の音が聞こえにくいなど，歪んだ音が聞こえている状態なので，音を大きく呈示しても正答率が70％前後，もしくはさらに低い正答率を示すことが多い。また，様々な音の大きさの語音を呈示し，それぞれの正答率を求めることで，その人が最も聞き取りやすい音の大きさを調べることもできる。

2　聴覚障害児の心理・言語発達

（1）聴覚障害児の早期療育の重要性

　乳幼児の多くは，生後1カ月頃から様々な音の聞き分けができるようになり，3～4カ月頃には，音の方向が判別できるようになり，生後6カ月頃には喃語_{なんご}が出現し始め，1歳頃には意味のある言葉を発するようになる。さらに，自分の声と大人の声を聞く力が伸びてくると，様々な声の出し方を試みたり，大人の発声・発音の模倣を行っていく。もし生まれつき聴覚障害があると，こうした音声言語の発達に多大な影響を受けることになる。そのため，できるだけ早い段階で聴覚障害を発見し，早くから適切な療育が受けられるようにする必要がある。

　生後すぐに聴覚障害を発見するための取り組みとして，**新生児聴覚スクリーニング**というシステムがある。遺伝性難聴や風疹ウイルスの母胎感染など，難聴のハイリスク要因がない新生児でも，2000人に1人の割合で重度・最重度難聴が発症することから，新生児が産まれてから退院するまでに難聴の有無を選別（スクリーニング）するための検査である。実施する方法は，自動聴性脳幹反応検査（AABR）または，耳音響放射（OAE）という機器を用いて，35～40dBの音に対する反応を調べる。「要再検（Refer）」という結果が出た場合は，さらに専門の医療機関で精密検査を受け，確定診断が出るかどうかを調べていく。そのうえで聴覚障害が疑われる場合には，聴覚障害児を主な対象とする特

別支援学校の乳幼児教育相談や，医療機関・通園施設等の施設で療育を受けることになる。

　聴覚障害児の多くは両親ともに健聴であることが多く，コミュニケーションのとり方に母親が不安を抱き，安定した母子関係が築けなくなることが多い。音声の他に，表情や身振りなどのノンバーバルな手段を用いたコミュニケーションのとり方を，ろう学校や言語聴覚士などの専門家と学んだり，聴覚障害に関する様々な情報提供を行うこと，聴覚障害児をもつ母親同士の交流の機会を提供することなどが，早期療育において重要である。

（2）聴覚障害児の言語発達

　前項で，音声が聞こえにくくなると，様々な発達の側面に影響が及ぶと述べたが，最も顕著にその影響が表れるのは，語彙の獲得や文理解など言語面の問題である。

　まず，聴覚障害児はどのように音声を知覚しているのだろうか。聴覚障害児では感音性難聴，特に高い周波数の音になればなるほど聞こえにくくなるタイプが多い。

　音には純音と複合音があると先述したが，音声を含め日常生活のなかで聞く音のほとんどは複合音であり，低い周波数から高い周波数まで，様々な純音が複雑に含まれている。たとえば「サ」という音を例に挙げると，子音（/s/）と母音（/a/）を続けて発声させることで，「サ」の音に聞こえるようになる。子音である/s/の音は，非常に高い周波数成分から構成されているので，高い音が聞こえにくい聴覚障害者は，/s/の音が聞こえにくく，/a/の音だけ聞こえるため，「サ」の音が「ア」のように聞こえたり「シャ」や「カ」の音に聞き間違えやすくなる。

　そして，発声・発音についても聴力低下は大きく影響する。特に，先天性の重度・最重度難聴児は，自発的に声を出す機会が少なくなりやすいため，声を出すために必要な呼吸の方法を自然に獲得できなくなってしまう。また，音声の弁別や識別が困難になると，自分自身の発音が正しく行えているか確認することができないため，年齢が進むにつれて，正しい発音の仕方を獲得すること

がさらに困難になってしまう。そのため，少なくとも2〜3歳の頃から呼吸のコントロールや声を出す練習を開始する必要がある。

　また，音声の聞き取りは，日本語の語彙，文法，構文の習得，さらに書き言葉の習得にも非常に影響を与える。健聴の子どもは，日本語を母語とする大人の話している音声を聞きながら習得していくが，聴覚障害児は音声の聞き取りが制限されるため，語彙の少なさや様々な言葉の使い方の誤りが起こりやすくなる。たとえば，「うさぎ」という言葉を絵で指差せる，または「白い生き物」ということが説明できたとしても，「白い」または「動物」から連想する別の言葉が想起しにくい，「生き物」という上位概念をうまく説明できない，など言葉同士のネットワークが広がりにくいことや，視覚的に意味を表しにくい抽象語の獲得が困難になりやすくなる。

（3）聴覚障害児の認知面・社会性の発達

　音声言語の獲得が進まないと，認知発達や社会性の発達にも影響が及んでくる。吉野（1999）は，知能検査の結果を健聴児と比較すると，聴覚障害児は，視覚情報の処理が求められる課題に比べ，音声言語での理解・表出に関する課題の得点が低い傾向が見られたり，視覚・動作的な課題でも，解法に論理的な思考を必要とするような課題では，健聴児と比べ得点が低くなると述べている。さらに吉野（1999）は，知的能力はその人が経験する質や量によって定まるものであり，聴覚障害児は制限された空間で発達をしなければいけないため，言語的経験だけでなく一般的経験にも影響を受けることを考慮し，知的能力を測る必要があるとしている。つまり，机上で取り組むような課題の経験不足や，論理的思考の基礎となる言語力の低下などが，知能検査などの得点に影響するため，聴覚障害児の知的発達は検査の得点だけを見るのではなく，その聴覚障害児の聴力の状態や教育・家庭環境などの背景もあわせて考える必要がある。

　聴覚障害児の社会性の発達については，知的発達と同様に，言語的経験や生活で得られる経験的な知識の影響を受けるため，聴覚障害児は同年齢の健聴児に比べると社会性に遅れが生じやすいとされる。一方，聴覚障害児・者が「自己中心的」「他者への共感性が乏しい」と評されることもある。たとえば，目

上の人に対し敬語を使わないことや，他者の心情が理解できずその思いをストレートに表現すること，などが原因となることが多いと思われる。しかし，逆の立場で考えると，手話は日本語での敬語にあたる表現のすべてに対応していないことや，聴覚障害児・者は相手が思っていることなど目に見えないことははっきりと表現しないとわからない，という考え方もある。手話を第一言語として使う聴覚障害児・者同士のコミュニティでは，健聴者とは異なる文化（ろう文化）があるため，健聴者の文化と区別すべきという考えもあり，どの基準で社会性を評価するか，慎重に検討する必要がある。

（4）障害認識・障害受容

　聴覚障害児・者が自分自身の障害をどのように捉えるかについては，聴力の状態や，主に使用するコミュニケーション手段，自分以外の聴覚障害者と接する機会など，様々な要因が影響する。自分自身または他者が有する障害についての考え方・捉え方を**障害認識**というが，両親など身近な親族に聴覚障害者がおり，手話など，音声言語以外のコミュニケーションにふれる機会を多くもつ場合は，聴覚障害に対し否定的な考えをもたず，障害認識が肯定的になる傾向がある。一方，自分以外の親族は皆健聴者で，聴覚障害者に接する機会がほとんどない環境で育った場合は，健聴者に近づこうと努力し，聴覚障害に対し否定的な障害認識をもつ傾向がある。

　また，幼稚部から高等部まで特別支援学校（ろう学校）で育った場合には，聴覚障害をもつ友人や教員と接したり，聴覚障害への配慮を受けられる環境にいるため，比較的肯定的な障害認識をもつことが多い。一方，小学校，中学校，高等学校で一般校に在籍した経験をもつ聴覚障害児は，健聴者に近づこうという考えや聴覚障害に対し否定的な障害認識をもつことが多い。

　年齢が進むと，自分自身の障害に対する捉え方にも変化が生じてくる。小畑（1994）は，聴覚障害児の心の成長過程において，小学校の頃に障害認識が始まり，中学校段階で障害による挫折感を経験し，中学校・高等学校で障害の受容をすると述べている。また，梶山・河崎（2008）も，中等度難聴を有する事例において，小学校の頃に友人同士の会話が複雑になると内容が理解しにくく

なり，障害を自覚するようになったことを報告している。

　特に，軽・中等度難聴の場合は，一般校に在籍することが多く，発音が明瞭なため，聴覚障害を有していると周囲に意識されにくく，それゆえに本人の心理的負担が大きくなり，人間関係やアイデンティティ形成に多大な影響を及ぼすことがある。大学で自分以外の聴覚障害者と出会い，それがきっかけで手話やろう文化に接するようになると，ろう文化への傾倒やこれまで受けてきた教育への否定などが生じることもある。

　一方，特別支援学校でずっと育ってきた聴覚障害者は，大学など社会に出て初めて健聴者が多い世界に入ることになる。自分の聞こえにくさがどのようなものなのか，どのような配慮をしてほしいか，などを自分で説明する必要が生じてくるため，そのギャップに戸惑ったり，不適応状態になることもある。学校という場から，大学や社会人になる際に，自分自身の聞こえの状態や周囲にどのような配慮を求める必要があるのか，という問題に直面することになるため，特別支援学校では障害理解に関する内容も授業で取り入れられることが多い。

3　聴覚障害児教育

（1）聴覚障害児教育の基礎知識

　聴覚障害児を対象とした教育を行う場として，特別支援学校，特別支援学級，難聴通級指導教室がある。

　聴覚障害児を主な対象とする特別支援学校，いわゆるろう学校では，幼稚部，小学部，中学部，高等部などが設置されている。「特別支援学校小学部・中学部学習指導要領（以下，小・中指導要領）」「特別支援学校高等部学習指導要領（以下，高指導要領）」の「第2章　各教科」において記載されている通り，基本的に小学校，中学校，高等学校の各教科の目標や内容等に準じた教育がなされる。

　なお，小・中指導要領の第2章第1節第1款の2において，「聴覚障害者である児童生徒に対する教育を行う特別支援学校」の各科目に関する指導計画の

作成と内容の取り扱いについて，以下の通り記載されている。

(1)体験的な活動を通して的確な言語概念の形成を図り，児童の発達に応じた思考力の育成に努めること。

(2)児童の言語発達の程度に応じて，主体的に読書に親しんだり，書いて表現したりする態度を養うように工夫すること。

(3)児童の聴覚障害の状態等に応じて，指導内容を適切に精選し，基礎的・基本的な事項に重点を置くなどして指導すること。

(4)補聴器等の利用により，児童の保有する聴覚を最大限に活用し，効果的な学習活動が展開できるようにすること。

(5)視覚的に情報を獲得しやすい教材・教具やその活用方法等を工夫するとともに，コンピュータ等の情報機器などを有効に活用し，指導の効果を高めるようにすること。

(6)児童の聴覚障害の状態等に応じ，音声，文字，手話等のコミュニケーション手段を適切に活用して，意思の相互伝達が活発に行われるように指導方法を工夫すること。

このなかでも，(1)(2)のように言語概念の形成や読み書きに関する指導が，聴覚障害児の教育においては特に重要な事項である。言語・コミュニケーションに関する指導は自立活動（後述）でも行われるが，『特別支援学校学習指導要領解説　各教科等編（小学部・中学部）』（以下，『解説』）に，「国語科を中心として学校生活の多くを占める各教科の指導においても，言語の指導は格段の配慮を必要としていると言える」（文部科学省，2018：8）と記載されている通り，あらゆる指導場面において言語力を伸ばすことに重点が置かれる。

また，自立活動とは，2017（平成29）年告示「特別支援学校小学部・中学部学習指導要領」の「第7章　自立活動」の第1によれば「個々の児童又は生徒が自立を目指し，障害による学習上又は生活上の困難を主体的に改善・克服するために必要な知識，技能，態度及び習慣を養い，もって心身の調和的発達の基盤を培う」ことを目標に行われる指導であるが，聴覚障害児においては，聴

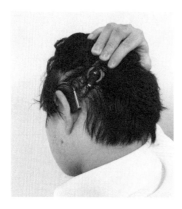

図8-3　人工内耳を装用している様子
出所：筆者撮影。

覚活用や，発声・発音指導，言語指導など，コミュニケーションに関する指導が中心となる。

（2）聴覚活用

　聴覚障害者について，「全く聴覚情報が入ってこない，または使うことができない」としばしばイメージされやすいが，実際には，程度の差はあるが聴力が活用できるケースの方がほとんどである。**補聴器**や**人工内耳**などの聴覚補償機器を使い，読話やキューサインなどの視覚情報も併用して残存聴力を活用することを**聴覚活用**という。

　補聴器とは，マイクロフォンで外部から音を入力し，デジタル信号に変換して，使用する人の聞こえ方に応じて音質を調整する機器である。また，平均聴力レベルが両耳とも90dB以上で，補聴器の装用効果が認められない重度以上の難聴児・者には，人工内耳の装用も検討される。人工内耳とは，蝸牛に電極を挿入し，蝸牛神経に電気刺激を与えて音が聞こえる状態を作り出す機器である（図8-3）。補聴器や人工内耳はできるだけ早期から装用することが望ましく，現在は新生児聴覚スクリーニングの取り組みが浸透しているため，生後数カ月で補聴器を装用し，場合によっては1歳頃に人工内耳の手術を行うケースも増えている。

　また，補聴器や人工内耳などの感覚補償機器は両耳（りょうじ）装用を基本とする。両耳で聞くことで音がより大きく明瞭に聞こえたり，雑音下での聞き取りが良くなったり，音源の方向を正確に知ることが可能となる。これを両耳聴効果（りょうじちょうこうか）という。しかし，人工内耳は手術により片方の耳に装用する場合は医療保険等を適用できるものの，2機目以降は全額自己負担となるため，従来は片方の耳にしか手術を行わないことが多かったが，近年は人工内耳を両耳装用するケースも徐々に増えている。

　また，聴覚活用が困難な場合には視覚情報も補助的に使うことが必要になるため，**読話**や**キューサイン**なども併用する。読話とは，口形を見て発音の内容を推測する方法であり，特に母音や両唇音というパ行・バ行・マ行の音の判断に有効である。また，キューサインとは，手指の動きで子音を表す手がかりであり，発音や聞き取りの補助的な手がかりとして，主にろう学校幼稚部など低年齢の時期の指導に活用することが多い。

（3）発声・発音指導

　前節の第2項でもふれたが，聴覚障害児の発声・発音指導は早期から開始する必要があり，声を出すために必要な呼吸の仕方の指導も含まれる。安定した発声をするには，持続して息を吐いたり，一気に吸い上げるなどの息継ぎの仕方から習得する必要がある。また，パ行やタ行のように勢いよく息を吐く発音もあれば，サ行のように息を細く長く吐くような発音もあるため，呼吸のコントロールができるようになることが，発声・発音の指導の基礎となる。

　また，舌の運動や音を作り出す位置（構音点）を示すために，シロップやウエハースなどの食材を用いたり，ハ・ヘ・ホの発音指導の際に温かい息が出ているか，鏡が曇ることで確認させるなど，触覚や視覚などの感覚情報も活用しながら指導を行う。

（4）指文字・手話

　聴覚障害児が用いるコミュニケーション手段として，指文字や手話などの視覚的なコミュニケーション方法も重要である。**指文字**とは，仮名文字に対応して手指で表現する方法である。指文字だけを用いてコミュニケーションをとることはほとんどないが，外国の人の名前や手話で対応する単語がない場合などに，使用することが多い。また，キューサインと混同されやすいが，まったく別物である。キューサインは発音や音声の聞き取りの補助で使うものであり，指文字は仮名文字の表記に対応している。

　手話とは，言葉を動作や手指の動きで表し，ある文法体系に基づき，手話単語を連続的に提示して表現する方法である。日本国内で用いられる手話は**日本**

手話，日本語対応手話，中間型手話の3種類である。日本手話は，聴覚障害者同士の会話などで用いられ，独自の文法体系をもち，表情や動作の空間配列なども用いて表現する方法である。日本語対応手話は，日本語の文法体系に沿って手話単語を呈示し，助詞を指文字で示すことがある。中間型手話は，日本手話と日本語対応手話の両方の要素を含むものである。

　日本手話と日本語対応手話は異なる文法体系をもつため，日本手話を主なコミュニケーション手段とする聴覚障害児・者に対し，第2言語として日本語を習得し読み書きを行うことを目標とした教育方法（バイリンガルろう教育）が，一部のろう学校で行われている。

（5）コミュニケーション指導と教科指導
　特別支援学校（ろう学校）の幼稚部では，人工内耳を装用し聴覚活用が良好な幼児もいれば，重度の聴覚障害を有し，手話などの視覚的な手段の方が有効な幼児など，多様なコミュニケーション手段を用いる聴覚障害児が同じ場にいることが多く見られる。そのような状況では，音声と手話・指文字を同時に用いたり，さらに読話やキューサインも用いながら，様々なコミュニケーションのニーズに対応した指導が行われる。こうしたコミュニケーション指導は，自分の意思を伝えるという言語表出を促すだけでなく，他者の伝えたいことや気持ちを想像することにもつながる。

　このように，幼稚部の段階では，教員や保護者，他児との交流を通して，内面を言語化し伝えたり，相手の話していることに関心を向け，コミュニケーションを進めていくことに重点が置かれる。すなわち，他者・他児とのやり取りにより話し言葉を拡充させていく。こうしたコミュニケーションで用いられる言語は生活言語とも称される。一方，小学部に入ると教科学習が始まり，複雑化する思考に必要な抽象語，すなわち書き言葉や学習言語を獲得する必要が出てくる。幼稚部から小学部にかけては，話し言葉から書き言葉への移行，つまり生活言語から学習言語への移行のための「わたりの指導」が重点的に行われる。

　小学部1～2年生においては，生活言語と学習言語が混在して使用され，類

推や推測などの高度な思考の初歩的な指導が行われるが，小学部 3 年生以上になると，学習する内容の難易度が高くなり，読み書きや学習のつまずきが現れることが多い。このことを「9 歳の壁」という。「9 歳の壁」は聴覚障害児においてしばしば用いられてきた言葉であるが，近年は発達障害児においても同様の現象が見られるため，聴覚障害児に限らず抽象的な思考が困難な児童において，共通する現象であるといえる。

　また，聴覚障害児が苦手とすることに，「行間を読む」ことが挙げられる。すなわち文章に明示されていないが，登場人物の心情や状況を推測することが非常に困難である。そうした理解を深めるために，ロールプレイングを行い登場人物のおかれた状況を体験したり，他の児童生徒と意見交換をして自分と異なる考えを知るような取り組みが行われている。

4　小・中学校における聴覚障害児への配慮

（1）合理的配慮

　近年は，難聴の早期発見・早期療育や人工内耳の装用件数の増加などにより，残存聴力の活用が良好な聴覚障害児が増え，小・中学校の特別支援学級や通級指導教室に在籍する聴覚障害児が増加傾向にある。また，以前は支援の対象に含まれなかった片側の耳のみ聴力が低下している片側難聴児も，支援の対象となっている。

　文部科学省（2010）によると，障害者の権利に関する条約「第24条　教育」において，教育についての障害者の権利を認め，この権利を差別なしに，かつ，機会の均等を基礎として実現するため，障害者を包容する教育制度（inclusive education system）等を確保することとし，その権利の実現にあたり確保するものの一つとして，「個人に必要とされる合理的配慮が提供されること」を位置づけている。また，同条約「第 2 条　定義」において，「合理的配慮」とは，「障害者が他の者と平等にすべての人権及び基本的自由を享有し，又は行使することを確保するための必要かつ適当な変更及び調整であって，特定の場合において必要とされるものであり，かつ，均衡を失した又は過度の負担を課さな

いものをいう」と定義されている。さらに，障害のある児童生徒等に対する教育を小・中学校等で行う場合の「合理的配慮」には，特別支援学校等で行われているものを参考として，FM補聴器などの補聴環境の整備や教材用ビデオ等への字幕挿入を例として挙げている。

（2）聴覚障害児のための環境調整

　学校の教室の音環境を考えると，教員の話し声の他に，廊下や校庭にいる人の声や，近くを走る自動車の通過音など，様々な音が混在している。学校保健の基準では，教室の騒音は平均的に50dB以下（上限値は65dB）になることが望ましいとされており，騒音の大きさよりも教員の話し声の大きさの方が大きければ，ある程度教員の話している内容を聞き取れるだろう。しかし，最近は壁や窓で教室が区切られていない，オープン型の教室も増えており，壁で囲まれている教室より背景雑音が大きくなると考えられる。神林ほか（2004）によると，壁で囲まれた様式の教室に比べ，オープン型の教室では平均値が約63dB（上限値が約75dB）を示し，騒音がはるかに大きいことがわかった。このような環境になると，教員の話している声と騒音がほぼ同程度の大きさとなり，聴覚障害児には教員の話し声がほとんど聞こえない状況になってしまう。

　騒音下において，ある特定の話者の声を聞き取りやすくする装置が，**補聴援助システム**である。FM補聴システムやデジタルワイヤレス補聴システムなど様々な伝達方法があるが，共通しているのは，マイクロフォン（送信機）で拾った音を，補聴器や人工内耳に装着した受信機に直接伝えることで，周囲の騒音に比べ明瞭に聞こえるようになるというものである。一側性難聴児や自閉スペクトラム症（ASD）など，騒音下での聞き取りが困難な児童生徒に装用し，聞き取りが改善されるという報告もある。一方で，補聴援助システムによって，すべての音声が聞き取れるようになるわけではないということ，補聴援助システムの性能にも限界があることに留意したい。話者が，口形を見せてゆっくりしゃべることや，聞き取れなかった場合に備えて文字情報も提示することもあわせて行うことが重要である。

　また，背景雑音そのものを軽減させる方法として，机や椅子の脚に切り込み

を入れたテニスボールをはめたり，聴覚障害児の座席をなるべく教室前方にしたり，片側難聴児の場合は，聞こえのよい方の耳が教室側に向くようにするなどの配慮を行う。聴覚障害児のなかには，教員の指示のみでは十分に内容が理解できないことも多いため，最前列ではなく前から 2 〜 3 列ほど下がった位置の座席にし，他児の様子が見えるようにするのが有効な場合もある。

　聴覚障害児のなかには，補聴援助システムを用いても聞き取りにくさが改善されにくい者もいるが，このようなケースでは，音声の文字化が有効な手立てとなる。音声の文字化には，話者が話した内容を要約して紙に書く**ノートテイク**や，パソコンで要約した内容を提示する**パソコン要約筆記**，音声認識アプリの活用などの方法が挙げられる。アクティブラーニング型の授業が増え，グループでの話し合い活動を行う際など，複数人の話者がいるような場面は，聴覚障害児にとって特に聞き取りが難しくなるので，話している内容を，教員や健聴児がメモにとりながら進めたり，事前に話すテーマを決め，今はどのテーマについて話しているかを視覚的に示すなどの方法も有効である。

5 “聴覚障害”はないのに聞こえにくい
　　　　——聴覚情報処理障害（APD）

（1）聴覚情報処理障害（APD）とは

　聴覚情報の処理には，様々な背景要因が影響する（図8-4）。聴覚情報は，視覚情報と異なり一瞬で消えて無くなってしまうため，注意や記憶力の影響を大きく受ける。また，内容が部分的に聞こえなかったとしても，前後の文脈から「おそらくこういっているのだろう」と推測することで聞こえにくさを補うこともできる。そのため，外耳・中耳疾患や内耳疾患など器質的な障害がない場合でも，認知処理機能に何らかの困難が生じていれば聞こえにくさが生じてくる。このように中枢（脳）での何らかの原因により聞こえにくさが生じている状態を**聴覚情報処理障害**（Auditory Processing Disorder；**APD**）という。

（2）APDと関連する諸障害

　APDは，何らかの認知処理機能の障害によって起こりうる。そのため，発

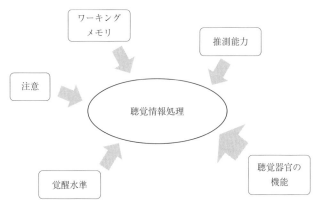

図 8 − 4　聴覚情報処理に与える諸要因
出所：小渕・原島（2016：16）をもとに筆者作成。

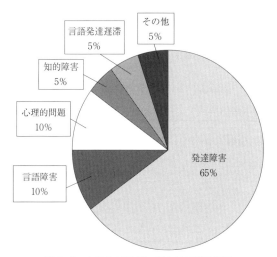

図 8 − 5　小児の APD 疑いにおける背景要因
出所：小渕・原島（2016：26）をもとに筆者作成。

達障害や精神障害など情報処理に影響が現れるようなケースにおいても，聞こ
えにくさが症状として現れることが多い。図 8 − 5 は，APD が疑われる小児の
症例 20 名の背景要因を示したものである。最も多かったのは，自閉スペクト
ラム症（ASD）や注意欠陥多動症（ADHD）といった発達障害である。

　ASDでは，聴覚過敏や騒音下での聴取の困難，話し言葉での抑揚などの情報理解の困難さといった症状が現れたり，不注意優勢型のADHDでは，音の存在に気づかない，聞いた内容を記憶できない，音に注意を向け続けることができないなどの様々な注意機能の低下が現れやすい。

　その他にも，ダブルリミテッドのように，日本語以外の言語環境で長く生活したり，保護者の母語が日本語以外のため，日本語が十分獲得できなかったケースや，周囲に過剰に気を遣うなどストレスを抱え込みやすい性格傾向をもつケースにおいても，APD様の聞こえにくさが現れることがある。

　また，幼児期に長期間，もしくは頻繁に中耳炎に罹患し，現在は治癒しているにもかかわらず，聞こえの困難が現れる事例も見られる。これは，聞こえに困難を呈する事例である。言語獲得における特に重要な時期（臨界期）に，十分に聴覚情報が入力されない状態が長期間続いてしまうと，その後聴力が回復しても聞こえの機能が十分に成長しないことも示唆されている。

（3）聴覚的注意

　聴覚情報処理には，注意が大きく影響する。注意には様々な定義があるが，脳における情報の効率的な処理活動ともいえる。注意の内容によって，選択的注意，分割的注意，持続的注意などに分類される。

　選択的注意とは，多くの情報が同時に存在する状況において，ある特定の刺激のみ抽出するような処理をいう。たとえば，多くの人の話し声がするなかで，ある特定の人物の声のみ聴き分けられるのは選択的注意によるものであり，こうした聴覚的な現象を，カクテルパーティー効果ともいう。聴覚的な選択的注意の能力を評価する方法として，イヤホンなどで左右の耳に異なる音を提示し，右耳に入力された情報のみ聴くことや，女性の声のみ聴くことができるかなど，ある特定の条件の音刺激のみを聴き分けられるかにより調べることができる。

　分割的注意とは，様々な情報が混在するなかで複数の情報を抽出したり，同時並行で異なる作業を行うような処理である。聴覚情報の処理においては，左右同時に異なる刺激を提示した際に，それぞれの刺激を聴き分けることで評価する。たとえば，友人と会話を続けながらも館内放送の内容を聞き取ったり，

周囲の人の話にも耳を傾けるような状況で処理が行われている。分割的注意の方が，同時並行で作業を行うのに必要な注意資源が必要となり，注意資源が少ないと，いわゆるマルチタスクが苦手ということになる。

　持続的注意は，作業遂行を長時間行う場合に必要なものであり，脳の覚醒水準とも関係する。持続的注意の課題としては，CPT（Continuous Performance Test）があり，ADHDの診断の指標として用いられることもある。聴覚情報を用いたCPTでは，数字が1から9まで提示されるなかで，ある特定の数字が提示されたときにボタンを押したり，ある特定の数字の配列（たとえば3，6と続いた場合など）のみボタンを押すなどの単調な作業を，10分〜20分程度行うものがある。

（4）APDの評価

　APDの評価の方法として，日常生活における聞こえの困難度を評価する質問紙や，聴覚心理検査，発達障害などとの鑑別を目的とした検査を行う。

●質問紙・チェックリスト

　日本語版の質問紙としては，小川ほか（2007）が開発した「きこえの困難さ検出用チェックリスト」がある。質問項目は20項目あり，聴覚的注意，聴覚的記憶，聴覚的識別，聴覚的補完という4つの因子に分けられ（小川ほか，2013），領域間の得点の比較も行える。また，質問項目には，学習障害やASD，ADHDの行動特性に関する質問項目も含まれており，発達障害傾向がないかあわせて調べることができる。各質問について0点から3点の4段階で評定し，合計得点は0〜60点になるが，小川ほか（2013）の報告によると，3〜5点以上を示す場合に何らかの聞こえの困難ありと判断すると述べている。

●聴覚心理検査

　ヘッドフォンから提示される様々な音刺激への，聞こえの状態を評価する検査である。主な方法として，両耳分離聴検査や雑音下の単語聴取検査，早口音声聴取検査などが挙げられる。

　分割的注意の能力を評価する場合は，主に両耳分離聴検査を行う。左右の耳に異なる検査音（単音節，2音節単語，文など）を提示し，左右それぞれに注意

を向けた状態で，刺激語を聞き分ける検査である。

　選択的注意については，両耳分離聴検査において右側の音声だけ聞き取るようにするなど，ある条件にあった聴覚情報のみ聞き取れるかを調べたり，雑音下での聴取検査を行う。

　また，音声の素早い変化に対応できるかどうかを調べるために，通常の速さよりも速く喋る音声を聞き取る，早口音声聴取検査がある。

　聴覚障害児の実態は，聴力の程度や聴覚障害を発症した時期により，コミュニケーション方法や言語発達の実態，認知特性など非常に多岐にわたる。軽中等度難聴児やAPD児などは，発達障害に近い実態や支援方法であったり，構音の評価や指導方法に関しては，言語障害児を対象とした評価・指導方法の知識が参考になる。本章での学習を契機として，聴覚障害児だけではなく，広い意味で"聞こえにくさ"を抱えた幼児児童生徒の支援に関心を向けてもらえると幸いである。

学習課題　① 聴覚障害児の障害認識について，小学校（部）から高等学校（高等部）の間に，学校でどのようなことを学ぶことが重要か考えてみよう。
　　　　　　② 聴覚障害児が用いるコミュニケーション方法のそれぞれの特徴や，教科学習における指導法の工夫について調べてみよう。
　　　　　　③ 軽・中等度難聴児やAPD児が小・中学校でどのような支援を受けると，より学習面やコミュニケーションの困難が改善されるか考えてみよう。

引用・参考文献

小川征利・加藤登美子・小渕千絵ほか「聴覚情報処理障害（Auditory Processing Disorders：APD）の実態に関する調査」『日本特殊教育学会第45回発表論文集』2007年，794頁。

小川征利・原島恒夫・堅田明義「通常学級に在籍する児童のきこえの困難さ検出用チェックリストの作成——因子分析的検討を通して」『特殊教育学研究』51(1)，2013年，21〜29頁。

小畑修一「聴覚障害者における聴覚障害の心理的受容」『筑波技術大学テクノレポート』1，1994年，19〜23頁。

小渕千絵・原島恒夫編著『きこえているのにわからないAPD ［聴覚情報処理障害］の理解と支援』学苑社，2016年。

梶山妙子・河崎佳子「第7章　軽・中等度難聴者の心理」村瀬嘉代子・河崎佳子編著『聴覚
　　障害者の心理臨床②』日本評論社，2008年，141〜159頁。

神林潤一・鈴木康弘・沖津卓二「オープン教室の騒音に関する調査・研究」『Audiology
　　Japan』47(1)，2004年，41〜48頁。

日本聴覚医学会難聴対策委員会「難聴対策委員会報告——難聴（聴覚障害）の程度分類につ
　　いて」2014年。http://audiology-japan.jp/audi/wp-content/uploads/2014/12/a1360e77a
　　580a13ce7e259a406858656.pdf.（2022年4月10日閲覧）

文部科学省「資料3：合理的配慮について」2010年。https://www.mext.go.jp/b_menu/
　　shingi/chukyo/chukyo3/044/attach/1297380.htm.（2022年4月10日閲覧）

文部科学省「教育支援資料　第3編　障害の状態等に応じた教育的対応　Ⅱ　聴覚障害」
　　2013年。https://www.mext.go.jp/component/a_menu/education/micro_detail/__icsFiles/
　　afieldfile/2014/06/13/1340247_07.pdf.（2022年4月10日閲覧）

文部科学省『特別支援学校学習指導要領解説　各教科等編（小学部・中学部）』開隆堂出版，
　　2018年。

吉野公喜「第3章　知能と知的発達」中野善達・吉野公喜編著『聴覚障害児の心理』田研出
　　版，1999年，41〜64頁。

第 9 章

発達障害児の理解と支援

　本章では，発達障害児教育の基礎的な理解を得るために，LD，ADHD，ASD を中心とした障害特性と，それに応じた支援方法について概要を確認する。それぞれの障害の特徴を理解するとともに，共通して抱えやすい困難を把握することに学びのポイントをおく。また，障害の重複や，同じ障害名でも状態は子どもによって多様であることについて学ぶ。さらに，多様な状態をどのようにアセスメントして，支援につなげるかを理解する。発達障害の特性に応じた指導方法について理解を深めていこう。

1　発達障害とは

（1）困　難

　発達障害のある子どもたちは，学校や家庭などの日常生活場面において，様々な困難を抱えやすい。たとえば，「板書をノートに写すのが遅く，授業についていけない」「忘れ物が多く，よくしかられる」「友だちとの関わり方がわからず，孤立する」といった学習面や生活面，社会面の困難を示すことが少なくない。これらの困難は，時として周りを困らせたり，周りの迷惑になったりするという点で問題かもしれない。しかし，結果として子どもたちが目の前の活動に適切に取り組むことができないことが，より本質的な問題だと考えられる。活動に適切に取り組むことができないと，学習を積み重ねられず，自立や社会参加に必要なスキルを身につけることができないばかりか，失敗経験を重ねた結果として自尊感情が低下し，様々な2次障害が生じてしまうからである。したがって，子どもたちが活動に適切に取り組むことができるように，教師は発達障害の特性を十分に理解し，必要な支援を行うことが重要である。

（2）概　念

　発達障害（developmental disabilities）は，1970年代に米国において使用され始めた用語である。ケネディ大統領が1961年の就任直後に，知的障害者に対する包括的な支援を行うために，有識者による特別委員会を立ち上げたことに端を発する。その後，1963年に公法88-164「精神遅滞者施設ならびに地域精神保健センター建設法」が制定されたが，同法律は1970年に公法91-517「発達障害事業および施設建設法」として改正され，ここで発達障害という用語が，法律上で初めて登場したのである。1970年の法律では，支援対象として知的障害や脳性麻痺，てんかんなどの障害が想定されていたが，障害が重複しやすいことや障害種別に受けられる支援を規定することに反対する意見が多いことなどから，診断名にとらわれずに必要な支援を受けることができるように，発達障害という総称が用いられるようになった。そして，1975年に制定された公法94-103「発達障害者援助及び権利章典法」において，自閉症やディスレクシア（読み書き障害）も含むものとして発達障害の概念が広げられた。さらに，1978年の公法95-602「リハビリテーション，包括的事業及び発達障害」では，特定の疾患名は例示されなくなり，大まかにいえば，発達期に生じた慢性的な障害を原因として長期的な個別支援を必要とする状態として発達障害の概念がまとめられている。この捉え方は，2000年に修正された現行法の「発達障害者援助及び権利章典法」にも引き継がれている。米国において，発達障害は，多様な障害種を含む包括的な概念として捉えられている。

　国際的に使用される発達障害の定義は，医学の定義である。2013年に発行された米国精神医学会の『精神疾患の診断・統計マニュアル第5版』（DSM-5）では，発達障害は「神経発達症群」としてまとめられ，限局性学習症，注意欠如・多動症，自閉スペクトラム症に加え，知的障害，コミュニケーション症群（言語症，語音症，小児期発症流暢症〔吃音〕，社会的コミュニケーション症など），運動症（発達性協調運動症，常同運動症，チック症など），他の神経発達症群を含むとされている。また，2022年1月に発効された世界保健機関（WHO）の『国際疾病分類第11版』（ICD-11）でも，発達障害は「神経発達症群」としてまとめられ，発達性学習症，注意欠如多動症，自閉スペクトラム症に加え，知的発達

症，発達性発話または言語症群，発達性協調運動症，一次性チックまたはチック症群，常同運動症などを含むとされている。いずれにおいても，発達障害あるいは神経発達症群という用語それ自体は医学的な診断名ではない。診断名として扱われるのは，神経発達症群に含まれる個別の障害種（注意欠如・多動症など）である。

　日本国内の教育界で使用される発達障害の定義は，発達障害者支援法の定義である。2005年に施行され，その後2016年に改正された発達障害者支援法では，発達障害は「自閉症，アスペルガー症候群その他の広汎性発達障害，学習障害，注意欠陥多動性障害その他これに類する脳機能の障害があってその症状が通常低年齢において発現するものとして政令で定めるもの」と定義されている（第2条）。「その他これに類する脳機能の障害があってその症状が通常低年齢において発現するものとして政令で定めるもの」は，発達障害者支援法施行令（第1条）と発達障害者支援法施行規則に示されている通り，言語の障害や協調運動の障害に加え，厚生労働省令で定める心理的発達の障害並びに行動及び情緒の障害を含むものとされている。「心理的発達の障害並びに行動及び情緒の障害」とは，WHOのICD-10で示されている障害である。発達障害は，DSM-5やICD-11では知的障害を含むものとして扱われているが，発達障害者支援法では，すでに制定されていた知的障害者福祉法との関係から，知的障害を含まないものとして扱われている。文部科学省の発達障害の定義は，発達障害者支援法の定義に準じているため，日本の教育界では知的障害と発達障害とが区別される傾向がある。

2　LDの理解

（1）定　義

　LD（learning disabilities：学習障害）の定義は，教育上のものと医学上のものとに分かれる。教育上の定義は，1999年に文部省（当時）が「学習障害児に対する指導について（報告）」で，「学習障害とは，基本的には全般的な知的発達に遅れはないが，聞く，話す，読む，書く，計算する又は推論する能力のうち

特定のものの習得と使用に著しい困難を示す様々な状態を指すものである。学習障害は，その原因として，中枢神経系に何らかの機能障害があると推定されるが，視覚障害，聴覚障害，知的障害，情緒障害などの障害や，環境的な要因が直接の原因となるものではない」とまとめている。一方，医学上の定義は，DSM-5では「限局性学習症」(specific learning disorder) として，ICD-11では「発達性学習症」(developmental learning disorder) としてまとめられている。限局性学習症も発達性学習症も，症状として読字障害，書字表出障害，算数障害が含まれており，読み，書き，算数の障害として定義されていることがわかる。教育上の定義が「聞く，話す」という会話の側面まで含めた学習上の困難をLDと捉えているのとは対照的である。DSM-5やICD-11では，「聞く，話す」ことの困難は，言語症などの別の障害として扱われている。なお，読字障害はディスレクシア（失読症），算数障害はディスカリキュリア（失算症）とも呼ばれている。読字障害は書字表出障害を伴うことが多いため，ディスレクシアは読み書き障害として訳されることが少なくない。

（2）症　状
　読字障害と書字表出障害の主な症状は，以下の通りである。読字障害には，言葉を間違って読んだり，ゆっくりとためらいながら読んだり，あてずっぽうに読んだりするといった単語の読みレベルの困難や，読んでいる内容の意味やつながりの理解が難しいといった文章の読みレベルの困難が含まれる。書字表出障害には，文字を正しく書けないといった文字レベルの困難や，文法や句読点の間違いをする，段落をうまくまとめられないといった文章レベルの困難が含まれる。特に，「がっこう」の「っ」などの促音や，「しんぶん」の「ん」などの撥音，「きょう」の「ょ」などの拗音といった，特殊音節に関する読み書きに誤りを示すことが多い。さらに，たとえば「教師」と「先生」などのように意味が類似する漢字の誤りや，「雷」と「雪」のように形態が類似する漢字の誤りも多い。読字障害や書字表出障害は，文字の読み書きがまったくできないわけではなく，読み書きの速さと正確性の問題，つまり読み書きに時間がかかりやすく，間違えやすいことに特徴がある。

　算数障害の主な症状は，以下の通りである。算数障害には，数の大小や位を理解したり四則計算したりするのが難しいといった数字レベルの困難や，文章題を理解するのが難しいといった推理レベルの困難が含まれる。算数障害の領域として，数処理，数概念，計算，文章題の4つが指摘されている（熊谷・山本，2018）。数処理は，「○○○」のような具体物，「いち，に，さん」という数詞，「3」という数字の3つの対応を学習することが含まれる。数処理の困難があると，数字の読み書きができなかったりするだけではなく，具体物に対応する数詞や数字を答えられなかったり，数詞や数字に合う具体物を選べなかったりする。数概念の困難があると，数字が量や順番を表していることを理解できなかったり，足し算や引き算をはじめとして計算の意味を理解できなかったりする。計算の困難があると，暗算がスムーズにできなかったり，筆算の手続きでつまずいたりする。文章題の困難があると，問題文を読んで理解することができなかったり，問題を理解できても計算方略を立てて答えを求めることができなかったりする。

（3）認知特性

　読字障害と書字表出障害の子どもが弱さを示す主な認知機能として，音―文字変換，音韻意識，自動化能力，視機能・視知覚，ワーキングメモリがある。音―文字変換には，文字や単語（「あめ」）を速く正確に音韻情報（「/a me/」）に変換する能力であるデコーディング（読み）と，音韻情報を速く正確に文字や単語に変換する能力であるエンコーディング（綴り）が含まれる。デコーディングやエンコーディングの速さと正確性に問題があると読み書きに困難が生じやすい。音韻意識は，言葉がいくつの音で構成されているかを理解する能力である。音韻意識に弱さがあると，たとえば「おにぎりの2番目の音は？」と尋ねられても「に」と答えられなかったり，「にわとりを逆さにいうと？」と尋ねられても「りとわに」と答えられなかったりする。日本語の場合は，「きゅうしょく」のように特殊音節を含む単語では，文字数（6つ）と音の数（4つ）が一致しないことが多いため，困難が生じやすい。自動化能力は，呼称速度とも呼ばれ，視覚刺激から音韻情報をすばやく想起する能力のことである。自動

化能力に弱さがあると，文字や単語の読みに時間がかかってしまう。視機能・視知覚は，視力や視野，眼球運動などの文字をしっかりと見るための力や，線分の長短や大小，位置，傾きなどの文字の要素を捉える力を含むものである。視機能・視知覚に弱さがあると，文字や漢字の構成を理解できなかったり，バランスよく書けなかったりする。ワーキングメモリは，心的作業をしながら必要な情報を保持するための記憶のことである。ワーキングメモリに弱さがあると，意味を理解しながら文を読むことができなかったり，内容のつながりを意識しながら文を書くことができなくなったりする。

　算数障害の子どもが弱さを示す主な認知機能として，視空間処理，言語，ワーキングメモリ，推論がある。視空間処理に弱さがあると，数量を視覚的にイメージしたり，数直線を頭のなかでイメージしたりすることなどに困難が生じやすい。言語に弱さがあると，口頭で数えたり，内言（発声を伴わない頭のなかのつぶやき）を用いて計算したりすることなどに困難が生じやすい。ワーキングメモリに弱さがあると，頭のなかで必要な情報を保持しながら計算したり，桁数の多い計算をしたりすることなどに困難が生じやすい。推論に弱さがあると，文章題を読んで要素同士の関係を理解することなどに困難が生じやすい。

3　ADHDの理解

（1）定　義

　LDと同じく，ADHD（Attention-Deficit/Hyperactivity Disorder；注意欠陥多動性障害）の定義も，教育上のものと医学上のものとに分かれる。教育上の定義は，文部科学省が2003年に「今後の特別支援教育の在り方について（最終報告）」で「ADHDとは，年齢あるいは発達に不釣り合いな注意力，及び／又は衝動性，多動性を特徴とする行動の障害で，社会的な活動や学業の機能に支障をきたすものである。また，7歳以前に現れ，その状態が継続し，中枢神経系に何らかの要因による機能不全があると推定される」とまとめている。一方，医学上の定義は，DSM-5では「注意欠如・多動症」（attention-deficit/hyperactivity disorder）として，ICD-11では「注意欠如多動症」（attention deficit

hyperactivity disorder）としてまとめられている。いずれも ADHD の症状とし
て，不注意や多動性・衝動性を特徴とする障害であることが示されている。

（2）症　状

　ADHD の症状には，「注意が続かない」「忘れっぽい」などの不注意，「じっ
としていられない」「しゃべりすぎる」などの多動性，「順番を待てない」「質
問が終わる前に答え始める」などの衝動性がある。これらの症状は，誰しもが
多かれ少なかれ示すことがある。しかし，それらの症状を単に示すだけでは診
断はつかない。ADHD の場合は，これらの症状が学校や家庭などの様々な生
活場面で困難をもたらしてしまうほど強く，継続して現れるのである。

（3）認知特性

　ADHD の子どもが弱さを示す主な認知機能として，実行機能，遅延嫌悪，
時間処理，情動制御がある。実行機能は，目標に向かって思考や行動を意識的
にコントロールする能力である。実行機能は，目標を達成する方略を考案する
こと，方略に従って行動すること，行動がうまくいっているか確認すること，
うまくいっていない場合に方略や行動を修正することといった自己の行動の
PDCA サイクル（Plan-Do-Check-Act サイクル）を円滑に回すために重要である。
実行機能に弱さがあると，活動の取り組み方がわからなくなってしまったり，
最後まで集中し取り組み続けられなくなってしまったりする。遅延嫌悪は，報
酬が遅れることに耐えられないことである。有名な課題としてマシュマロ・テ
ストがある。このテストは，子どもの目の前にマシュマロを1つ置いて，その
子どもに「いま食べるなら1つもらえ，後で食べるならそのときにもう1つも
らえる」と伝えて，部屋に一人きりにするというものである。幼い子どもは，
いま食べるのを我慢すれば後で2つ食べることができるとわかっていても，し
ばらくすると我慢できずに食べ始めてしまう。後の大きな報酬よりも，目先の
小さな報酬に飛びついてしまうのである。ADHD の子どもも，これと類似し
た状況で，目先の小さな報酬を選んでしまう傾向がある。時間処理は，時間の
経過を正確に評価する能力である。ADHD の子どもは，たとえば，一定の間

隔で鳴る音刺激を聞き終わった後にそのテンポで机を手でたたくことが求められた場合，正確なテンポでたたくことに難しさがある。このような時間処理の弱さは，段取りの悪さや計画性の甘さにも少なからず関係していると考えられている。情動制御は，気持ちをコントロールする能力である。ADHDの子どもは，感情反応が強く，特にフラストレーションのたまる状況で過剰な反応を示しやすかったり，強い感情反応を抑えるだけではなく，感情反応を維持することにも難しさを示しやすかったりする。

4　ASDの理解

（1）定　義

　ASD（Autism Spectrum Disorder；自閉症スペクトラム障害）の定義もまた，教育上のものと医学上のものとに分かれる。教育上の定義は，文部科学省が2003年に「今後の特別支援教育の在り方について（最終報告）」で，自閉症とは，「3歳位までに現れ，1他人との社会的関係の形成の困難さ，2言葉の発達の遅れ，3興味や関心が狭く特定のものにこだわることを特徴とする行動の障害」であり，「中枢神経系に何らかの要因による機能不全があると推定される」とまとめている。さらに，自閉症のうち，知的発達の遅れを伴わないものは高機能自閉症であり，知的発達の遅れと言葉の発達の遅れを伴わないものをアスペルガー症候群であるとしている。一方，医学上の定義は，DSM-5とICD-11で「自閉スペクトラム症」（autism spectrum disorder）としてまとめられている。いずれもASDの症状として，社会的コミュニケーションの障害と，限定された反復的な行動様式という2つの特性が示されている。スペクトラムは「連続体」という意味である。これは，古くから報告されてきた知的障害を伴うカナー型自閉症や高機能自閉症，アスペルガー症候群などの自閉症圏の障害が，カテゴリーとして区別されるものではなく，症状の濃淡によって説明されるものであることを示している。

（2）症　状

　ASDの症状には，社会的コミュニケーションの障害と，限定された反復的な行動様式に関連するものがある。社会的コミュニケーションの障害には，言葉によるコミュニケーションやアイコンタクトや身振りといった非言語的コミュニケーションの困難や，対人的相互反応を開始したり応じたりすることの困難，人間関係を発展させたり維持したりすることの困難などが含まれる。限定された反復的な行動様式には，おもちゃを一列に並べて遊ぶ，耳にした言葉をそのまま繰り返すオウム返しといった常同的・反復的な行動や，習慣への頑ななこだわり，興味・関心の極端な狭さなどが含まれ，感覚への過敏や鈍麻（刺激に対する反応がにぶいこと）といった知覚異常もここに含まれる。

（3）認知特性

　ASDの子どもが弱さを示す主な認知機能として，中枢性統合，メンタライジング，実行機能，感覚・知覚がある。中枢性統合は，刺激を統合したり，文脈を一般化したりして，統合性を形成しようとする傾向のことである。中枢性統合に弱さがあると，文脈を活用して情報処理することに困難を示し，いわゆる「木を見て森を見ず」という状態になりやすい。メンタライジングは，相手の心的状態を直感的に理解することであり，「心の理論」とも呼ばれる。メンタライジングに弱さがあると，相手の気持ちを受け止めながら行動することに困難を示し，言葉の裏にある真の意味の理解が難しかったり，冗談などの表面的な言葉に影響を受けやすくなったりする。実行機能に弱さがあると，活動に取り組むように指示されても，いつまでやるのか，どのくらいやるのかについて計画が立てられず，課題に取り組めなかったり，取り組み方を柔軟に変更したりすることができなくなる。感覚・知覚は，聴覚や視覚，触覚などの感覚入力を処理することである。感覚・知覚に弱さがあると，特定の音が苦手であったり，光刺激に敏感であったり，特定の肌触りに不快感を覚えたりするといった感覚過敏が起こりやすい。また，逆に，痛み等への感覚鈍麻が見られる場合もある。

5 発達障害児の支援

（1）包括的支援の必要性

　発達障害には，様々な特徴がある。第1に，発達障害は，脳機能の障害であることである。親の育て方や生育環境は，発達障害の子どもの発達に影響を与えはするが，発達障害の原因ではない。遺伝的な問題が，発達障害の発症に関わっている。第2に，発達障害の行動特性（症状）は，乳幼児期に現れることである。遺伝的な問題が関わっているため，発達早期から症状が見られるようになる。しかし，読み書きや集団行動が必要となり，問題が起こる場面になるまで気づかれないことも少なくない。第3に，発達障害の行動特性は，一般的な病気の症状のように進行していくものではなく，本人の発達や周りからの働きかけによって変化することである。第4に，発達障害は，高次認知機能障害であり，原因は様々で現れ方も様々であることである。そのため，診断にかかわらず，子どもの認知特性を把握して支援を行うことが重要である。第5に，発達障害は重複することが少なくないことである。そのため，詳細なアセスメントによって状態理解を深めることが大切である。第6に，努力していてもすぐにはできないことが多い（努力していないと誤解されやすい）ことである。そのため，弱い部分を伸ばすという視点だけではなく，弱い部分を他の方法で補うという視点や，長所を生かすという視点で支援を行い，自己肯定感，自尊感情を育まなければならない。発達障害の支援においては，発達障害の障害理解，早期発見，適切な支援を包括的な視点から進めることが不可欠である。

（2）アセスメント

　発達障害の子どもは，障害種別に示しやすい認知特性が明らかにされているが，必ずしもすべての認知機能に弱さを示すわけではない。特定の領域にのみ弱さを示す場合もあれば，複数の領域に弱さを示す場合もあるが，すべての領域に弱さを示す場合はとてもまれである。さらに，領域別に見た場合も，その領域の弱さを示す人の割合は必ずしも高くない。そのため，これらの認知機能

の弱さは，診断基準にはなりにくいと考えられている。むしろ，このことは発達障害の多様性を示すものと捉えられる。

　発達障害の子どもの多様な実態を適切に把握するには，**アセスメント**が不可欠である。ここでのアセスメントは，生物─心理─社会モデルに基づいて包括的に実施されることが重要である。子どもの実態を生物システムと心理システム，社会システムの視点から多元的に捉え，それらの相互作用について考察することで，問題の所在や支援方法を見出すことが容易になる。このモデルに基づいて，次のようなアセスメントの 5 つのステップが考えられる。

　第 1 に，子どもの行動を明らかにすることである。自らの観察によるものだけではなく，他の教師や支援者，保護者，子ども本人からも情報を集めながら，学校や家庭などにおける子どもの日々のエピソードを記録する。その際，子どものエピソードを学習面，生活面，社会面などの観点から多面的に記録すると，子どもの行動の全体像を捉えやすくなる。子どもの行動の発達水準は，適応行動検査を用いて評価できる。**適応行動**とは，知的障害の診断基準の一つであり，生活年齢から期待される行動の水準をどれくらい満たしているかを評価するための観点である。たとえば，小学校 1 年生になって，先生の話をずっと聞き続けられるようになったか，いわれなくても自分の身の回りの物を片づけられるようになったか，自分から友だちを遊びに誘うことができるようになったかなどを評価する。適応行動の代表的な検査には，Vineland-II 適応行動尺度（日本文化科学社発行）などがある。

　問題行動を明らかにすることも重要である。たとえば，先生のいうことを聞かなかったり，他の人を避けたりするといった問題行動があると，適応行動の発達が妨げられてしまうことがある。その場合には，問題行動の背景にもしっかりとアプローチしなければ，適応行動の支援が難しくなる。問題行動については，現れる頻度を明らかにすることも重要である。問題行動は，発達障害に基づく場合はいつも見られるのに対して，愛着の問題に基づく場合はムラがあることが多いためである。さらに，自己肯定感や不安などの精神状態についても明らかにすることで，支援の緊急性を知ることができる。問題行動の代表的な検査として，子どもの行動チェックリスト（スペクトラム出版社発行）

がある。

　第2に，個人特性を明らかにすることである。医療機関への受診や知能検査等の心理アセスメントを通して，どのような障害特性があるかに加え，知的機能，実行機能，社会的認知などの認知特性を評価する。障害特性は，いわゆる発達障害だけではなく，知的障害についてもその存在を疑って評価を行うことが重要である。知的機能は，**知能検査**を用いて評価できる。代表的な知能検査として，WISC-V（日本文化科学社発行）やK-ABC-II（丸善出版発行），田中ビネー式知能検査V（田研出版発行），DN-CAS（日本文化科学社発行）などがある。ただし，知的機能以外の認知特性を評価することも重要である。知能検査の結果だけで子どもの行動のすべてを説明することはできないからである。IQがいくら高くても，学校や家庭などの生活場面において行動上の問題を示したり，適応行動の発達水準が低くなったりすることがある。子どもの行動を支えている他の要因として，実行機能や社会的認知がある。表情を読んで相手の気持ちを察したり，相手の立場から物事を考えたりすることができないと，社会的に期待される行動をとることができなかったり，円滑な人間関係を築くことが難しくなる。

　第3に，環境要因を明らかにすることである。家庭環境や言語環境，生育歴などの，子どもの発達に影響を与える要因を把握するとともに，支援可能な領域を明らかにする。子どもの発達を促すために，放課後等デイサービス等の地域で利用できるサービスなどについても情報を集めることが重要である。

　第4に，支援ニーズを明らかにすることである。これまでのアセスメント結果をふまえ，子どもの困難が学習面や生活面，社会面のどこでどのように起こっているのか，発達障害などの障害特性や知的機能，実行機能，社会的認知などの認知特性が，子どもにどのような強み・弱みをもたらしているのか，それらの強み・弱みが子どもの困難の背景としてどのように関わっているのか，介入できる環境要因は何かなどについて明らかにする。

　第5に，支援の仮説を立てることである。子どもの困難がどのようなメカニズムによって生じているのかを考え，どのような支援を行えば，困難を克服するとともに，適応行動の発達を促すことができるかについて仮説を立てる。仮

説に基づいて，課題や環境，関わり方の工夫を行ったり，子どもに必要なスキルを身につけさせたりといった支援方法を具体的に考案したり，支援を実施してその効果の検証を行ったりする。学習面，生活面，社会面のすべてから，アセスメント結果と照らして子どもの実態を把握し指導を行うことができるのは，教師ならではのことである。教師が子どもをいかに深く理解できるかが，学習の質の保障と社会的受容の促進のために問われているといえる。

（3）読み書き・算数の支援のポイント

　LD の子どもの学習がうまくいかない原因は，単に学習機会の不足や不適切な教育の結果ではない。そのため，たとえば，漢字を覚えられないからといって単純に繰り返し書かせるようなドリル的な学習は，有効でないばかりか，逆に漢字学習そのものへの嫌悪感を増長してしまう危険性もある。また，LD の困難は，子どもが診断を受ける頃にはとても大きなものになっていることが少なくない。同じ年齢の子どもと比べて学習の遅れが際立っていることが，診断基準として示されているからである。しかし，その頃には学習に対するやる気を失っていたり，できない自分ばかりを見続けて自信をもてなくなってしまっていたりすることも多い。したがって，LD の早期把握・早期支援は，学習意欲や自己肯定感の低下などの二次的な問題を予防するために重要である。近年では，早期から子どもの学習を保障するとともに，行動問題を予防することをねらいとした RTI（Response to Intervention/Instruction）モデルに基づいた支援実践も行われている。RTI モデルは，低学年の頃から学級全体に対する指導改善を繰り返し，それでも学習のつまずきを示す子どもに対して個別アプローチを図るという考え方であり，介入が一体となったアセスメントといえる。

　読字障害・書字表出障害の主な支援は，以下の通りである。個別支援では，①読みから書きへ，②ひらがな・カタカナから漢字へという方向性が提唱されている。読みにおいては，まず文字を一つずつ速く正確に読むこと，いわゆる「逐次読み」の習得を目指し，それから意味のある単語について速く正確に読むこと，いわゆる「まとまり読み」の習得を目指す。まとまり読みの指導では，たとえば教科書の単語を抜き出して，①読んで聞かせる，②意味を教える，③

自分の体験に絡めて例文を作らせるといったステップを踏み，文字を見て音が思い出されやすくなるように，思い出す手がかりとなる情報（例文やイラストなど）をセットで学習させることが重要である。漢字の指導もまとまり読みの指導と同じ方法が可能である。特に，漢字1文字ずつではなく，熟語として学習をさせると読み方が1つの場合が多く，学習させやすい。学習の際は，文字の構成要素を音声言語化して学習する聴覚法や，漢字の偏や旁を組み合わせるパズルを用いた方法，ざらざらとした紙に指でなぞり書きをする方法など，多感覚情報を活用した学習方法が効果的である。また，ワーキングメモリに視点を置いた授業づくりも有効である。

　算数障害の支援においては，**数概念**の指導が重要である。数概念の形成が不十分な子どもに対して，繰り返し計算ドリルに取り組ませることは，機械的な学習に陥らせてしまい，学習困難を増幅させやすい。数概念の指導は，機械的な学習にならないようにするために必要なのである。数概念は，計算の基礎となる能力であり，サビタイジング，比較，カウンティング，階層的包摂，数保存などで構成される（Clements, & Sarama, 2014）。「サビタイジング」は，瞬時把握とも呼ばれ，数えずに量を認識する能力である。知覚的サビタイジングと概念的サビタイジングに分かれる。知覚的サビタイジングは，具体物や半具体物を見た時に直感的に正確な数を把握する能力である。たとえば，リンゴが3個並んでいる時に，一つずつ数えなくても3個あると理解することができる。子どもの場合は，5未満の集合体を知覚的サビタイジングできるといわれる。概念的サビタイジングは，5以上の具体物や半具体物を見た時に，自然と知覚的サビタイジングできる小さなまとまりに分解し，最後に知覚的サビタイジングで求めた数を足し合わせて全体の数を把握する能力である。たとえば，リンゴが5個並んでいる時に，3つと2つに分けて知覚し，それらを頭のなかで足し合わせて全部で5個あると理解することができる。「比較」は，数えずに多少を判断する能力である。たとえば，赤いリンゴが20個，緑のリンゴが14個ばらばらに配置されているのを，一つずつ数えることができないくらい短い時間しか見ることができなかったとしても，どちらの色のリンゴが多いかを答えることができる。比較には，ANS（approximate number system）という能力を

用いるとされる。ANSは，20個と14個のように比較対象の間の差が大きい場合に有用だが，20個と18個のように差が小さい場合には，ANSだけでは困難となり，カウンティングが必要となる。「カウンティング」は，数える能力である。「いち，に，さん……」のように口頭で数詞を順番にいう「唱数」と，モノがいくつかを数える「計数」に分かれる。本当の意味で数えられるようになるためには，モノは1つにつき1回だけ数えるという「一対一対応」や，数える順番があるという「不変の順序」，最後に口にした数詞が量を表しているという「基数性」，最後に口にした数詞が順番を表しているという「序数性」を理解することが必要となる。「階層的包摂」は，大きな数には小さな数も含まれることを理解する能力である。たとえば，リンゴが5個あれば，4人の子どもに1個ずつ配ることができることを理解することができる。「数保存」は，空間的な配置が変化しても，数が保たれていることを理解する能力である。たとえば，リンゴが5個横1列に並んでいるのを数えさせた後に，配置をバラバラにしてもすぐに数には変化がないことを理解することができる。これらの数概念を十分に身につけることで，四則計算などの計算の意味を理解しながら学習に取り組むことができる。

（4）学習活動の支援のポイント

　学習活動への取り組みを促すためには，**実行機能**の支援が重要である。実行機能は，自分の思考や行動を意識的にコントロールする脳機能のことであり，学習活動に効率よく取り組んだり，粘り強く最後まで取り組んだりするために必要である。実行機能には様々な能力が関わっている。1つ目は「プランニング」で，頭のなかで現在から未来に向かって時間軸を描き，どのタイミングでどの行動を実行に移すかを考える能力のことである。2つ目は「ワーキングメモリ」で，作業中に必要な情報を頭にとどめておく能力である。3つ目は「抑制」で，関係のないことに気がとられないようにする能力である。4つ目は「シフティング」で，思考や行動を柔軟に切り替える能力である。5つ目は「感情コントロール」で，気持ちを抑えたり高めたりする能力である。実行機能が弱いと，学習活動への取り組みが妨げられるだけではなく，頭のなかだけ

で複数の事物をイメージしたり，関連づけて考えたりすることも難しくなる。

　発達障害児に対しては，この実行機能の弱さを補って，学習活動に適切に取り組めるようにすることが重要である。支援の流れとして，以下のことが考えられる。まず，目標設定である。問題行動の代わりに，本来とるべき行動を目標行動として設定する。次に，環境レベルの支援である。たとえば，帰りの会に「れんらくちょう→かばん→ちゃくせき」のように手順を示して，負荷を子どもの段階にできるだけ合わせる。そして，弱さを補う方法を習慣化させることである。たとえば，手順表は，ワーキングメモリを補うことができるため，いつも手順表を見ながら取り組むよう習慣を形成させる。最後に，弱さを補う方法を学ぶことへの動機づけを高めることである。その方法を使えばちゃんとできると感じられるようにするのである。そうすれば，最初は手間で面倒に思えても，継続して弱さを補う方法の活用と習得に取り組めると考えられる。

　実行機能に関する能力のどこが弱いかによっても，支援の仕方が考えられる。プランニングが弱い場合は，何をしたらよいかわかるように，手順を示したりどこまでやるかを伝えたりする（例：「かばんの用意ができたら，席に座って静かにしていてください」）。ワーキングメモリが弱い場合は，途中で手順を確認させたり，手順の覚え方を一緒に考えたりする。抑制が弱い場合は，妨害刺激を減らしたり（例：教室の掲示物を減らす），行動する前に考える時間を与えたりする（例：「先生はやることをいくついいましたね。最初に何をしますか」）。シフティングが弱い場合は，教師がいったやり方だけでなく，本人のやり方でも取り組めるように，課題や順序に選択肢を設ける。感情コントロールが弱い場合は，クールダウンの方法を一緒に考えたり，目標設定や振り返りをしたりして，達成感を感じやすくする。

　実行機能を補助するツールを活用することも重要である。すべきことを確認するためにチェックリストを活用させたり，こまめにメモ書きするなどの習慣を身につけさせたりすることなどがこれに含まれる。また，ツールを活用することへの動機づけを高めることも大切である。たとえば，メモ書きできたらシールなどのポイントがもらえ，ポイントがたまったらご褒美と交換できるようにすることも有効である。はじめはご褒美が欲しくて取り組むかもしれない

が，少しずつ上手に取り組めるようになってくると，活動に取り組むこと自体が楽しくなることが期待できる。達成感をもたせたり，自己決定感をもたせたりすることも，子どもの意欲を高めるために必要である。

（5）対人関係の支援のポイント

　対人関係の支援において，**愛着**の視点は不可欠である。愛着は，特定の人と結ぶ情緒的な心の絆と定義される（米澤，2015）。愛着対象は，子どもにとっての安全・安心基地であり，そこから離れて1人で活動したり，いざという時に戻ったりする探索基地でもある。教師が子どもにとっての学校における安全・安心・探索の基地となって，活動への取り組みを見守ったり，他の子どもとの関わりを見守ったりすることが重要である。活動に取り組んだり，他の子どもと関わったりして，どのような気持ちになったかを教師と一緒に振り返るなかで，子どもに活動への取り組み方や，他の子どもとの関わり方を教えるとともに，気持ちのもちようを教えることができる。

　愛着の支援には，以下のような流れがある。1つ目は，キーパーソンの決定である。キーパーソンは，この先生なら，自分の気持ちをよくわかってもらえる，自分の気持ちに応えてくれると，子どもから思われるようになることが重要である。2つ目は，子ども主体・大人主導で活動に取り組ませることである。この先生なら本当にしたかったことを見つけて一緒にやろうとしてくれると子どもが思えるように，活動を準備して取り組ませることが重要である。3つ目は，感情のラベリング支援である。活動を振り返って，何をしたら，何が起こって，どんな気持ちになったかをつなげて理解させる。教師と一緒に振り返ることで，ネガティブな気持ちが和らぎ，ポジティブな気持ちが高まるという安全や安心を感じる経験を重ねさせる。4つ目は，他者との関係づくりである。教師は子ども本人と相手の子どもとの間でコミュニケーションの橋渡しの役割を担う。まずは，両者の間に入って，気持ちを通訳し，必要に応じて行動の歯止めを行う。そして，両者の関わりを見守りながら，コミュニケーションの修正を行う。最後に，教師がいないところで両者の関わりを設定し，起こった出来事について報告をする経験を重ねて，良好な関係が作れるようにする。愛着

の視点から支援を行うことで，子どもは安心して活動に取り組むことができるようになるとともに，新しいことにも前向きに取り組むことができるようになる。

（6）多様性に対応した支援

　発達障害の子どもの支援では，子ども一人ひとりの多様性に対応できるようにすることが重要である。たとえば，教室には様々な発達段階の子どもがいるが，すべての子どもが同じ目標に向かって同じ方法で取り組むことができるとは限らない。同じ目標であることを重視するならば，異なる方法で取り組むことを認められるようにすることが，同じ方法を重視するのであれば，目標を一人ひとりに設定できるようにすることが，授業づくりにおいて重要である。子ども一人ひとりの多様性に対応しながら，その子の自立と社会参加を促していけるようにすることが教育現場には求められている。

学習課題　①　様々な障害をまとめて発達障害と呼ぶことの利点と難点を考えよう。
　　　　　②　発達障害の子どもの実態は，どのような意味で多様なのかを考えよう。
　　　　　③　発達障害の子どもを想定し，具体的なアセスメントと支援の方法を考えよう。

引用・参考文献

柏崎秀子編『通常学級で活かす特別支援教育概論』ナカニシヤ出版，2021年。
加藤醇子編著『ディスレクシア入門——「読み書きのLD」の子どもたちを支援する』日本
　　評論社，2016年。
河合康・小宮三彌編著『わかりやすく学べる特別支援教育と障害児の心理・行動特性』北樹
　　出版，2018年。
熊谷恵子・山本ゆう『通常学級で役立つ　算数障害の理解と指導法』学研教育みらい，2018
　　年。
バロン＝コーエン，S.『自閉症スペクトラム入門——脳・心理から教育・治療までの最新知
　　識』水野薫・鳥居美雪・岡田智訳，中央法規出版，2011年。
細尾萌子・柏木智子編集代表『小学校教育用語辞典』ミネルヴァ書房，2021年。
本郷一夫監修，森口佑介編著『自己制御の発達と支援（シリーズ支援のための発達心理学）』
　　金子書房，2018年。
湯浅恭正編著『よくわかる特別支援教育　第2版』ミネルヴァ書房，2018年。

米澤好史『「愛情の器」モデルに基づく愛着修復プログラム――発達障害・愛着障害　現場
　　で正しくこどもを理解し，こどもに合った支援をする』福村出版，2015年。

Clements, D. H., & Sarama, J. *Learning and teaching early math : The learning trajectories
　　approach* (2nd ed.), Routledge, 2014.

第10章

言語障害児の理解と支援

　　構音（発音）を含む言語の問題は，知的障害・自閉スペクトラム症・聴覚障害・肢体不自由等，すべての児に関わるものであるが，言語障害児教育は学習指導要領のなかで独立して取り上げられていない。本章ではまず，言語聴覚療法と学校教育における言語障害児教育について，両者において主な対象となる子どもたちの言語特徴について学ぶ。次に，言語障害児教育で求められる情報収集（問診，検査評価など）に関するポイントを挙げ，その言語特徴，教育（訓練）目標の立て方について学ぶ。その際には言語学・音声学・言語発達学的知識が求められるので，これらの知識と関連づけて学習する。最終節では，機能性構音障害・知的障害児の具体例を挙げて訓練（指導）の実際を見ていこう。

1　言語障害児教育とその対象

（1）言語聴覚療法と言語障害児教育

　　筆者は医療関係の国家資格職である言語聴覚士[(1)]である。医療機関に勤務することが多い言語聴覚士は，成人を主な対象とし，小児を対象としている言語聴覚士は少数派で，その対象は口蓋裂を含む構音障害，吃音，発達障害，聴覚障害，脳性麻痺などである。一方，言語障害児教育における対象は，口蓋裂を含む構音障害，吃音，情緒障害，発達障害に大別されており（新潟言語障害児懇談会，2019），かなりの重複が認められる。では，言語聴覚療法と言語障害児教育[(2)]

---

(1)　言語聴覚士の定義は「厚生労働大臣の免許を受けて，言語聴覚士の名称を用いて，音声機能，言語機能又は聴覚に障害のある者についてその機能の維持向上を図るため，言語訓練その他の訓練，これに必要な検査及び助言，指導その他の援助を行うことを業とする者をいう」となっている（言語聴覚士法第2条）。

(2)　本章では，言語聴覚療法・臨床・訓練・指導・教育を同義の用語として用いる。また，後に出

の違いはどこにあるのであろうか。

（2）言語聴覚療法と言語障害児教育との違い

　学校教育のなかに位置づけられる言語障害児教育（言葉の教室）において，その対象は児童生徒が中心である。新潟言語障害児懇談会（2013／2019）によれば，報告されていた構音障害児，発達障害児，吃音児などの事例33例中，児童生徒は31例（93.9％）であった。一方，筆者が関わっている言語発達支援センターで2017〜2018年までの2年間に担当した新来訪児40例中，32例（80％）は就学前児であった。このように，言語聴覚療法と言語障害児教育が対象とする年齢は異なっている。

　また，それぞれの施設を訪れる契機となった"気になる症状"（以下，主訴）については，言語発達支援センターと言葉の教室ともに発音が最も多く，その割合はそれぞれ75.6％，66.7％であった。その他に言語発達支援センターでは前言語期レベルの指導，言葉の教室では文字指導や学業成績の問題が含まれていた。しかし，言葉の教室では発音の問題に対応することが難しい場合もあるようで，言葉の教室担当教師などから言語聴覚士へ紹介する例の多かったことが報告されている（阿部，2002；山下ほか，2011）。

　以上のことから，言語聴覚療法では就学前の子どもたちを，言語障害児教育では就学後の子どもたちを主な対象としていることがわかる。また，最も多い主訴はともに発音に関するものであるが，言語障害児教育では文字学習の問題も取り上げていることが特徴といえよう。

（3）言語障害児教育（言語聴覚療法）の目標について

　言語障害児教育であれ言語聴覚療法であれ，言語症状の改善を図るという目的は変わらない。文部科学省が2018（平成30）年に改訂した『特別支援学校教育要領・学習指導要領解説　自立活動編（幼稚部・小学部・中学部）』では，コミュニケーションについて，障害の種類や程度，興味・関心等に応じて，表情

　てくる発音と構音も同義である。

や身振り，各種機器などを用いて意思のやり取りが行えるようにすること，話し言葉によるコミュニケーションにこだわらないこと，自閉症のある幼児児童生徒の場合は，より望ましい方法で意思や要求を伝えることができるようにすること，言語発達に遅れがある幼児児童生徒の場合は，語彙を増やしたり，言葉のやり取りを楽しんだりすることが必要であるといったことが述べられている（文部科学省，2018：92～93）。

　このことから，語彙の増加は指導内容に含まれていることがわかる。その他，就学前児を対象とすることが多い言語聴覚療法では，発音（構音）に問題のある子（以下，構音障害児）の訓練を行う場合，就学までにその構音障害を改善させるという目標も存在する。一方，言語障害児教育では言葉の問題に加え，教科学習のことも考慮する必要があると思われる。

　上記の問題に対応する際には，対象児を具体的に把握することが重要である。次節では，言葉に関する主訴をもった子どもの評価について記述する。

2　言語障害児教育（言語聴覚療法）の流れ

（1）情報収集（主訴，フリートーク，問診など）

　本節では，筆者が通常行っている臨床の流れを述べていく。第1節第2項で述べたように，言語障害児教育は児童生徒を対象としているので，担任教師の申し送り（子どもに関する情報提供のこと）などから情報を入手することが可能と思われるが，初回評価（初めて子どもと会った時に検査などを実施して問題点を把握すること）時には保護者から直接情報を入手した方がよい。おおまかな流れは図10-1に示した。

　図10-1の①「情報収集」について述べる。言語障害児教育や言語聴覚療法いずれの場合であっても，主訴の確認は必須事項であるが，それがいつも正確な情報とは限らない。専門の教師あるいは言語聴覚士が子どもを観察したら，保護者や担任教師が気づかなかった主訴以外の問題に気づくかもしれない。それを確かめる最初の手段がフリートークとなる。

　単なるおしゃべりにしか見えないフリートークは，様々な情報が得られる大

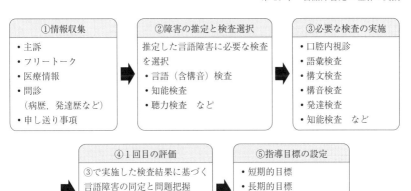

図 10 - 1　言語指導（臨床）の流れ

出所：筆者作成。

切な手段である。たとえば，「発音がおかしい」との主訴があるのみで何の音がいえないのかわからない場合は，検査前の子どもとのフリートークによって，発音できない音を見つけ出すことができる。「言葉が遅れている」という主訴であれば，物の名前がいえるのか，文レベルの発話は可能なのかといった点に注目していけば，どの程度の遅れなのかをおおまかに判断できる。

　次に実施するのは検査であるが，検査については次項で述べることとし，ここでは病歴や**発達歴**などを聞く問診について述べる。これには保護者の同席が必要である。なお，筆者の場合は，主訴の内容とその子どもを観察して得られた情報から，必要な評価（検査）を可能な範囲で子どもに先に実施し（図10 - 1の②と③），その後に問診を行うようにしている。この時には，母子健康手帳（親子手帳）などの持参をお願いしている。母子健康手帳からは，妊娠中や出産，新生児期の状態，首のすわり（定頸），おすわり（座位），歩き始め（始歩），話し始め（初語）の時期を確認し，必要に応じて掘り下げて質問する。聞こえに関しては新生児聴覚スクリーニング[3]を実施している場合が多く，その結果で難

―――――――――――
(3)　出生後 1 週間以内に行う聴覚に関するスクリーニング検査で，「pass」の場合は問題なし，「refer」は要フォローとなる。なお，難聴を確定するための検査ではない。

聴の可能性をある程度確認できる。もし、対象児に何らかの症候群があれば母子健康手帳に記載があるはずであるから、その症候群に関する病歴を質問することが可能となる。上記の事項を聴取して特に問題がなかった場合は、幼児期に何らかのエピソードがあることが予想されるため、これまで罹患した病気に関する情報（**既往歴**）が重要となり、それが言葉の問題（**現病歴**）につながっているかを推測する。以上に示した過程で得られた情報をもとに、対象児が有する言語の問題が何であるのかをかなりの確度で推定することが可能となる。

（2）評価（検査）

　フリートークや行動観察、問診などから言語障害の種類を想定できると、より適切な検査を選択できるようになる。言語障害児に実施する検査は対象児の特性（特徴）によって異なる（図10-1の③）。筆者が行っている主な検査リストの例を領域別に表10-1に示した。臨床場面では短時間で実施できるという点を重視しており、表10-1の「簡単」の欄に記載している検査を優先し、何らかの問題を感じた時には「複雑」の欄にある検査を実施している。なお、各検査の詳細については必要に応じて各検査マニュアルを参照して欲しい。

　以下では、機能性構音障害、知的障害、自閉スペクトラム症の順に検査について述べる。

① 機能性構音障害

　機能性構音障害とは、言語の遅れや運動障害、聴力障害などの明確な原因がなく、年齢相応の構音能力を獲得できていない状態を指す。機能性構音障害の発現と関連すると考えられる要因として、今井（2015）は、「語音弁別能力、構音器官の随意運動能力、遺伝的要因、兄弟の影響、音韻認識など」を挙げているが、一般的には構音器官の形態や機能に明らかな異常がなく、また原因が特定できない構音障害と定義している（阿部，2008）。したがって、構音障害を生じる可能性となりうる原因を1つずつおさえていって、はじめて機能性構音障害と評価できることになる。

　機能性構音障害の場合、主訴の多くは「カ行がタ行になる」といった置換で

表 10-1　検査一覧

	発　達	言語・コミュニケーション	知　能	その他
簡単	・遠城寺式乳幼児分析的発達検査 ・デンバー発達判定法	・絵画語い発達検査（PVT-R） ・田研出版言語発達診断検査（田研式）	・大脇式知的障害児用知能検査 ・コース立方体組み合せテスト ・人物描画検査	・構音検査
複雑	・新版K式発達検査	・S-S式言語発達遅滞検査 ・LCスケール ・LCSA ・質問－応答関係検査	・WPPSI-III ・WISC-IV ・田中ビネー	・CARS ・PEP-III ・Frostig視知覚発達検査 ・聴力検査
質問法	・津守・稲毛式乳幼児精神発達質問紙	・日本語マッカーサー乳幼児言語発達質問紙（語と身振り，語と文法）		・M-CHAT

出所：筆者作成。

ある。初回評価時には，主訴と一致する症状がフリートークでも認められるかどうかを確認し，構音検査（構音臨床研究会，2010）を実施する。通常は単語検査[(4)]から実施し，そこで誤った音について音節検査[(5)]，次いで文章検査[(6)]を実施するというのが一般的な手順であるが，子どもの状態によっては音節検査を先に行うこともある。構音検査では誤構音の起こり方（例：/k/音が発音できない），その誤り方（例：/k/音が/t/音になる）についてわかる。また，誤構音が起こる子音はいつでも一貫しているのか（例：いつも/k/音なのか），またその誤り方はい

---

(4)　単語検査とは，「パンダ，ポケット，バス，ぶどう」など50単語の名称をいってもらい，単語レベルではどの音が誤っているかを調べる検査である。

(5)　音節検査とは，単語検査で誤って構音した音が1つの音では構音可能なのかどうかを調べる検査である。日本語の音節約100音から成る。

(6)　文章検査とは，長さを変えた6文から成る検査で，「こうえん　に　いきました」や「おともだち　と　いっしょに　いちご　の　ケーキ　を　たべます」などから構成されており，文中でどのような音を誤るのかを調べる検査である。

つも同じで一貫しているのか（例：/k/音はいつも/t/音になるのか）についても知ることができる。すなわち，誤構音の起こり方や誤り方に一貫性があるのかなどがわかる。なお，構音検査は録音しておくことを強く勧める。録音方法としては，音声データを圧縮せずに原音が録音できるリニア式の録音機を使用して，個人ごとにSDカードを用意することが望ましい。検査を行っている時には，検査者は子どもがいうべき単語名を知っているため微妙な歪みや置換を聞き逃す可能性があるので，後で聴取し直すとよい。また，訓練前の発音の状態と訓練後の発音の状態を比較でき，保護者にその変化を客観的に示すことも可能となる。

　上記の検査で構音面の状況を把握した後は，構音障害が特定の原因（例：口蓋裂，難聴）によって生じたものではないことを確認していく。フリートークや発音検査の実施状況から，発声発語器官の形態や機能に問題があるのか，発達に遅れがあるのか，言語発達に遅れがあるのか，聞こえに問題があるのか，知的に問題があるのか，などについてはある程度見当がつくが，可能な限り検査で客観的な事実を把握しておくことがよいだろう。筆者は，発声発語器官の形態と機能については口腔内視診と構音類似運動検査（構音検査のシートに含まれている）で，言語（語彙）力に関しては絵画語い発達検査（以下，PVT-R）と田研出版言語発達診断検査（以下，田研式）の「Ⅰ. 語い検査」でチェックしている。全体発達や知的能力については，表10-1に記載している遠城寺式乳幼児分析的発達検査や大脇式知能検査，あるいはコース立方体組み合せテストを必要に応じて実施している。聴覚面については学校健診で実施される1000Hzと4000Hzの選別聴力検査（日本聴覚医学会，2017）の結果で済ませてもよい。

　ここに挙げた検査はいずれも簡便な検査であるが，これらの検査結果に問題がなければ，機能性構音障害である可能性が高いことになる。もちろん，検査ではチェックできていない側面があるので，訓練（指導）中は子どもの反応に注意を払っておく必要がある。

② 知的障害

　DSM-5[7]（2014）では，知的能力と適応機能の両面から知的能力障害児群を定

義している。知的障害児における言語の遅れには知的能力の重症度が反映され
るので，まず評価すべきは知的能力である。対象児に実施可能な検査が大脇式
知的障害児用知能検査やコース立方体組み合せテストのような非言語性検査で
あるのか，田中ビネーやウェクスラー（Wechsler）系の言語課題を含む検査
（WPPSI-III, WISC-IV）であるのかで，対象児の言語力に対する評価は大きく
変わる。すなわち，言語課題を実施できるということ自体から，対象児は音声
言語によるコミュニケーションが可能であることが推察される。したがって，
検査者は，どの検査を選択したかの時点で対象児の言語力をすでに評価してい
る。

　知的障害児は知的能力以外にも問題があるので，おおまかな全体発達につい
てはおさえておく必要がある。時間的余裕があれば新版Ｋ式発達検査などを
実施して，詳細な全体発達の輪郭を知っておいた方がよいと思われる。言語面
については，筆者はPVT-Rと田研式で，語彙年齢の遅れがどの程度なのかを
把握しているが，知的障害が重度であった場合は，個別対面式の検査を実施で
きないことがある。そのような場合は日本語マッカーサー乳幼児言語発達質問
紙（18カ月まで：語と身振り，36カ月まで：語と文法）を用いている。以上のよう
な評価を実施して，対象児の基本的な言語力を把握していく。LCスケールあ
るいはLCSAで評価が可能な場合は，理解と表出，コミュニケーション能力に
関する情報が得られる。特に，LCSAは児童生徒用であるから，教科教育との
関連では貴重な資料を提供してくれることが期待される。

　なお，知的障害児の場合，発音の不明瞭さを訴える保護者もいるが，通常は
それが最優先の課題ではないことを説明する必要がある。正しい構音を支える
基盤としては，発声発語器官の形態と機能が正常であること，筋緊張の低下が
著明でないこと，語音弁別力が確立していること，言語レベルが概ね 4 歳レベ
ル以上であることなどが挙げられる（阿部，2008）。また，発音の訓練方法は構
音器官の位置づけ法が最も有効であると指摘されている[8]（阿部，2008）。知的障

---

(7)　DSM-5とはアメリカの精神医学会作成の「Diagnostic statistical manual of mental disorders
　　5th」である。2013年に改訂され，日本では「精神疾患の診断と統計のためのマニュアル　第 5
　　版」として2014年に邦訳出版されている。

185

害児では，これらの点で構音訓練を実施するレベルに達していないことが多いものと思われるからである。

③　自閉スペクトラム症

　自閉スペクトラム症（以下，自閉症）はDSM-5（2014）においてDSM-4から定義が大きく変更されているが，多動や常同行動，エコラリア，感覚過敏，こだわりといった特徴が消失したわけではない。自閉症児もその重症度によって言語発達に大きく影響を受ける。さらに問題となるのは，たとえ言語の遅れが軽度であっても，その言語力をコミュニケーション手段として用いることの難しさが，自閉症児には存在することである。

　自閉症児において大切なのは，まずどのような自閉症状が認められるかということであろう。他施設からの具体的な症状に関する情報提供書がない場合は，教師が自ら自閉症の評価をする必要がある。検査としてはCARSやPEP-IIIなどがあるが，筆者は日本語版M-CHAT（稲田・神尾，2008）を使用している。M-CHATは2歳までに自閉症が疑われる子どもを早期発見するために作成されたものであるが，筆者の経験では，自閉症状が強く残っている場合は，適用年齢を過ぎていても自閉症状を示唆する症状が依然として認められ，それによって言語の伸び悩みとコミュニケーションのとりにくさが持続している印象がある。次に実施しているのは，言葉によるやり取りをあまり必要としない大脇式知的障害児用知能検査などの非言語性IQを測定する検査であるが，この検査を実施することによって，どの程度やり取りが可能であるかのチェックも可能と思われる。したがって，この検査を実施できない場合はやり取りがかなり困難であると判断できる。言語検査としては，田研式とPVT-Rを実施している。自閉症児の語彙力については知的障害児とともに次項で述べるが，検査としては田研式の方が実施しやすい。もし，やり取りが可能なレベルの自閉症児であった場合は，LCスケールやLCSA，質問─応答関係検査等を実施してみるとよい。また，発達の遅れが著しい場合は発達検査を行い，対象児の全体

(8)　構音器官の位置づけ法とは，口腔内のどの位置（構音点）で，どのような方法（構音方法）で子音部分を作り出しているのか，子どもにもわかるように説明し，正常な子音部分の音ができるようにする方法で，子音部の音が出るようになれば，次は母音をつけて単音節を作る方法である。

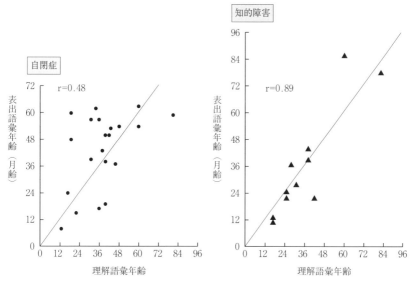

図 10-2　理解語彙年齢と表出語彙年齢との関係

出所：吉岡（2014）をもとに筆者作成。

像を把握することを勧めたい。

④　機能性構音障害児および知的障害児，自閉症児の語彙力

　機能性構音障害では，その定義から考えても語彙力に問題はないが，表出語彙年齢（田研式の語い検査によって算出される表出語彙に関する年齢のこと）が低い例もある（富永ほか，2011）。筆者も機能性構音障害児56例を対象に語彙年齢を検討したが，表出語彙年齢が生活年齢（いわゆる年齢のこと）や理解語彙年齢（PVT-Rによって算出される理解語彙に関する年齢のこと）よりも有意に低かった（吉岡，「語彙発達からみた機能性構音障害児の特徴」）。このことから，機能性構音障害児であっても，発音以外の面にも注目する必要性が示唆される。

　知的障害児と自閉症児において，理解語彙年齢と表出語彙年齢との関係は異なる様相を呈する。ともに生活年齢よりも語彙年齢が遅れることは共通しているが，図10-2右図に示したように，知的障害児では理解と表出の語彙年齢がほぼ同レベルであるのに対して，自閉症児では（図10-2左図）表出語彙年齢が有意に高かった（吉岡，2014）。また，図10-3からは，自閉症児では表出語彙

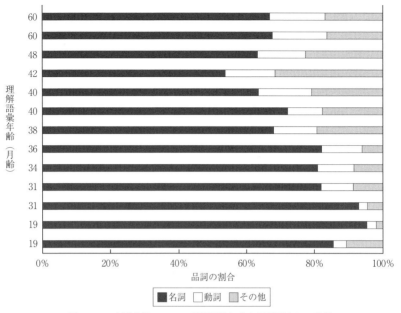

理解語彙年齢（月齢）

品詞の割合

■名詞　□動詞　▨その他

図10-3　自閉症児における理解語彙年齢と品詞割合との関係

注：棒1本は1例を示す。
出所：吉岡（2019）。

に占める名詞の割合が高く，この傾向は理解語彙年齢と関係していた（吉岡，2019）。以上のような特徴をふまえて，言語指導にあたることが必要と考えられる。

（3）専門知識に基づく目標の設定

　機能性構音障害児の場合は構音を改善することが目標となるが，構音できない音は1つとは限らない。複数の子音が構音できない状態であれば，どの子音から訓練すべきかを判断しなければならない。その際には定型発達児における構音獲得順序が参考になる。たとえば，/k,g/と/s,ʨ/の構音ができない場合は，どちらの子音が定型発達児では先に獲得されるのかが訓練順序を決める手がかりとなる。また，音声学からは，口腔内のどの位置（構音点）でどのような方法（構音方法）で発音されるのかを学んでおかねばならない（ちなみに/k/

は軟口蓋破裂音，/s/は歯茎摩擦音）。この知識は構音訓練を**構音器官の位置づけ法**（注 8 を参照）で実施する場合には必須となる知識である。さらに，子どもに構音訓練を実施する際には，構音点と構音方法を子どもが練習できるように教示する必要がある。その教示方法の例は次節で紹介する。

　知的障害児と自閉症児の場合は，語彙力や構文力の向上を図ることが目標となる。さらに，言葉を用いたコミュニケーションがより円滑となるという目標も重要である。話し手の意図を考える語用論的なアプローチも必要であるが，多くの保護者は，より多くの言葉を獲得し音声によるコミュニケーションがスムーズとなることを願っているのではないだろうか。一般的にその子の年齢に見合った言葉の使用を心がけるように指摘されているが，実際は内容の伝達を重要視するため，使用される言葉は平易なものが多くないだろうか。語彙の貧困は言語障害児全体に共通する問題の一つで，その拡大とコミュケーションの確立は大きな目標となる。

3　具体的指導（訓練）例の紹介

（1）構音障害児に対する構音訓練

　筆者がよく遭遇するのは/k/→/t/，/s/→/t/への置換である。言葉の教室でも比較的よく指導する例であると思うので，具体的な例を挙げて説明しよう。
●ケース①
　初回評価時 7 歳 1 カ月の女児（小学校 1 年生 2 学期）で，主訴はカ行がタ行に，ガ行がダ行になるであった。フリートークでも主訴と同じ症状が認められた。口腔内視診では形態的および機能的問題を認めなかった。発音検査では単語，音節，文章のいずれのレベルでも/k/→/t/，/g/→/d/への置換が認められた。ただし，/ki/と/gi/の発音は可能であった。なお，語彙力や聴力に問題はなかった。また，発達歴，既往歴等に特記すべき事項はなかった。

　このケースでのポイントは，/ki/と/gi/の発音が可能であったという点である。このことから本児は/k/と/g/を構音可能ということがわかる。この点をふまえて，訓練では子音/k/と母音/e,ɯ,o,a/とを分けて発音させた。/k/音の

産生方法であるが，阿部（2008）では通鼻（鼻濁）音の「が/ŋ/」から始める方法を述べている。これは開口して鼻から息を漏れさせながら鼻音で/a:/といわせ，その後に軟口蓋を挙上させて開鼻性のない/a:/をいえば，聴覚的には「んが〜/nga/」と聞こえる。その他にうがいの練習もよく指摘されている。筆者は「いびき」あるいは「空うがい」という表現で/k/音の産生を実施している。その練習を自宅でもしてもらうために，お風呂から出る時に/k/音を10回いってもらってから出るようにといった助言をしている。その後の具体的な訓練手順は/k/→/a/のように分節して音を出してもらい，次に/k→a/と一息で構音してもらう。それを/ka,kɯ,ke,ko/すべてで練習する。その次は同じ音を連続して構音（例：/ka,ka,ka/），/k/行の5音をランダムに発音する練習へと進んでいった。その後は復唱から呼称の順で/k/行の音が語頭→語尾→語中にくる単語へと移行していった。文レベルの訓練は国語の教科書の音読で実施し，注意すべき箇所（文字）を○で囲んで本児の注意を促した。以上の訓練（指導）を，単語レベルまでは月2回のペースで2カ月間実施し，文レベルとなった段階で月1回の頻度に切り替え，訓練期間5カ月で最終的な発音検査を行い終了した（小学校2年生になる前）。ちなみに/g/音であるが，この音は/k/音の有声音であることから，特別な訓練をしなくとも/g/音も同時に発音できるようになった。

●ケース②

　初回評価時6歳2カ月の男児で，小学校入学1カ月前であった。主訴はサ行（/s/）がシャ行（/ɕ/）になるであった。初回評価の結果，発音検査では単語・音節・文章レベルで/s/→/ɕ/への置換が認められた。語彙力と聴力に問題はなく，発達歴にも問題はなかった。過去に舌小帯短縮症の手術歴があったが，口腔内に問題は認められなかった。

　/s/に関する訓練では，/s/（歯茎音）の代わりに同じ摩擦音の/θ/（歯音）を用いて実施した。その理由は，日本語においては/s/と/θ/とで意味に違いを生じないからである。訓練をしていると，/s/は舌の位置づけと息出しが微妙で小児には難しいという印象を筆者はもっている。そこで/θ/を代用している。サ行は/ɕi/を除く，/sa,sɯ,se,so/を分節的に（/s→a/など）発音し，同一音節

の連続（/sa,sa,sa,sa/など），サ行音のランダム発音（/suɪ,sa,so,se/など），サ行
が入った単語（語頭，語尾，語中の順）の訓練へと移行していった。小学校生活
への適応も考えて月 1 回の頻度としたため，訓練終了まで約 7 カ月を要したが，
日常会話でも/s/音が可能となった。

　なお，/θ/音を出すことが難しい時は，**舌の脱力訓練**（舌を歯間において動か
さないでじっとキープする状態）から始めることを勧めている。複数のケースで
/θ/音を出すよう集中的に訓練を行った経験はあるが，舌の脱力訓練を先に実
施した方が早く終了する印象を筆者はもっている。舌の脱力訓練は次の 2 つの
いずれかの方法で行っている。1 つは水滴を舌の上に数的たらしてこぼさない
ように数秒維持する，あるいは（キシリトール入り）ガムなどを嚙んで口腔内で
丸め，それを舌の上に置いてこの状態を数秒間維持するというものである。

　以上の 2 ケースに認められる構音の置換はよく遭遇するタイプと思われるが，
訓練を進めるうえで重要な点は，保護者に訓練の実際を見学してもらうことで
ある。限られた指導時間内で目標音を発音することは可能となっても，訓練場
面以外でスムーズに発音できるようにはならない。そこで必要なのが，**家庭で
の練習**である。それをしてもらうために，保護者に訓練場面を見学してもらっ
ている。それが難しい場合は，携帯などで動画を撮影して，正しく構音してい
る場面を保護者に配信する工夫を考えてみるのも 1 つの手段と思われる。

（2）知的障害児に対するかな文字訓練

　筆者が担当している子どもたちのなかには小学生がおり，文字が読めないと
訴える保護者もいる。小学校教育において文字の位置づけは大きい。そこで就
学後にかな文字訓練を行ったケースを以下で紹介するが（長沼・吉岡，2014），
取り立てて新しい方法というわけではなく，基本的な手法の一つと理解してい
ただきたい。

　このケースは，かな文字訓練開始時 6 歳 3 カ月の難病指定の疾患を有する知
的障害女児（小学校 1 年生）である。大脇式で 6 歳 0 カ月時の評価は非言語性

---

(9)　う蝕（一般的には虫歯のこと）防止のため。

図10-4　数概念確立のための方略案

注：図の下から色と間隔が手がかり，色の
みが手がかり，間隔のみが手がかり，手
がかりなしの状態。
出所：筆者撮影。

図10-5　モーラ抽出課題の例

出所：筆者撮影。

IQ58であった。かな文字訓練開始時
の理解語彙年齢（PVT-R）は3歳10
カ月レベル，表出語彙年齢（田研式）
は3歳3カ月レベルであった。訓練
開始前に実施した幼児・児童用読書
力検査では文字の認知（かな単語の理
解），文の理解は不能であった。

　かな文字訓練は天野（1970）を参考
にして，以下の手順で実施した。
①　数概念の確立とモーラ分解・抽[10]
出課題

　色のついた丸ブロックを用意し，
図10-4の注に示したように，色や配
置を工夫した。その状態で，たとえ
ば言語聴覚士が「黄色を2個ちょう
だい」といって，子どもが正確な数
を手にとることができるようにした。
この課題では，色と空間配置の隙間
の両方が手がかりとなるようになっている。次のステップでは2個と3個の間
隔を均一にする，色は統一して隙間のみを空ける，最後は色と配置の手がかり
をなくして指示された数のブロックをとるという手順で実施した。なお，この
課題は5個が確実にとれるようになるまで行った。

　数概念の課題とほぼ並行して，かな1文字の理解と音読訓練を実施した（図
10-5）。訓練では，絵が描いてある積み木とかな文字チップを上下に並べて，
言語聴覚士が「あさがおの『あ』はどれ？」と教示して，子どもにかな文字

---

(10)　モーラとは音声学上の概念で拍ともいう。たとえば，一般的に「じゃんけんぽん」をする場合
は通常3回腕を振るが，これは「じゃん/けん/ぽん」のように音に区切れを作っている（これを
音節という）。しかし，実際の音声は「じゃ/ん/け/ん/ぽ/ん/」の子音と母音だけのより短い音
に分けられる。これをモーラといい，かな文字の獲得では，モーラの獲得が必要と考えられてい
る。

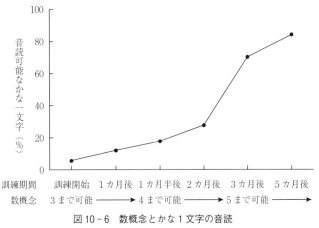

図 10-6　数概念とかな 1 文字の音読
出所：長沼・吉岡（2014）をもとに筆者作成。

チップのみを選択させた（**モーラ分解と抽出**）。また，その後に「あさがおの『あ』」と復唱させた。同様な手法で清音 44 文字について実施した。なお，積み木とかな 1 文字の配置について，最初は積み木とかな文字の上下をそろえて実施したが，次には上下の配

図 10-7　かな単語の音読・読解課題例
出所：筆者撮影。

置をずらし，最終的にはかな文字のみで実施した。かな清音の音読結果を図 10-6 に示した。この図から，数概念が 5 まで確立すると清音の 80％以上の音読が可能となっているのがわかる。

② かな単語の音読と読解訓練

　かな 1 文字の音読が可能となってから単語レベルの訓練を行った。単語選択の基準はケースが呼称可能であること，2 ～ 3 モーラ単語であることとした。2 モーラ単語（例：うし，えき等），3 モーラ単語（みかん，かえる等）各 10 単語の合計 20 単語を用いた。それぞれの単語について絵カード，かな文字カード，かな文字チップの 3 種類を用意した。その一例を図 10-7 に示した。手順は以下の通りであった。絵カードは 4 枚を 1 セットとして提示した。次にかな文字

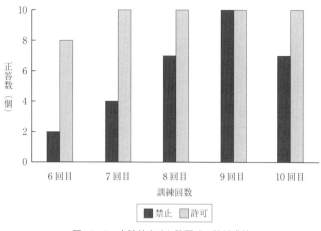

図10-8 音読禁止時と許可時の読解成績

出所：長沼・吉岡（2014）。

単語カードを1枚提示して音読させ，適切な絵カードを選択させた。なお，音読が困難であった場合は語頭音のヒントを提示して，絵カードを選択させた。正反応が得られた後に，絵カードと文字カードを照らし合わせて1文字ずつ指差しながら分節化して斉唱した。この一連の課題を1単語につき10回実施した。

　単語の音読と読解成績は，2モーラ単語では3回目の試行で全10単語正反応となり，3モーラ単語では7回目の試行以降で全単語正反応となった。なお，モーラ数に関係なく，音読成績がまず向上し，次に読解成績が向上していった。

　本ケースでは，かな単語の読解課題時にかな文字カードを音読してから，絵カードを選択する行動が認められた。そこで，かな文字カードの音読を禁止して読解課題を実施してみた。その結果を図10-8に示した。この図から，音読を禁止すると読解成績が低下する傾向にあることがわかる。

　以上のように，かな1文字の理解と音読にはモーラ分解とモーラ抽出能力が必要であり，その基礎的な能力として，数概念の確立が求められる。次に，かな単語レベルの理解では，まず音読をさせて文字を音声化し，それをもとにかな単語理解を獲得していくプロセスの存在することが示唆される。

（3）言語聴覚療法から言語障害児教育への架け橋

　筆者は主に就学前児の訓練を行っている。近年は就学時健康診断で発音の問題を指摘される例が増えていると感じている。保護者としては，小学校入学前に何とかしたいと思うものであろう。しかし，筆者のところに紹介されてくるのは就学時健康診断のスケジュール上，11 月末から 12 月上旬であることが多く，就学までの期間が非常に短い。この点に関しては，言語聴覚士と言語障害児教育に関わる教師との連携が不可欠であると考えられる。

　一方，知的障害児と自閉症児の言語面へのアプローチは，最終目標をどこに設定するかが難しい。今回はかな文字訓練の例を紹介したが，学校は教科教育ばかりではなく，社会生活の仕組みを学ぶ場でもある。そのなかでは語用論的な面に焦点をあてて言語障害児教育を実践していくことも必要であろう。今後は，言葉の教室と言語聴覚療法の領域それぞれの担当分けについて連携し，就学前支援から就学後支援へのスムーズな移行システムづくりが必要と思われる。

学習課題　① フリートークでチェック可能な言語的側面は何かを考え，どのように質問をしたらよいかも考えよう。
　② 言葉（スピーチを含む）が遅れる疾患名を挙げ，観察の視点や質問事項を考えよう。
　③ 構音訓練に必要な音声学の知識（構音点と構音方法）を整理しよう。
　④ かな文字獲得に用いるキーワード（例：あ：あし）を清音ごとに考えてみよう。

引用・参考文献

阿部雅子「構音障害の診断と治療」『音声言語医学』43(3)，2002 年，316～324 頁。

阿部雅子『構音障害の臨床――基礎知識と実践マニュアル　改訂第 2 版』金原出版，2008 年。

天野清「語の音韻構造の分析行為の形成とかな文字の読みの学習」『教育心理学研究』18(2)，1970 年，76～89 頁。

稲田尚子・神尾陽子「自閉症スペクトラム障害の早期診断への M-CHAT の活用」『小児科臨床』61(12)，2008 年，2435～2439 頁。

今井智子「構音障害の概念と分類」藤田郁代監修，熊倉勇美・今井智子編『標準言語聴覚障害学　発声発語障害学　第 2 版』医学書院，2015 年，118～126 頁。

構音臨床研究会編『新版構音検査　改訂版』千葉テストセンター，2010 年。

富永智子・伊藤美知恵・高見観ほか「機能性構音障害児242例に関する実態調査」『愛知学院大学歯学会誌』49(1)，2011年，91〜98頁。

長沼育実・吉岡豊「知的障害を伴う言語発達遅滞児における仮名文字訓練」『新潟医療福祉学会誌』14(1)，2014年，38頁。

新潟言語障害児懇談会『研究論文集』No. 4，2013年。

新潟言語障害児懇談会『研究論文集』No. 5，2019年。

日本精神神経学会監修，高橋三郎・大野裕監訳，染矢俊幸・神庭重信・尾崎紀夫ほか訳『DSM-5　精神疾患の診断・統計マニュアル』医学書院，2014年。

日本聴覚医学会編『聴覚検査の実際　改訂4版』南山堂，2017年。

文部科学省『特別支援学校教育要領・学習指導要領解説　自立活動編（幼稚部・小学部・中学部）』開隆堂出版，2018年。

山下夕香里・武井良子・石野由美子ほか「昭和大学歯科病院口腔リハビリテーション科における6年間の言語障害患者の臨床統計的検討——2004年〜2010年」『Dental Medicine Research』31(1)，2011年，45〜54頁。

吉岡豊「言語発達障害児の語彙力について」『発達障害支援システム学研究』13(1)，2014年，13〜19頁。

吉岡豊「自閉スペクトラム症児における表出語彙数，品詞割合と語彙年齢との関係」『発達障害支援システム学研究』8(1)，2019年，89〜95頁。

吉岡豊「語彙発達からみた機能性構音障害児の特徴」（未発表）。

第11章

重複障害児の理解と支援

　重複障害という言葉を聞くと，多くの読者は，何かとても重い障害のため日常生活や学習を自分から行うことがほとんどできず，すべてにおいて介助が必要な人たちの存在を思い浮かべるのではないだろうか。確かにそのような人たちが多くいることは事実であるが，実際の障害の様相はとても多様である。なかには重複障害があったとしても，自分で日常生活の色々なことができる人，様々な学習を行うことができる人，職業的自立を果たしている人もいる。そのため，まずは重複障害の様相について適切に理解することが大切であり，これに基づいた教育の内容と方法について述べていく。

1　重複障害の定義

（1）重複障害理解の基本的視点
① 障害の種類・程度の重なり合い

　重複障害という用語は，複数の障害をあわせ有している場合に用いられる。学校教育法施行令第22条の3では視覚障害，聴覚障害，知的障害，肢体不自由，病虚弱について定義されており，ここに規定されている障害を複数あわせ有する場合に重複障害となる。また，それぞれの障害種別で障害の程度は多様である。たとえば，視覚障害は全盲と弱視に分類でき，聴覚障害はろうと難聴に分類できる。知的障害の程度は軽度，中等度，重度，最重度に分類される。肢体不自由は身体部位のどこに障害があるかや，その原因が脳損傷系のものか非脳損傷系のものかに分類される。さらに，重複障害に関連する病虚弱の疾患名はとても多い。このように，障害を複数あわせ有する状態は，障害の種類・程度×障害の種類・程度×障害の種類・程度……というように，その重なりの

様相はとても多様である。

　文部科学省（2020）による特別支援教育資料（令和元年度）によれば，全国の特別支援学校には2つ以上の障害をあわせ有している児童生徒が多数存在しており、障害の重度・重複化が問題となっていることがわかる。その障害種別の重なりは多様であり，児童生徒の重複障害の種類は，多い順に知的障害・肢体不自由（8108人），肢体不自由・病弱（2049人），知的障害・肢体不自由・病弱（1240人）となっている。

② 障害の重要度の判断

　重複障害のもう一つの基本的視点に，あわせ有している障害の重要度の判断がある。これは幼児児童生徒の**主障害**と**副障害**，主障害による**随伴障害**という用語で説明される。

　主障害と副障害については，重複障害のある幼児児童生徒のどの障害を主障害，副障害とするかに関して，明確な診断基準があるわけではない。しかし，日常生活や学習の困難性や，その支援・指導について考慮し，実態的に障害の重要度が高い方を主障害として慣例的に用いている。たとえば，視覚障害と知的障害がある場合，見えないことや見えにくいことに基づく困難性と，その指導・支援が重視される場合は，視覚障害が主障害となり，知的障害が副障害となる。一方，知的能力や社会性の問題と，その指導・支援が重視される場合は，知的障害が主障害となり，視覚障害は副障害となる。

　主障害による随伴障害という考え方の多くは，肢体不自由のなかでも，脳性麻痺による2次的な障害を表す場合に用いられる。たとえば，脳性麻痺による2次的な障害として，視覚障害や聴覚障害といった感覚障害，図と地の弁別困難（背景と前景の区別がつかないこと）や物の特徴の弁別困難などの視知覚認知の障害，口腔や舌や咽頭など言葉の発声器官の障害により発声困難となる言語障害が挙げられる。

（2）重度・重複障害

　重度・重複障害とは，障害の程度が重い場合の総称として用いられる用語である。たとえば，視覚障害と重度の知的障害を有している場合，視覚障害と聴

覚障害をあわせ有する盲ろう重複障害で重度の知的障害も確認できる場合，肢体不自由により感覚機能，知的機能，運動面など発達全体が初期段階にとどまっている場合，などで用いられている。

　重度・重複障害のなかには，医療的ケアを必要とする幼児児童生徒の存在が多く確認できる。特に重度の知的障害と重度の肢体不自由をあわせ有している場合には「**重症心身障害**」という用語が用いられ，障害の重症度が最も高く濃厚な**医療的ケア**を必要とする場合には，「**超重症児**」という用語が用いられている。以下では，代表的な 3 つの重度・重複障害について見ていく。

① 盲ろう重複障害児

　視覚障害と聴覚障害をあわせ有している場合を**盲ろう重複障害**という。その障害の程度の組み合わせから，全盲・ろう，全盲・難聴，弱視・ろう，弱視・難聴に分類することができる。また，視覚障害の発生時期が聴覚障害より早い場合を盲ベースの盲ろう，聴覚障害の発生時期が視覚障害よりも早い場合をろうベースの盲ろうという。

　盲ろう重複障害の場合に最も注目すべき点は，いつ失明し，いつ失聴したか，または見えにくい状態になったのはいつか，聴こえにくい状態になったのはいつかという，**障害の発生時期**である。人間の視覚と聴覚には，発達の適切な段階に適切な感覚刺激を受け取らなければその機能が発達していかないという，**感受性**と呼ばれる考えがある。視覚の感受性期は，外界の光の情報を適切に処理していくことに影響を与えている。これは生後 3 カ月でピークに達し，高い状態が 2 歳程度まで続くと考えられている（粟屋，1987）。また，聴覚の感受性期は言語発達に影響を与えることが知られており，こちらも発達初期の音声刺激の入力が非常に重要となる。これらの視覚と聴覚の感受性期に障害の発生時期が近いと，障害の重症度が高くなる。

　盲ろう重複障害において障害の重症度が高い原因として，発達初期から 2 つの障害をあわせ有していることで，視覚障害と聴覚障害それぞれの**補償機能**が発揮されないことが挙げられる。視覚障害以外にあわせ有する障害がない場合，視覚障害を補うために聴覚や触覚が重要な役割を担っている。聴覚障害以外にあわせ有する障害がない場合も，聴覚障害を補うために視覚が重要な役割を

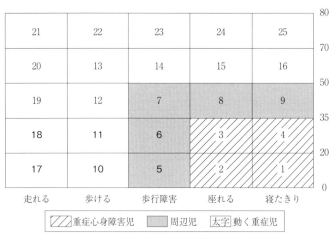

図 11 - 1　大島分類

出所：大島（1971）をもとに筆者作成。

担っている。このように，補償機能は不足する感覚刺激を補うことができ，知的発達や言葉の発達の土台となる。そのため発達初期段階から盲ろう重複障害があると，知的発達や言語発達の見通しを立てることが難しくなる。実際，盲ろう重複障害で職業的自立を果たしている人たちは，全盲・難聴，弱視・難聴のように，感覚刺激をある程度適切に受け取ることができ，適切な知的発達や言語発達が見込めた人たちといえる。

② 重症心身障害児

　重症心身障害の障害像についてわかりやすく基準を示したものに，**大島分類**（大島，1971）がある。図11 - 1 にその分類について示した。大島分類では，知的障害の程度と肢体不自由の程度の 2 軸により重症心身障害児の分類を行っている。知的障害の程度はIQにより示され，肢体不自由の程度は寝たきり，座れる，歩行障害，歩ける，走れるという運動機能の基準で示されている。図11 - 1 中の 1 ～ 4 まではIQ35以下で自発的に歩くことができないという基準となり，これに該当する場合に重症心身障害となる。また，5 ～ 9 を周辺児，5，6，10，11，17，18は動く重症児といわれている。

200

表 11-1　超重症児の判定基準

1.　運動制限：座位まで	
2.　判定スコア	（スコア）
⑴　レスピレーター管理	＝ 10
⑵　気管内挿管，気管切開	＝ 8
⑶　鼻咽頭エアウェイ	＝ 5
⑷　O2吸入またはSpO290％以下の状態が10％以上	＝ 5
⑸　1回/時間以上の頻回の吸引	＝ 8
6回/日以上の頻回の吸引	＝ 3
⑹　ネブライザ　6回/日以上または継続使用	＝ 3
⑺　IVH	＝ 10
⑻　経口摂取（全介助）	＝ 3
経管（経鼻・胃ろうを含む）	＝ 5
⑼　腸ろう・腸管栄養	＝ 8
持続性注入ポンプ使用（腸ろう・腸管栄養時）	＝ 3
⑽　手術・服薬しても改善しない過緊張で，発汗による更衣と姿勢修正を3回/日以上	＝ 3
⑾　継続する透析（腹膜灌流を含む）	＝ 10
⑿　定期導尿（3回/日以上）	＝ 5
⒀　人工肛門	＝ 5
⒁　体位交換（6回/日以上）	＝ 3

出所：鈴木ほか（2008）をもとに筆者作成。

表 11-2　超重症児の分類

超重症児スコア		脳機能障害の分類
10～24点	25点以上	
4'	4	コミュニケーションの成立
3'	3	刺激に対する意識的反応あり
2'	2	覚醒と睡眠の区別
1'	1	昏睡

出所：大村（2004）をもとに筆者作成。

③　超重症児

　予防的感染症対策を含む衛生思想の普及や医療技術の進歩により，これまでは生き延びることのできなかった低出生体重児や重症急性期疾患の子どもたちが，現在では救われるようになっている。そのため，生きていくために人工呼吸器による呼吸管理や胃ろうによる経管栄養が必要な子どもたちの数が増加し

ている。このような医学的管理が必要な子どもたちのなかでも，特に昏睡状態
や，覚醒と睡眠の区別がつきにくいような，障害の重症度が高く濃厚な医療的
ケアを必要とする子どもたちを，**超重症児**という。

　表11‒1に超重症児の判定基準について示した（鈴木ほか，2008）。超重症児
は医療的ケアの必要度を確認する**超重症児スコア**により判定され，25点以上
の場合を超重症児とし，10点以上24点以下の場合を準超重症児として区別さ
れる。この分類に加え，覚醒水準の程度，関わりの際の刺激に対する意識的反
応の有無，コミュニケーションが成立しているか否かといった，日常生活にお
ける介護の必要度を考慮した脳機能障害の程度による分類もある（大村，2004）。
表11‒2に大村による超重症児の分類について示した。

2　重複障害の生理・心理的理解

（1）生理的根拠

　様々な障害が重複することで，人間の行動や心の働きにどのような影響を与
えているかを理解することは，多様な様相を示す重複障害児に対し，根拠に基
づく指導を行うためのスタートとなる。ここでは重複障害の生理的根拠として，
脳機能とその困難性の特徴について見ていく。

① 脳の機能局在と連合野

　図11‒2には脳の概観について簡易図を示した。脳には運動や視覚，聴覚，
触覚といった各感覚に関する**機能局在**があり，運動野は随意運動を，体性感覚
野は触覚，痛覚，深部感覚などの感覚を，視覚野は視覚情報の知覚を，聴覚野
は聴覚情報の知覚の役割をそれぞれ担っている。これらの各情報は脳内に3つ
ある各**連合野**で整理・統合される必要があり，前頭連合野は思考，計画，判断，
自己制御を，頭頂連合野は感覚情報の統合を，側頭連合野は視覚・聴覚の知覚，
認識，記憶を司っている。これらの脳内の活動により，人間の日常生活動作や，
学習の土台となる円滑な運動や高度な精神活動が可能となる。しかし，脳の各
部位および領域そのものの機能不全や，各部位および領域間の連携不全がある
場合に，脳機能障害が発生する。特に重複障害の場合はこれらの脳機能障害の

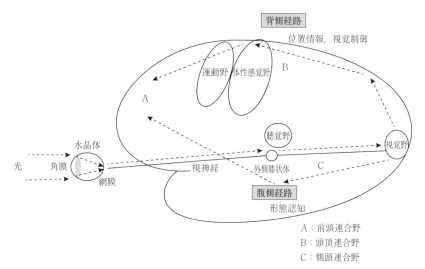

図11-2　脳の概観と視覚成立後の２つのルート

出所：筆者作成。

状態が相乗的であることが多く，日常生活や学習上における重度の困難性が強調されやすい。

② 視覚に関連する困難性の機序

　図11-2の点矢印（---→）は，視覚の成立する過程とその後の情報の流れについて示した。重複障害のなかで視覚に関連する困難性を示す幼児児童生徒の場合，まず，外界の情報が神経情報に変換され後頭葉の**視覚野**までたどり着くまでの，視覚が成立する一連の過程に病変が生じている場合が考えられる。次に，視覚が成立した後に見たものが何であるかを理解し，見たものに関する感情の生起なども司る，前頭葉に向かう２つのルートである**背側経路**と**腹側経路**に病変が生じている場合が考えられる。

　背側経路は脳の上側を通るルートで，位置情報や視覚制御を担っているため，Where経路といわれている。これは随意運動の困難性を生じさせる運動野の機能不全や，触覚，痛覚，深部感覚の異常，その他の感覚を統合する体性感覚野や頭頂連合野の機能不全と関連して考えることができ，視覚制御の問題や空間把握の問題を生じさせる。具体的には，幼児児童生徒自身が自分が今どこに

いるかわからないということで示される。一方，腹側経路は脳の側面側を通る
ルートで，形態認知を担っているため，What経路といわれている。これは視
覚野と聴覚野を統合する側頭連合野の機能不全に関連して考えることができ，
物の形や色の理解や記憶の問題を生じさせる。具体的には，幼児児童生徒の目
の前で他者が顔を見せても気づかないということで示される。

③　脳機能の未分化

　脳機能の発達特徴として，もともと共通の中枢から，個々の運動機能が発生
し，複雑に分化していくことが挙げられる。たとえば，視覚機能の一つである
眼球運動と排泄の下位機能である排尿も，胎児期には分化されていないが，出
生後に新生児が様々な環境で活動し，多様な経験をしていくことにより，神経
細胞の余剰回路が除去されていく。これにより細かな脳神経の機能単位が作ら
れていくことになる。

　重複障害児の脳機能の発達特徴として，特に早期受傷した場合などは，発達
初期段階から障害の重症度が高い状態にあるため，神経回路の形成・発達がう
まく行われず，脳機能の分化が行われにくくなることが挙げられる。このよう
な**脳機能の未分化**は，重複障害のある幼児児童生徒にとって，外界の刺激に対
する反応が微細であること，随意的に身体を動かすことができないこと，身体
を動かせる場合でも緩慢な動きになってしまうことなどで示される。

（2）心理的影響

①　感覚受容の困難性

　人間の感覚は目，耳，手，身体各部位の皮膚感覚などを通じ外界の情報を受
け取る外部感覚と，身体の様々な位置を把握することでボディーイメージにつ
ながる固有受容覚や身体の傾きを感じる前庭覚をはじめとした身体運動感覚や
体性感覚として知られている内部感覚に分けることができる。重複障害児では，
これらの各感覚が十分に機能していないため，適切な**感覚受容**ができていない
だけでなく，各感覚から得られた情報を統合させて高次化させていくことの困
難性がある。

　図11-3には，幼児児童生徒の環境との**関わり合いの拡大**に伴う**感覚の成熟**

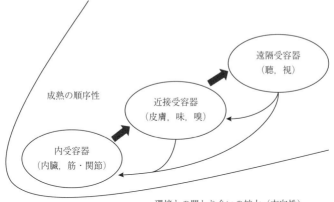

図 11-3　環境との関わり合いの拡大に伴う感覚の成熟順序性

出所：片桐ほか（1999：24）をもとに筆者作成。

順序性について示した（片桐ほか，1999）。これは，幼児児童生徒にとって，発達初期は自身の内臓，筋肉，関節から構成される内受容器を通じた刺激の受け取りにとどまっているものの，環境との関わりが拡大していくことで，皮膚，味わうこと，嗅ぐことから構成される近接受容器を通じた刺激の受け取りができるようになり，さらに成熟していくことで視覚，聴覚で構成される遠隔受容器を通じた刺激の受け取りが可能となることを示している。

　一般的に，幼児児童生徒の読み書きの習得や教科教育の学びといった，いわゆる「勉強」が行われる場合，幼児児童生徒の受け取る感覚刺激は，遠隔受容器を通じた視覚情報や聴覚情報ということになる。勉強は自分から離れた場所の情報を積極的に受け取ることができるようになることであり，これは環境との関わり合いの拡大に伴う感覚の高次化ともいえる。**感覚の高次化**に必要な経験の多くは，幼児児童生徒が偶発的に学ぶことができるものが含まれているが，先に述べたように，障害の発生時期が視覚や聴覚の感受性期に近く，発達の初期段階から感覚受容がうまく行えない場合，精神機能の発達や発達の成熟が困難になる。そのため，重複障害のある幼児児童生徒の感覚受容の力を伸ばすためには，支援者による意図的な「**足場づくり**」が必要になる。

② 未発達な運動機能

　重複障害児の未発達な運動機能は，幼児児童生徒の**移動困難**，**姿勢の異常**，**運動機能の未分化**という形で示される。これらの運動の困難性は，脳神経の既往歴があることで生じ，障害の重症度が高いほど随意的な運動が困難となる。そのため日常生活のすべてにおいて介助が必要になることが多い。

　移動困難には，自力で歩行ができない場合や，歩くことはできるものの滑らかな歩行が難しい場合などがある。姿勢の異常には，平衡感覚が十分に働かないため座位や立位が不安定な場合や，首の座りがなく絶えず寝たきりの場合などがある。これらは全身を使った運動である**粗大運動**の異常に含まれる。

　粗大運動がうまくできないということは，空間把握の困難性にも影響を与える。たとえば，先に述べたように，自分から離れた場所にある視覚情報や聴覚情報に対する自発的反応が起こりにくいなどの感覚受容の困難性は，拘縮などの姿勢の異常から生じるものでもある。また，離れた場所の刺激をうまく受容できたとしても，自分の身体を目的の場所へ動かすことができないため，移動するという目的や意欲自体が生じにくいこともある。このような空間把握能力を身につけるために必要な移動の自由（中島，1968）が制限されてしまうことは，環境との関わりを拡大させていくことが難しい状況にあるといえる。

　運動機能の未分化は，手足の運動，目と手の協応，物をつかむ，物を放す，たどり動作をすることなど，多様な手指運動のレパートリーが備わっていないことで示される。これらは細かな動きが必要になる**微細運動**の異常に含まれる。

　微細運動がうまくできないということは，排泄，食事，洗顔，衣服の着脱など，身辺自立能力および日常生活能力が身についていないことを示す。特に重度の肢体不自由になると上肢や下肢に**痙縮**が見られ，運動機能の分化はよりいっそう難しい課題となる。この場合も，手指の自由な運動（中島，1968）による空間把握能力の獲得につなげることができない。

③ 重度の知的障害

　重複障害児にとって，障害の重症度が高いほど，感覚受容の困難性や未発達な運動機能の問題が顕著に示される。その結果，知的能力の**発達予後**に著しく制限があるといわざるをえない。重複障害児の多くは，概念形成や抽象的思考

が発達せず，言語によるコミュニケーションが難しい状況にある。特に障害の発生時期が発達の初期段階の場合に，この傾向が高くなる。

　重複障害のある幼児児童生徒に知能検査を適用すると，自覚的な検査がほとんどできないことから，測定不能となりがちである。そのため保護者や療育者からの意見聴取により得られたエピソードを一部の発達検査等に適用することで，発達段階を評価することが多い。しかし，これらの検査結果では，生活年齢により示された評価基準よりも低い評価が得られることがほとんどである。特に重症心身障害児では，概ね知的発達の精神年齢は 3 歳程度にとどまる。

　精神年齢が 3 歳程度にとどまるということは，知的障害の程度としては重度，または最重度の知的障害ということになる。しかし，肢体不自由などの見た目の印象により，知的能力を含む発達全体の評価が低くされがちである。また，重度の肢体不自由による活動の制限や行動範囲の狭さから，運動機能，理解能力，表現能力，対人関係といった発達領域間のアンバランスもあり、結果の解釈には注意を要する。

④　コミュニケーション能力

　図11-1に示した大島分類の 1 ～ 4 に相当するような重症心身障害児は，コミュニケーションの土台となる理解能力と表現能力の両方に困難性がある。しかし，幼児児童生徒によってはある程度の理解力を備えている場合もあり，人とのやり取りの際に，細かな意味はわからなくても，声や身振りで表現する力を有していることも多い。ここでいう声とは，明確な言葉という意味ではなく，吐息，うめき声，うなり声，笑い声，常同的な口の動きなどが含まれる。また，身振りとは，随意に動かすことのできる手や足，顔の表情や頭部の動きを意味することが多いが，各身体の不随意な動きなどが含まれることもある。

　重複障害児では普段から同年代の仲間と活動をする経験が少ないため，集団への参加を苦手とする幼児児童生徒が多くいる。実際，重症心身障害児の調査のなかで，人間的なつながりが必要な遊びができる子どもの数を調べたところ，調査対象児のうちの25％にとどまっていた（日本重症児福祉協会，2005）。障害の重症度が高くなると，どうしても能力のマイナス面に気が向きがちであるが，このような幼児児童生徒たちにも人とのつながりをたくさん経験させてあげる

ことが，社会のなかで生きているという実感につながっていく。

（3）超重症児における心拍反応

　覚醒水準の有無や**要介護度**の高さが問題となる超重症児を理解するために，様々な**生理学的指標**が用いられている。そのなかでも**心拍反応**は，超重症児によって示されるわずかな反応の意味を合理的に解釈するために比較的多く役立てられている。

　超重症児の心拍反応には，**一過性心拍反応**と**持続性心拍変動**がある。一過性心拍反応は特定の刺激を受け取っている場合の反応で，心拍の加速は驚きなどの防御反応，心拍の減速は物の存在に気づくなどの定位反応と考えられている（北島，2005）。一方，持続的心拍変動は比較的長い時間にわたる反応で，覚醒しているか否かを一定の時間内における心拍数の平均値と心拍変動の大きさで表す。

　超重症児の心拍活動は全体的に低いため，一過性心拍反応はあまり出ないことが多く，様々な働きかけに対する持続的心拍変動に注目することが有効である（片桐ほか，1999；水田ほか，1999）。実際に，覚醒と睡眠の区別が難しい重症児に対して話しかけを行ったところ，話しかけ前に比べ，平均心拍数の上昇と心拍変動数が増大したため，対象児の覚醒水準が高まったと考えることができる（片桐，1991）。

3　重複障害教育の内容と方法

（1）重度・重複障害児における目指すべき学び

①　教師の基本的心構え

　日本では1979年の養護学校義務化に関する政令の施行により，これまで就学免除とされていた重度の障害を有する幼児児童生徒も学校教育の対象であることが確認された。これによって，障害の重症度が原因で学校に通学できないような場合でも，在宅への訪問教育や病院のベッドサイド学習が行われ，幼児児童生徒の教育を受ける権利が履行されている。

　障害の重症度が高い重度・重複障害児は，**呼吸管理**や**経管栄養**など医療的ケアを必要としていることが多く，学びが成立する基本的条件として，生命活動が安定している必要がある。生理的基盤が維持できていれば，幼児児童生徒の丁寧な観察に基づく残存能力のアセスメントを行うことが可能である。重度の知的障害や発達の遅れがあっても，感覚，運動，コミュニケーション能力がどの程度備わっているかにより，目指すべき学びの内容が特徴づけられていく。その際，保護者の意見や気持ちを聴取し，未来志向的に学ぶ内容を勘案していくことが望ましい。

② 　地域社会へ参加するための能力向上

　ノーマライゼーションの理念のなかで重度・重複障害児は，どれほど障害の程度が重くとも，自分が生まれ育った地域社会のなかで当たり前のように暮らしていくことが求められている。地域社会のなかで尊厳をもって生活していくためには，地域の人々との交流機会を増やし，自分の存在を知ってもらうことが大切である。そのための学びの内容としては，支援者のサポートつきで常態的に交流の場に移動して活動に参加できること，自分の周りの人たちの存在に気づくために安定した姿勢をとること，相手の顔を見られるようになること，相手の顔に自分の身体を向けること，やり取りに対し可能な方法で反応することなどが挙げられる。

③ 　他者との望ましい感情的交流

　重度・重複障害児が他者と交流する際に，コミュニケーションの相手が自分に対してどのような気持ちを抱くかについては，お互いの望ましい感情的交流をはかるうえで大切な問題である。できればコミュニケーションの相手が重度・重複障害児に対して否定的な感情を抱かないことが望ましいが，実際の交流の際のやり取りの方法，機能している感覚の特徴，姿勢の異常，未発達な運動機能の様子を経験すると，衝撃を受けてしまう人もいる。

　コミュニケーションの相手の否定的感情は，重度・重複障害児に対してファミリアリティー（親密さ）を高めることや，自分が障害の重い相手の力になっていると実感できることにより改善される可能性がある。そのため，重度・重複障害児にとって，やり取りの際の相手への衝撃を減じさせるための学びの内

容として，介助後に笑顔を示せるようになることや，人との関わりを楽しめる
ようにすることなどが挙げられる。

　このような学びを重度・重複障害児に課すことが現実的ではないという考え
もあるかもしれないが，重度・重複障害児の周りの人たちすべてが，重度・重
複障害児に対して肯定的な気持ちをもっているわけではないことも事実である。
共生していくという意味のなかには，重度・重複障害児の**自助努力**を学びの成
果として積極的に捉えようとする考えも存在する（Sarathy, 2012）。

（2）課題の設定と評価
① 基本的方針
　重度・重複障害児にとって目指すべき学びの内容を具体的に実践していくた
めには，幼児児童生徒の今ある感覚受容の力，表現する力，運動機能を土台と
し，本人の能力を包括的に向上させていくための**課題の設定**が必要である。そ
の際，人とのやり取りを可能な限り取り入れることができれば，コミュニケー
ションの楽しさを経験することができる。また，自分が積極的に学習に関わっ
ていると実感することができれば，意欲や基礎的能力も高めることが可能とな
る。

　重度・重複障害児に対し，物を提示した後の反応を求める場合，やり取りが
スムーズに行われず，かなり時間が経った後に反応が生じることが多い。これ
は視覚的潜時や遅延反応といい，幼児児童生徒が課題の内容を理解できていな
い場合や，理解できていても反応に時間がかかってしまうことを表している。
そのため，できる限り時間をとって課題を行うことが望ましい。
② 課題の構成内容
●機能的視覚
　一般的に幼児児童生徒の視覚の困難性は，**視覚機能**（visual function）を構成
する視力と視野によって評価される。しかし，これらの評価は日常生活や学習
上における文字の読み書きを中心とした困難性を示すものであり，障害の重症
度が高い場合などは用いることが難しい。このような問題を解決するために，
機能的視覚（functional vision）という考えが役に立つ（佐藤・大庭, 2017）。

表11-3 機能的視覚の段階と介入テーマ

段 階	レンジ	特 徴	レンジ	介入テーマ
1	0-2	視覚的反応はわずかである。	0-3	視覚的反応を形成づける。
2	3-4	視覚的反応に一貫性が出てくる。		
3	5-6	機能的課題に視覚を用いるようになる。	4-7	視覚情報に意味をもたせる。
4	7-8	視覚的に興味関心を示すようになる。		
5	9-10	ほとんどの機能的活動に自発的に視覚を用いるようになる。	8-10	残された視覚的問題を解決する。

出所：Roman-Lantzy（2007）をもとに筆者作成。

　機能的視覚とは，認知や運動など高次な心理過程を含む視覚に関連する機能状態を表す用語で，幼児児童生徒の今ある視覚の能力を最大に発揮するという意味が内在する。実際，重複障害のある幼児児童生徒は，文字の読み書きができるほどの視力を有していなくても視覚的反応をとることが可能であるが，視覚的刺激に対し，偶発的にも意図的にも反応することが難しい。そのため意図的な見る学習が必要になる。

　表11-3には機能的視覚の段階と介入テーマを示した（Roman-Lantzy, 2007）。幼児児童生徒の視覚的反応がわずかな状態から，ほとんどの場面で自発的に視覚を用いることができるようになるためには，視覚的反応を形成づけることから始め，見たものに対する意味づけを積極的に行うことが必要となる。特に，視覚は単なる光の情報で，様々な運動や認知的活動で意味が生じると考えられるため，課題の精選が大切になる（Rosen, 2010）。

●身体の移動および歩行

　重度の肢体不自由を有し自発的に動くことができない幼児児童生徒は，自身の身体を基軸にして獲得していく空間把握や位置関係の理解に困難を示す。しかし，このような場合でも，装具や歩行補助具をつけて身体を支えながら直立して移動や歩行を繰り返し行うことが，空間把握や位置関係の理解につながっていく。もし幼児児童生徒が直立できない場合でも，車いすを移動させるなど，代替的な手段を工夫して考えていくことが望ましい。このような課題は，重複

障害のある幼児児童生徒が自分と空間を共有している人や物の存在を意識できることにもつながっていく。

●体操やマッサージ

　幼児児童生徒に姿勢の異常や運動機能の未発達があると，身体を動かすだけで痛みを感じる場合がある。しかし，そのまま身体に刺激を与えない状況が続くと，拘縮や痙縮など姿勢の異常がさらに進んでしまうこともあるため，嫌がらずに少しでも身体を動かせるような**体操**や**マッサージ**を取り入れていくことが必要である。特に覚醒と睡眠の区別がつきにくいような超重症児では，人とのやり取りを感じられるためにマッサージが有効である。

③　課題評価の視点

　重度・重複障害児が社会の一員として生きていくために必要な学びのための課題の評価は，まずは課題の構成内容に関して，幼児児童生徒の心身機能が向上したかを確認することが必要である。その際，基本的には感覚や身体運動機能に関する標準化された検査等の基準を用いることができる。しかし，これらの検査等はもともと重度・重複障害児用に標準化されたものではないため，障害の重症度が高くなるほど心身機能の評価不能に陥りやすい。そこで，評価の基準に**ユニバーサルデザイン**を適用することが望ましい。

　重度・重複障害児の学びの評価にユニバーサルデザインを適用するということは，評価の基準を複数用いるということである。たとえば，感覚や身体運動機能の明確な向上が認められない場合でも，わずかでも心身機能の向上が見られたか，心身機能の向上に向けて本人が努力できたか，その活動自体に頑張って取り組めたかなどを評価すればよい。

　人とのやり取りに関する評価にも，同様にユニバーサルデザインを適用することができる。たとえば，年齢相応のコミュニケーション能力そのものに焦点をあてるだけではなく，わずかでも意思の疎通ができたか，コミュニケーションがとれるように努力したか，人に興味・関心を示したかなどを評価すればよい。

　このように，重度・重複障害児の成長や努力を確認するためには，幼児児童生徒の存在自体を認めたうえで，様々なエピソードを抽出していくことが必要

である。

（3）重度・重複障害児の指導実践

　重複障害児の指導に携わる教師には，多様な様相を示す重度・重複障害児の残存能力を適切に把握し，丁寧な指導を行うことが求められる。以下に重度・重複障害児の指導実践について示す。

　事例1〜3は機能的視覚の改善を目指した事例である。

●事例1：盲ろう重複障害児の**空間的広がり**の理解（水上，2018）

　チャージ症候群による全盲・重度難聴の5歳男児。行動観察によれば，環境に対する働きかけの指標であるハイハイ動作による**リーチング**（刺激を発しているものに気づき身体を移動させ手を伸ばしていく行為）がようやく出現したが，いまだ自力歩行はできていない。言葉の遅れも顕著であり，有意味語の発話はほとんどなく，重度の知的障害も備えている。

　医師には光覚盲と診断されていたが，教室内のルーティンである朝の会の活動後に，本幼児が眼前でしきりに手を振る様子が確認できていたため，空間的広がりの理解は可能と考えた。そこで見る学習として，黒背景にコントラストの出やすい色で形をシンプルにした動きを伴うキャラクターが登場するモニターによる絵本の読み聞かせを行った。

　その結果，本幼児が絵本のキャラクターを注視した時間は読み聞かせの初回時に最も長かったが，その後は短くなっていった。しかし，見る学習と同時に行っていた触る絵本の触察時間は，読み聞かせの回数が増えるごとに増加した。これにより，本幼児が空間的広がりを視覚的に短時間で理解できるようになったことが，触覚による近空間の探索を活発に行うことにつながったものと推察された。

●事例2：重症心身障害児の空間的広がりを意識した見る学習（酒井，2020）

　2歳10カ月時に日本脳炎を受傷し，その後遺症として重度の脳性麻痺と最重度の知的障害のある10歳女児。行動観察によれば，支援者の支えがあれば座位をとれるが，基本的には寝たきりである。楽な姿勢はうつ伏せだが，その場合でも，首を反り返らせ目的もなく天井を眺めていることが多い。大島分類

では1程度であった。

　自覚的視力検査ができないため、医師から視覚の評価ができないといわれていたが、目の周辺部で物を振って提示すると物を注視することが確認できた。そこで、見ることをさらに形成づけ、空間的な広がりを意識した見方ができるようにするため、左右に設置した2つのモニターに黒背景でコントラストの出やすい色と動きの有無を設定したキャラクターを登場させた絵本の読み聞かせを行った。

　その結果、本児童の絵本の読み聞かせ活動時間中のキャラクターの注視時間の比率が高まり、学習に積極的に参加できるようになっていった。また、指導前の本児童は右モニターばかり注視する傾向があったが、指導後は左モニターも注視できるようになり、幅広くモニターのキャラクターを見ていたことが確認された。

●事例3：重症心身障害児の目と手の協応の改善（山本, 2021）

　後天性水頭症の影響による重度の脳性麻痺と最重度の知的障害のある14歳男子生徒。行動観察によれば、何か活動をしようとすると不随意な運動を示し、物を手渡してもすぐに投げてしまい、物を保持する時間が極端に短い。大島分類では1程度であった。

　自覚的視力検査ができず視神経症も呈していることから、医師からは視覚の評価ができないといわれていたが、目の前に物を提示すると概ね物を注視することができていた。そこで、視神経症による視野の狭さに留意しつつ、触運動量の異なるおもちゃを視覚的に提示した後に手にとって遊ぶことを指導し、**目と手の協応**の改善を目指した。

　その結果、本生徒の活動時間中のおもちゃの注視時間と保持・操作時間の比率が向上した。また、触運動量の異なるおもちゃを使用したことにより、叩く、押す、押さえる、引く、はめる、回す、積むなど、手指運動の反応レパートリーも増やすことができた。

　事例4は濃厚な医療的ケアを必要とする児童との関わりの事例である。

●事例4：超重症児の感覚受容の促通（寺島ほか, 2020）

　小学校1年生時に事故によって受傷し、重篤な脳機能障害を有する17歳女

子生徒。行動観察によれば，睡眠と覚醒の区別困難，自発的な呼吸困難，体温調節の困難があり，常時生体モニターによる看視，人工呼吸器による呼吸管理，胃ろうによる経管栄養が行われていた。超重症児スコアは29点であった。

　本生徒のベッドサイド学習の指導内容として，聴覚に働きかける読み聞かせと音楽鑑賞，触覚に働きかけるマッサージ，聴覚と触覚の両方に働きかける音楽鑑賞とマッサージを考案し，働きかけを行った。その結果，わずかながら確認できる，対象児の指先による身体的運動と心拍反応において，各指導内容ごとの量的な差が生じていた。このことから対象児は，各感覚系に対する単一，または複合的な働きかけを弁別していることが示唆された。特に人の働きかけに対し，応答的な反応が行われていることが明らかになった。

　これらの事例は，重複障害児の適切な能力把握に基づく目標と課題の設定を行い，能力の伸長が確認されたものである。本稿では学校で行われている関連法規に基づく重複障害児への指導カリキュラムについては取り上げなかったが，その特徴である下学年適応の学習内容，教科を合わせた学習内容，自立活動を中心とした学習内容を実践する場合でも，生理的根拠と心理的影響に基づく課題設定が重要になるだろう。これにより，重複障害児の**学習の質**（Quality of Learning）を高めることができ，これは将来的な**生活の質**（Quality of Life）を高めることにもつながっていく。

> 学習課題　①　重複障害児の適切な能力把握に基づく課題設定について説明してみよう。
> 　　　　　②　重複障害児へ教科教育を行う意義について考察してみよう。

引用・参考文献

粟屋忍「形態覚遮断弱視」『日本眼科学会誌』91(5)，1987年，519〜544頁。

大島一良「重症心身障害の基本的問題」『公衆衛生』35(11)，1971年，648〜655頁。

大村清「小児科医から　難病主治医の立場から（子どもの理解——こころと行動へのトータルアプローチ）——（病気の子どもとQOL；傾聴と共感的理解を求めて）」『小児看護』27(9)，2004年，1249〜1253頁。

片桐和雄「重症心身障害児へ発達援助——療育者との相互作用の形成をめざして」『別冊発達』11，1991年，125〜137頁。

片桐和雄・小池敏英・北島善夫『重症心身障害児の認知発達とその援助——生理心理学的ア

プローチの展開』北大路書房，1999年。

北島善夫「生理心理学的指標を用いた重症心身障害研究の動向と課題」『特殊教育学研究』
43(3)，2005年，225～231頁。

酒井望有「重症心身障害児の機能的視覚の改善に関する事例的研究」（上越教育大学大学院
学校教育研究科修士論文）2020年。

佐藤将朗・大庭重治「視覚・重複障害児の実態把握と指導実践におけるCVIレンジの活用
に関する考察」『上越教育大学特別支援教育実践研究センター紀要』23，2017年，
65～73頁。

鈴木康之・武井理子・武智信幸ほか「超重症児の判定について──スコア改訂の試み」『日
本重症心身障害学会誌』33(3)，2008年，303～309頁。

寺島ひかり・八島猛・奥村太一ほか「超重症児の感覚系に注目した身体的な運動および生理
的反応を促す指導とその評価」『特殊教育学研究』58(2)，2020年，117～126頁。

中島昭美「生得的行動から概念行動へ──重複障害児を対象とする学習指導を中心に」文部
省『盲児の感覚と学習』1968年，109～126頁。

日本重症児福祉協会「平成17年度全国重症心身障害児施設実態調査より」2005年。

水上憲一「視覚・重複障害児の機能的視覚の改善に関する事例的研究──モニター提示を中
心とした見る学習による検討」（上越教育大学大学院学校教育研究科修士論文）2018年。

水田敏郎・片桐和雄・梶原荘平ほか「重症心身障碍者の一過性心拍反応と持続性心拍変動に
みられる発達的連関」『小児の精神と神経』39(3)，1999年，217～228頁。

文部科学省「特別支援教育資料（令和元年度）　第1部　データ編」2020年。https://www.
mext.go.jp/content/20200916-mxt_tokubetu02-000009987_02.pdf（2022年6月2日閲覧）

山本和希「重症心身障害児の目と手の協応の改善に関する事例的研究」（上越教育大学大学
院学校教育研究科修士論文）2021年。

Roman-Lantzy, C. *Cortical Visual Impairment. An Approach to Assessment and Intervention*,
AFB Press, 2007.

Rosen, S. "Kinesiology and Sensorimotor Functioning for Students with Vision Loss," In W.
R. Wiener, R. L. Welsh, & B. B. Blasch (eds.), *FOUNDATIONS OF ORIENTATION
AND MOBILITY. VOLUME I . INSTRACTIONAL STRATEGIES and PRACTICAL
APPLICATIONS*, 2010, pp. 138-172.

Sarathy, P. *Access and Attain: Active Learning for Students with Severe and Multiple Disabilities*,
CEC International Conference, 2012. https: //silo. tips/download/access-and-attain-
active-learning-for-students-with-severe-and-multiple-disabili（2022年6月2日閲覧）

付　録

＊は作成者注。

日本国憲法（抄）

（昭和21年憲法）

第3章　国民の権利及び義務

第13条　すべて国民は，個人として尊重される。生命，自由及び幸福追求に対する国民の権利については，公共の福祉に反しない限り，立法その他の国政の上で，最大の尊重を必要とする。

第14条　すべて国民は，法の下に平等であつて，人種，信条，性別，社会的身分又は門地により，政治的，経済的又は社会的関係において，差別されない。

第26条　すべて国民は，法律の定めるところにより，その能力に応じて，ひとしく教育を受ける権利を有する。

教育基本法（抄）

（平成18年法律第120号）

第1章　教育の目的及び理念

（教育の機会均等）

第4条　すべて国民は，ひとしく，その能力に応じた教育を受ける機会を与えられなければならず，人種，信条，性別，社会的身分，経済的地位又は門地によって，教育上差別されない。

2　国及び地方公共団体は，障害のある者が，その障害の状態に応じ，十分な教育を受けられるよう，教育上必要な支援を講じなければならない。

3　国及び地方公共団体は，能力があるにもかかわらず，経済的理由によって修学が困難な者に対して，奨学の措置を講じなければならない。

学校教育法（抄）

（昭和22年法律第26号）
最終改正：令和元年6月26日法律第44号

第8章　特別支援教育

第72条　特別支援学校は，視覚障害者，聴覚障害者，知的障害者，肢体不自由者又は病弱者（身体虚弱者を含む。以下同じ。）に対して，幼稚園，小学校，中学校又は高等学校に準ずる教育を施すとともに，障害による学習上又は生活上の困難を克服し自立を図るために必要な知識技能を授けることを目的とする。

第73条　特別支援学校においては，文部科学大臣の定めるところにより，前条に規定する者に対する教育のうち当該学校が行うものを明らかにするものとする。

第74条　特別支援学校においては，第72条に規定する目的を実現するための教育を行うほか，幼稚園，小学校，中学校，義務教育学校，高等学校又は中等教育学校の要請に応じて，第81条第1項に規定する幼児，児童又は生徒の教育に関し必要な助言又は援助を行うよう努めるものとする。

第75条　第72条に規定する視覚障害者，聴覚障害者，知的障害者，肢体不自由者又は病弱者の障害の程度は，政令で定める。

第76条　特別支援学校には，小学部及び中学部を置かなければならない。ただし，特別の必要のある場合においては，そのいずれかのみを置くことができる。

②　特別支援学校には，小学部及び中学部のほか，幼稚部又は高等部を置くことができ，また，特別の必要のある場合においては，前項の規定にかかわらず，小学部及び中学部を置かないで幼稚部又は高等部のみを置くことができる。

第77条　特別支援学校の幼稚部の教育課程その他の保育内容，小学部及び中学部の教育課程又は高等部の学科及び教育課程に関する事項は，幼稚園，小学校，中学校又は高等学校に準じて，文部科学大臣が定める。

第78条　特別支援学校には，寄宿舎を設けなければならない。ただし，特別の事情のあるときは，これを設けないことができる。

第79条　寄宿舎を設ける特別支援学校には，寄宿舎指導員を置かなければならない。

②　寄宿舎指導員は，寄宿舎における幼児，児童又は生徒の日常生活上の世話及び生活指導に従事する。

第80条　都道府県は，その区域内にある学齢児童及び学齢生徒のうち，視覚障害者，聴覚障害者，知的障害者，肢体不自由者又は病弱者で，その障害が第75条の政令で定める程度のものを就学させるに必要な特別支援学校を設置しなければならない。

第81条　幼稚園，小学校，中学校，義務教育学校，高等学校及び中等教育学校においては，次項各号のいずれかに該当する幼児，児童及び生徒その他教育上特別の支援を必要とする幼児，児童及び生徒に対し，文部科学大臣の定めるところにより，障害による学習上又は生活上の困難を克服するための教育を行うものとする。

②　小学校，中学校，義務教育学校，高等学校及び中等教育学校には，次の各号のいずれかに該当する児童及び生徒のために，特別支援学級を置くことができる。

（1）知的障害者

（2）肢体不自由者

（3）身体虚弱者

（4）弱視者

（5）難聴者

（6）その他障害のある者で，特別支援学級において教育を行うことが適当なもの

③　前項に規定する学校においては，疾病により療養中の児童及び生徒に対して，特別支援学級を設け，又は教員を派遣して，教育を行うことができる。

学校教育法施行令（抄）

（昭和28年政令第340号）

最終改正：令和元年10月18日政令第128号

第2章　視覚障害者等の障害の程度

第22条の3　法第75条の政令で定める視覚障害者，聴覚障害者，知的障害者，肢体不自由者又は病弱者の障害の程度は，次の表に掲げるとおりとする。

〔＊本書第2章表2−3を参照〕

学校教育法施行規則（抄）

（昭和22年文部省令第11号）

最終改正：令和4年4月1日文部科学省令第18号

第4章　小学校

第4節　職員

第65条の2　医療的ケア看護職員は，小学校における日常生活及び社会生活を営むために恒常的に医療的ケア（人工呼吸器による呼吸管理，喀痰吸引その他の医療行為をいう。）を受けることが不可欠である児童の療養上の世話又は診療の補助に従事する。

第65条の6　特別支援教育支援員は，教育上特別の支援を必要とする児童の学習上又は生活上必要な支援に従事する。

第8章　特別支援教育

第129条　特別支援学校の幼稚部の教育課程その他の保育内容並びに小学部，中学部及び高等部の教育課程については，この章に定めるもののほか，教育課程その他の保育内容又は教育課程の基準として文部科学大臣が別に公示する特別支援学校幼稚部教育要領，特別支援学校小学部・中学部学習指導要領及び特別支援学校高等部学習指導要領によるものとする。

第140条　小学校，中学校，義務教育学校，高等学校又は中等教育学校において，次の各号のいずれかに該当する児童又は生徒（特別支援学級の児童及び生徒を除く。）のうち当該障害に応じた特別の指導を行う必要があるものを教育する場合には，文部科学大臣が別に定めるところにより，第50条第1項（第79条

の6第1項において準用する場合を含む。)，第51条，第52条（第79条の6第1項において準用する場合を含む。)，第52条の3，第72条（第79条の6第2項及び第108条第1項において準用する場合を含む。)，第73条，第74条（第79条の6第2項及び第108条第1項において準用する場合を含む。)，第74条の3，第76条，第79条の5（第79条の12において準用する場合を含む。)，第83条及び第84条（第108条第2項において準用する場合を含む。)並びに第107条（第117条において準用する場合を含む。)の規定にかかわらず，特別の教育課程によることができる。

（1）言語障害者
（2）自閉症者
（3）情緒障害者
（4）弱視者
（5）難聴者
（6）学習障害者
（7）注意欠陥多動性障害者
（8）その他障害のある者で，この条の規定により特別の教育課程による教育を行うことが適当なもの

第141条　前条の規定により特別の教育課程による場合においては，校長は，児童又は生徒が，当該小学校，中学校，義務教育学校，高等学校又は中等教育学校の設置者の定めるところにより他の小学校，中学校，義務教育学校，高等学校，中等教育学校又は特別支援学校の小学部，中学部若しくは高等部において受けた授業を，当該小学校，中学校，義務教育学校，高等学校又は中等教育学校において受けた当該特別の教育課程に係る授業とみなすことができる。

公立義務教育諸学校の学級編制及び教職員定数の標準に関する法律（抄）

（昭和33年法律第116号）
最終改正：令和3年6月11日法律第63号
（学級編制の標準）
第3条　公立の義務教育諸学校の学級は，同学年の児童又は生徒で編制するものとする。た

だし，当該義務教育諸学校の児童又は生徒の数が著しく少ないかその他特別の事情がある場合においては，政令で定めるところにより，数学年の児童又は生徒を1学級に編制することができる。

2　各都道府県ごとの，都道府県又は市（地方自治法（昭和22年法律第67号）第252条の19第1項の指定都市（以下単に「指定都市」という。)を除き，特別区を含む。第8条第3号並びに第8条の2第1号及び第2号を除き，以下同じ。)町村の設置する小学校（義務教育学校の前期課程を含む。次条第2項において同じ。)又は中学校（義務教育学校の後期課程及び中等教育学校の前期課程を含む。同項において同じ。)の1学級の児童又は生徒の数の基準は，次の表の上欄に掲げる学校の種類及び同表の中欄に掲げる学級編制の区分に応じ，同表の下欄に掲げる数を標準として，都道府県の教育委員会が定める。ただし，都道府県の教育委員会は，当該都道府県における児童又は生徒の実態を考慮して特に必要があると認める場合については，この項本文の規定により定める数を下回る数を，当該場合に係る1学級の児童又は生徒の数の基準として定めることができる。

学校の種類	学級編制の区分	1学級の児童又は生徒の数
小学校（義務教育学校の前期課程を含む。次条第2項において同じ。)	同学年の児童で編制する学級	35人
	2の学年の児童で編制する学級	16人（第1学年の児童を含む学級にあつては，8人）
	学校教育法第81条第2項及び第3項に規定する特別支援学級（以下この表及び第7条第1項第5号において単に「特別支援学級」という。)	8人
中学校（義務教育学校の後期課	同学年の生徒で編制する学級	40人

程及び中等教育学校の前期課程を含む。同項において同じ。）	2の学年の生徒で編制する学級	8人
	特別支援学級	8人

3　各都道府県ごとの，都道府県又は市町村の設置する特別支援学校の小学部又は中学部の1学級の児童又は生徒の数の基準は，6人（文部科学大臣が定める障害を2以上併せ有する児童又は生徒で学級を編制する場合にあつては，3人）を標準として，都道府県の教育委員会が定める。ただし，都道府県の教育委員会は，当該都道府県における児童又は生徒の実態を考慮して特に必要があると認める場合については，この項本文の規定により定める数を下回る数を，当該場合に係る1学級の児童又は生徒の数の基準として定めることができる。

特別支援学校設置基準（抄）

（令和3年文部科学省令第45号）

（一学級の幼児，児童又は生徒の数）

第5条　幼稚部の1学級の幼児数は，5人（視覚障害，聴覚障害，知的障害，肢体不自由又は病弱（身体虚弱を含む。以下この条及び別表において同じ。）のうち2以上併せ有する幼児で学級を編制する場合にあっては，3人）以下とする。ただし，特別の事情があり，かつ，教育上支障がない場合は，この限りでない。

2　小学部又は中学部の1学級の児童又は生徒の数は，6人（視覚障害，聴覚障害，知的障害，肢体不自由又は病弱のうち2以上併せ有する児童又は生徒で学級を編制する場合にあっては，3人）以下とする。ただし，特別の事情があり，かつ，教育上支障がない場合は，この限りでない。

3　高等部の1学級の生徒数は，8人（視覚障害，聴覚障害，知的障害，肢体不自由又は病弱のうち2以上併せ有する生徒で学級を編制する場合にあっては，3人）以下とする。ただし，特別の事情があり，かつ，教育上支障

がない場合は，この限りでない。

（学級の編制）

第6条　特別支援学校の学級は，特別の事情がある場合を除いては，幼稚部にあっては，学年の初めの日の前日において同じ年齢にある幼児で編制するものとし，小学部，中学部及び高等部にあっては，同学年の児童又は生徒で編制するものとする。

2　特別支援学校の学級は，特別の事情がある場合を除いては，視覚障害者，聴覚障害者，知的障害者，肢体不自由者又は病弱者の別ごとに編制するものとする。

＊特別支援学校設置基準（文部科学省令第45号）により，第5～6条は2023年4月1日施行。

教育職員免許法（抄）

（昭和24年法律第147号）

最終改正：令和4年5月18日法律第40号

第1章　総則

（定義）

第2条　〔略〕

4　この法律で「自立教科等」とは，理療（あん摩，マツサージ，指圧等に関する基礎的な知識技能の修得を目標とした教科をいう。），理学療法，理容その他の職業についての知識技能の修得に関する教科及び学習上又は生活上の困難を克服し自立を図るために必要な知識技能の修得を目的とする教育に係る活動（以下「自立活動」という。）をいう。

5　この法律で「特別支援教育領域」とは，学校教育法第72条に規定する視覚障害者，聴覚障害者，知的障害者，肢体不自由者又は病弱者（身体虚弱者を含む。）に関するいずれかの教育の領域をいう。

（免許）

第3条　〔略〕

3　特別支援学校の教員（養護又は栄養の指導及び管理をつかさどる主幹教諭，養護教諭，養護助教諭，栄養教諭並びに特別支援学校に

おいて自立教科等の教授を担任する教員を除く。）については，第1項の規定にかかわらず，特別支援学校の教員の免許状のほか，特別支援学校の各部に相当する学校の教員の免許状を有する者でなければならない。

第2章　免許状

第4条の2　特別支援学校の教員の普通免許状及び臨時免許状は，1又は2以上の特別支援教育領域について授与するものとする。

2　特別支援学校において専ら自立教科等の教授を担任する教員の普通免許状及び臨時免許状は，前条第2項の規定にかかわらず，文部科学省令で定めるところにより，障害の種類に応じて文部科学省令で定める自立教科等について授与するものとする。

3　特別支援学校教諭の特別免許状は，前項の文部科学省令で定める自立教科等について授与するものとする。

附　則（抄）

15　幼稚園，小学校，中学校又は高等学校の教諭の免許状を有する者は，当分の間，第3条第1項から第3項までの規定にかかわらず，特別支援学校の相当する各部の主幹教諭（養護又は栄養の指導及び管理をつかさどる主幹教諭を除く。），指導教諭，教諭又は講師となることができる。

障害者の権利に関する条約（抄）

（2006年12月13日採択）
2007年9月28日批准

第1条　目的

この条約は，全ての障害者によるあらゆる人権及び基本的自由の完全かつ平等な享有を促進し，保護し，及び確保すること並びに障害者の固有の尊厳の尊重を促進することを目的とする。

障害者には，長期的な身体的，精神的，知的又は感覚的な機能障害であって，様々な障壁との相互作用により他の者との平等を基礎

として社会に完全かつ効果的に参加することを妨げ得るものを有する者を含む。

第24条　教育

1　締約国は，教育についての障害者の権利を認める。締約国は，この権利を差別なしに，かつ，機会の均等を基礎として実現するため，障害者を包容するあらゆる段階の教育制度及び生涯学習を確保する。当該教育制度及び生涯学習は，次のことを目的とする。

（a）人間の潜在能力並びに尊厳及び自己の価値についての意識を十分に発達させ，並びに人権，基本的自由及び人間の多様性の尊重を強化すること。

（b）障害者が，その人格，才能及び創造力並びに精神的及び身体的な能力をその可能な最大限度まで発達させること。

（c）障害者が自由な社会に効果的に参加することを可能とすること。

2　締約国は，1の権利の実現に当たり，次のことを確保する。

（a）障害者が障害に基づいて一般的な教育制度から排除されないこと及び障害のある児童が障害に基づいて無償のかつ義務的な初等教育から又は中等教育から排除されないこと。

（b）障害者が，他の者との平等を基礎として，自己の生活する地域社会において，障害者を包容し，質が高く，かつ，無償の初等教育を享受することができること及び中等教育を享受することができること。

（c）個人に必要とされる合理的配慮が提供されること。

（d）障害者が，その効果的な教育を容易にするために必要な支援を一般的な教育制度の下で受けること。

（e）学問的及び社会的な発達を最大にする環境において，完全な包容という目標に合致する効果的で個別化された支援措置がとられること。

3　締約国は，障害者が教育に完全かつ平等に参加し，及び地域社会の構成員として完全かつ平等に参加することを容易にするため，障害者が生活する上での技能及び社会的な発達

のための技能を習得することを可能とする。
このため，締約国は，次のことを含む適当な措置をとる。

（a）点字，代替的な文字，意思疎通の補助的及び代替的な形態，手段及び様式並びに定位及び移動のための技能の習得並びに障害者相互による支援及び助言を容易にすること。

（b）手話の習得及び聾社会の言語的な同一性の促進を容易にすること。

（c）盲人，聾者又は盲聾者（特に盲人，聾者又は盲聾者である児童）の教育が，その個人にとって最も適当な言語並びに意思疎通の形態及び手段で，かつ，学問的及び社会的な発達を最大にする環境において行われることを確保すること。

4　締約国は，1の権利の実現の確保を助長することを目的として，手話又は点字について能力を有する教員（障害のある教員を含む。）を雇用し，並びに教育に従事する専門家及び職員（教育のいずれの段階において従事するかを問わない。）に対する研修を行うための適当な措置をとる。この研修には，障害についての意識の向上を組み入れ，また，適当な意思疎通の補助的及び代替的な形態，手段及び様式の使用並びに障害者を支援するための教育技法及び教材の使用を組み入れるものとする。

5　締約国は，障害者が，差別なしに，かつ，他の者との平等を基礎として，一般的な高等教育，職業訓練，成人教育及び生涯学習を享受することができることを確保する。このため，締約国は，合理的配慮が障害者に提供されることを確保する。

児童の権利に関する条約（抄）

（1989年第44回国連総会採択）
1994年批准

第1部

第5条　締約国は，児童がこの条約において認

められる権利を行使するに当たり，父母若しくは場合により地方の慣習により定められている大家族若しくは共同体の構成員，法定保護者又は児童について法的に責任を有する他の者がその児童の発達しつつある能力に適合する方法で適当な指示及び指導を与える責任，権利及び義務を尊重する。

第6条　1　締約国は，すべての児童が生命に対する固有の権利を有することを認める。

2　締約国は，児童の生存及び発達を可能な最大限の範囲において確保する。

障害者基本法（抄）

（昭和45年法律第84号）
最終改正：平成25年6月26日法律第65号

第1章　総則

（差別の禁止）

第4条　何人も，障害者に対して，障害を理由として，差別することその他の権利利益を侵害する行為をしてはならない。

2　社会的障壁の除去は，それを必要としている障害者が現に存し，かつ，その実施に伴う負担が過重でないときは，それを怠ることによつて前項の規定に違反することとならないよう，その実施について必要かつ合理的な配慮がされなければならない。

3　国は，第1項の規定に違反する行為の防止に関する啓発及び知識の普及を図るため，当該行為の防止を図るために必要となる情報の収集，整理及び提供を行うものとする。

第2章　障害者の自立及び社会参加の支援等のための基本的施策

（教育）

第16条　国及び地方公共団体は，障害者が，その年齢及び能力に応じ，かつ，その特性を踏まえた十分な教育が受けられるようにするため，可能な限り障害者である児童及び生徒が障害者でない児童及び生徒と共に教育を受けられるよう配慮しつつ，教育の内容及び方法

の改善及び充実を図る等必要な施策を講じな
ければならない。

2　国及び地方公共団体は，前項の目的を達成
するため，障害者である児童及び生徒並びに
その保護者に対し十分な情報の提供を行うと
ともに，可能な限りその意向を尊重しなけれ
ばならない。

3　国及び地方公共団体は，障害者である児童
及び生徒と障害者でない児童及び生徒との交
流及び共同学習を積極的に進めることによっ
て，その相互理解を促進しなければならない。

4　国及び地方公共団体は，障害者の教育に関
し，調査及び研究並びに人材の確保及び資質
の向上，適切な教材等の提供，学校施設の整
備その他の環境の整備を促進しなければなら
ない。

障害を理由とする差別の解消の推進に
関する法律（抄）

（平成25年法律第65号）

最終改正：令和3年6月4日法律第56号

第3章　行政機関等及び事業者における障害を
理由とする差別を解消するための措置

（行政機関等における障害を理由とする差別
の禁止）

第7条　行政機関等は，その事務又は事業を行
うに当たり，障害を理由として障害者でない
者と不当な差別的取扱いをすることにより，
障害者の権利利益を侵害してはならない。

2　行政機関等は，その事務又は事業を行うに
当たり，障害者から現に社会的障壁の除去を
必要としている旨の意思の表明があった場合
において，その実施に伴う負担が過重でない
ときは，障害者の権利利益を侵害することと
ならないよう，当該障害者の性別，年齢及び
障害の状態に応じて，社会的障壁の除去の実
施について必要かつ合理的な配慮をしなけれ
ばならない。

（事業者における障害を理由とする差別の禁
止）

第8条　事業者は，その事業を行うに当たり，

障害を理由として障害者でない者と不当な差
別的取扱いをすることにより，障害者の権利
利益を侵害してはならない。

2　事業者は，その事業を行うに当たり，障害
者から現に社会的障壁の除去を必要としてい
る旨の意思の表明があった場合において，そ
の実施に伴う負担が過重でないときは，障害
者の権利利益を侵害することとならないよう，
当該障害者の性別，年齢及び障害の状態に応
じて，社会的障壁の除去の実施について必要
かつ合理的な配慮をしなければならない。

障害者の雇用の促進等に関する法律（抄）

（昭和35年法律第123号）

最終改正：令和元年6月14日法律第36号

第2章の2　障害者に対する差別の禁止等

（障害者に対する差別の禁止）

第34条　事業主は，労働者の募集及び採用につ
いて，障害者に対して，障害者でない者と均
等な機会を与えなければならない。

第35条　事業主は，賃金の決定，教育訓練の実
施，福利厚生施設の利用その他の待遇につい
て，労働者が障害者であることを理由として，
障害者でない者と不当な差別的取扱いをして
はならない。

高齢者，障害者等の移動等の円滑化の
促進に関する法律（抄）

（平成18年法律第91号）

最終改正：令和2年5月27日法律第31号

第1章　総則

（目的）

第1条　この法律は，高齢者，障害者等の自立
した日常生活及び社会生活を確保することの
重要性に鑑み，公共交通機関の旅客施設及び
車両等，道路，路外駐車場，公園施設並びに
建築物の構造及び設備を改善するための措置，
一定の地区における旅客施設，建築物等及び

これらの間の経路を構成する道路，駅前広場，通路その他の施設の一体的な整備を推進するための措置，移動等円滑化に関する国民の理解の増進及び協力の確保を図るための措置その他の措置を講ずることにより，高齢者，障害者等の移動上及び施設の利用上の利便性及び安全性の向上の促進を図り，もって公共の福祉の増進に資することを目的とする。

（基本理念）

第1条の2　この法律に基づく措置は，高齢者，障害者等にとって日常生活又は社会生活を営む上で障壁となるような社会における事物，制度，慣行，観念その他一切のものの除去に資すること及び全ての国民が年齢，障害の有無その他の事情によって分け隔てられることなく共生する社会の実現に資することを旨として，行われなければならない。

> **障害者の日常生活及び社会生活を総合的に支援するための法律（抄）**

（平成17年法律第123号）

最終改正：平成30年6月8日法律第44号

第1章　総則

（目的）

第1条　この法律は，障害者基本法（昭和45年法律第84号）の基本的な理念にのっとり，身体障害者福祉法（昭和24年法律第283号），知的障害者福祉法（昭和35年法律第37号），精神保健及び精神障害者福祉に関する法律（昭和25年法律第123号），児童福祉法（昭和22年法律第164号）その他障害者及び障害児の福祉に関する法律と相まって，障害者及び障害児が基本的人権を享有する個人としての尊厳にふさわしい日常生活又は社会生活を営むことができるよう，必要な障害福祉サービスに係る給付，地域生活支援事業その他の支援を総合的に行い，もって障害者及び障害児の福祉の増進を図るとともに，障害の有無にかかわらず国民が相互に人格と個性を尊重し安心して暮らすことのできる地域社会の実現に寄与することを目的とする。

（基本理念）

第1条の2　障害者及び障害児が日常生活又は社会生活を営むための支援は，全ての国民が，障害の有無にかかわらず，等しく基本的人権を享有するかけがえのない個人として尊重されるものであるとの理念にのっとり，全ての国民が，障害の有無によって分け隔てられることなく，相互に人格と個性を尊重し合いながら共生する社会を実現するため，全ての障害者及び障害児が可能な限りその身近な場所において必要な日常生活又は社会生活を営むための支援を受けられることにより社会参加の機会が確保されること及びどこで誰と生活するかについての選択の機会が確保され，地域社会において他の人々と共生することを妨げられないこと並びに障害者及び障害児にとって日常生活又は社会生活を営む上で障壁となるような社会における事物，制度，慣行，観念その他一切のものの除去に資することを旨として，総合的かつ計画的に行わなければならない。

身体障害者福祉法施行規則（抄）

（昭和25年厚生省令第15号）

最終改正：令和2年5月25日厚生労働省令第103号

別表第5号（第5条関係）　身体障害者障害程度等級表

級別	視覚障害	聴覚又は平衡機能の障害		音声機能，言語機能又はそしゃく機能の障害
		聴覚障害	平衡機能障害	
一級	視力の良い方の眼の視力（万国式試視力表によつて測つたものをいい，屈折異常のある者については，矯正視力について測つたものをいう。以下同じ。）が0.01以下のもの			
二級	1　視力の良い方の眼の視力が0.02以上0.03以下のもの 2　視力の良い方の眼の視力が0.04かつ他方の眼の視力が手動弁以下のもの 3　周辺視野角度（Ⅰ／四視標による。以下同じ。）の総和が左右眼それぞれ80度以下かつ両眼中心視野角度（Ⅰ／二視標による。以下同じ。）が28度以下のもの 4　両眼開放視認点数が70点以下かつ両眼中心視野視認点数が20点以下のもの	両耳の聴力レベルがそれぞれ100デシベル以上のもの（両耳全ろう）		
三級	1　視力の良い方の眼の視力が0.04以上0.07以下のもの（二級の2に該当するものを除く。） 2　視力の良い方の眼の視力が0.08かつ他方の眼の視力が手動弁以下のもの 3　周辺視野角度の総和が左右眼それぞれ80度以下かつ両眼中心視野角度が56度以下のもの 4　両眼開放視認点数が70点以下かつ両眼中心視野視認点数が40点以下のもの	両耳の聴力レベルが90デシベル以上のもの（耳介に接しなければ大声語を理解し得ないもの）	平衡機能の極めて著しい障害	音声機能，言語機能又はそしゃく機能の喪失
四級	1　視力の良い方の眼の視力が0.08以上0.1以下のもの（三級の2に該当するものを除く。） 2　周辺視野角度の総和が左右眼それぞれ80度以下のもの 3　両眼開放視認点数が70点以下のもの	1　両耳の聴力レベルが80デシベル以上のもの（耳介に接しなければ話声語を理解し得ないもの） 2　両耳による普通話声の最良の語音明瞭度が50パーセント以下のもの		音声機能，言語機能又はそしゃく機能の著しい障害
五級	1　視力の良い方の眼の視力が0.2かつ他方の眼の視力が0.02以下のもの 2　両眼による視野の2分の1以上が欠けているもの 3　両眼中心視野角度が56度以下のもの 4　両眼開放視認点数が70点を超えかつ100点以下のもの 5　両眼中心視野視認点数が40点以下のもの		平衡機能の著しい障害	
六級	視力の良い方の眼の視力が0.3以上0.6以下かつ他方の眼の視力が0.02以下のもの	1　両耳の聴力レベルが70デシベル以上のもの（40センチメートル以上の距離で発声された会話語を理解し得ないもの） 2　一側耳の聴力レベルが90デシベル以上、他側耳の聴力レベルが50デシベル以上のもの		
七級				

肢体不自由		
上肢	下肢	体幹
1 両上肢の機能を全廃したもの 2 両上肢を手関節以上で欠くもの	1 両下肢の機能を全廃したもの 2 両下肢を大腿の2分の1以上で欠くもの	体幹の機能障害により坐っていることができないもの
1 両上肢の機能の著しい障害 2 両上肢のすべての指を欠くもの 3 一上肢を上腕の2分の1以上で欠くもの 4 一上肢の機能を全廃したもの	1 両下肢の機能の著しい障害 2 両下肢を下腿の2分の1以上で欠くもの	1 体幹の機能障害により坐位又は起立位を保つことが困難なもの 2 体幹の機能障害により立ち上ることが困難なもの
1 両上肢のおや指及びひとさし指を欠くもの 2 両上肢のおや指及びひとさし指の機能を全廃したもの 3 一上肢の機能の著しい障害 4 一上肢のすべての指を欠くもの 5 一上肢のすべての指の機能を全廃したもの	1 両下肢をショパー関節以上で欠くもの 2 一下肢を大腿の2分の1以上で欠くもの 3 一下肢の機能を全廃したもの	体幹の機能障害により歩行が困難なもの
1 両上肢のおや指を欠くもの 2 両上肢のおや指の機能を全廃したもの 3 一上肢の肩関節，肘関節又は手関節のうち，いずれか一関節の機能を全廃したもの 4 一上肢のおや指及びひとさし指を欠くもの 5 一上肢のおや指及びひとさし指の機能を全廃したもの 6 おや指又はひとさし指を含めて一上肢の3指を欠くもの 7 おや指又はひとさし指を含めて一上肢の3指の機能を全廃したもの 8 おや指又はひとさし指を含めて一上肢の4指の機能の著しい障害	1 両下肢のすべての指を欠くもの 2 両下肢のすべての指の機能を全廃したもの 3 一下肢を下腿の2分の1以上で欠くもの 4 一下肢の機能の著しい障害 5 一下肢の股関節又は膝関節の機能を全廃したもの 6 一下肢が健側に比して10センチメートル以上又は健側の長さの10分の1以上短いもの	
1 両上肢のおや指の機能の著しい障害 2 一上肢の肩関節，肘関節又は手関節のうち，いずれか一関節の機能の著しい障害 3 一上肢のおや指を欠くもの 4 一上肢のおや指の機能を全廃したもの 5 一上肢のおや指及びひとさし指の機能の著しい障害 6 おや指又はひとさし指を含めて一上肢の3指の機能の著しい障害	1 一下肢の股関節又は膝関節の機能の著しい障害 2 一下肢の足関節の機能を全廃したもの 3 一下肢が健側に比して5センチメートル以上又は健側の長さの15分の1以上短いもの	体幹の機能の著しい障害
1 一上肢のおや指の機能の著しい障害 2 ひとさし指を含めて一上肢の2指を欠くもの 3 ひとさし指を含めて一上肢の2指の機能を全廃したもの	1 一下肢をリスフラン関節以上で欠くもの 2 一下肢の足関節の機能の著しい障害	
1 一上肢の機能の軽度の障害 2 一上肢の肩関節，肘関節又は手関節のうち，いずれか一関節の機能の軽度の障害 3 一上肢の手指の機能の軽度の障害 4 ひとさし指を含めて一上肢の2指の機能の著しい障害 5 一上肢のなか指，くすり指及び小指を欠くもの 6 一上肢のなか指，くすり指及び小指の機能を全廃したもの	1 両下肢のすべての指の機能の著しい障害 2 一下肢の機能の軽度の障害 3 一下肢の股関節，膝関節又は足関節のうち，いずれか一関節の機能の軽度の障害 4 一下肢のすべての指を欠くもの 5 一下肢のすべての指の機能を全廃したもの 6 一下肢が健側に比して3センチメートル以上又は健側の長さの20分の1以上短いもの	

肢体不自由		心臓，じん臓若しくは呼吸器又はぼうこう若しくは直腸，小腸，ヒト免疫不全ウイルスによる免疫若しくは肝臓の機能の障害	
乳幼児期以前の非進行性の脳病変による運動機能障害		心臓機能障害	じん臓機能障害
上肢機能	移動機能		
不随意運動・失調等により上肢を使用する日常生活動作がほとんど不可能なもの	不随意運動・失調等により歩行が不可能なもの	心臓の機能の障害により自己の身辺の日常生活活動が極度に制限されるもの	じん臓の機能の障害により自己の身辺の日常生活活動が極度に制限されるもの
不随意運動・失調等により上肢を使用する日常生活動作が極度に制限されるもの	不随意運動・失調等により歩行が極度に制限されるもの		
不随意運動・失調等により上肢を使用する日常生活動作が著しく制限されるもの	不随意運動・失調等により歩行が家庭内での日常生活活動に制限されるもの	心臓の機能の障害により家庭内での日常生活活動が著しく制限されるもの	じん臓の機能の障害により家庭内での日常生活活動が著しく制限されるもの
不随意運動・失調等による上肢の機能障害により社会での日常生活活動が著しく制限されるもの	不随意運動・失調等により社会での日常生活活動が著しく制限されるもの	心臓の機能の障害により社会での日常生活活動が著しく制限されるもの	じん臓の機能の障害により社会での日常生活活動が著しく制限されるもの
不随意運動・失調等による上肢の機能障害により社会での日常生活活動に支障のあるもの	不随意運動・失調等により社会での日常生活活動に支障のあるもの		
不随意運動・失調等により上肢の機能の劣るもの	不随意運動・失調等により移動機能の劣るもの		
上肢に不随意運動・失調等を有するもの	下肢に不随意運動・失調等を有するもの		

心臓，じん臓若しくは呼吸器又はぼうこう若しくは直腸，小腸，ヒト免疫不全ウイルスによる免疫若しくは肝臓の機能の障害				
呼吸器機能障害	ぼうこう又は直腸の機能障害	小腸機能障害	ヒト免疫不全ウイルスによる免疫機能障害	肝臓機能障害
呼吸器の機能の障害により自己の身辺の日常生活活動が極度に制限されるもの	ぼうこう又は直腸の機能の障害により自己の身辺の日常生活活動が極度に制限されるもの	小腸の機能の障害により自己の身辺の日常生活活動が極度に制限されるもの	ヒト免疫不全ウイルスによる免疫の機能の障害により日常生活がほとんど不可能なもの	肝臓の機能の障害により日常生活活動がほとんど不可能なもの
			ヒト免疫不全ウイルスによる免疫の機能の障害により日常生活が極度に制限されるもの	肝臓の機能の障害により日常生活活動が極度に制限されるもの
呼吸器の機能の障害により家庭内での日常生活活動が著しく制限されるもの	ぼうこう又は直腸の機能の障害により家庭内での日常生活活動が著しく制限されるもの	小腸の機能の障害により家庭内での日常生活活動が著しく制限されるもの	ヒト免疫不全ウイルスによる免疫の機能の障害により日常生活が著しく制限されるもの（社会での日常生活活動が著しく制限されるものを除く。）	肝臓の機能の障害により日常生活活動が著しく制限されるもの（社会での日常生活活動が著しく制限されるものを除く。）
呼吸器の機能の障害により社会での日常生活活動が著しく制限されるもの	ぼうこう又は直腸の機能の障害により社会での日常生活活動が著しく制限されるもの	小腸の機能の障害により社会での日常生活活動が著しく制限されるもの	ヒト免疫不全ウイルスによる免疫の機能の障害により社会での日常生活活動が著しく制限されるもの	肝臓の機能の障害により社会での日常生活活動が著しく制限されるもの

備考
1　同一の等級について2つの重複する障害がある場合は，一級うえの級とする。ただし，2つの重複する障害が特に本表中に指定せられているものは，該当等級とする。
2　肢体不自由においては，七級に該当する障害が2以上重複する場合は，六級とする。
3　異なる等級について2以上の重複する障害がある場合については，障害の程度を勘案して当該等級より上の級とすることができる。
4　「指を欠くもの」とは，おや指については指骨間関節，その他の指については第一指骨間関節以上を欠くものをいう。
5　「指の機能障害」とは，中手指節関節以下の障害をいい，おや指については，対抗運動障害をも含むものとする。
6　上肢又は下肢欠損の断端の長さは，実用長（上腕においては腋窩より，大腿においては坐骨結節の高さより計測したもの）をもって計測したものをいう。
7　下肢の長さは，前腸骨棘より内くるぶし下端までを計測したものをいう。

児童福祉法（抄）

（昭和22年法律第164号）

最終改正：令和４年５月20日法律第44号

第１章　総則

第２節　定義

第６条の２の２　この法律で，障害児通所支援とは，児童発達支援，医療型児童発達支援，放課後等デイサービス，居宅訪問型児童発達支援及び保育所等訪問支援をいい，障害児通所支援事業とは，障害児通所支援を行う事業をいう。

② この法律で，児童発達支援とは，障害児につき，児童発達支援センターその他の厚生労働省令で定める施設に通わせ，日常生活における基本的な動作の指導，知識技能の付与，集団生活への適応訓練その他の厚生労働省令で定める便宜を供与することをいう。

③ この法律で，医療型児童発達支援とは，上肢，下肢又は体幹の機能の障害（以下「肢体不自由」という。）のある児童につき，医療型児童発達支援センター又は独立行政法人国立病院機構若しくは国立研究開発法人国立精神・神経医療研究センターの設置する医療機関であつて厚生労働大臣が指定するもの（以下「指定発達支援医療機関」という。）に通わせ，児童発達支援及び治療を行うことをいう。

④ この法律で，放課後等デイサービスとは，学校教育法（昭和22年法律第26号）第１条に規定する学校（幼稚園及び大学を除く。）に就学している障害児につき，授業の終了後又は休業日に児童発達支援センターその他の厚生労働省令で定める施設に通わせ，生活能力の向上のために必要な訓練，社会との交流の促進その他の便宜を供与することをいう。

⑤ この法律で，居宅訪問型児童発達支援とは，重度の障害の状態その他これに準ずるものとして厚生労働省令で定める状態にある障害児であつて，児童発達支援，医療型児童発達支援又は放課後等デイサービスを受けるために

外出することが著しく困難なものにつき，当該障害児の居宅を訪問し，日常生活における基本的な動作の指導，知識技能の付与，生活能力の向上のために必要な訓練その他の厚生労働省令で定める便宜を供与することをいう。

⑥ この法律で，保育所等訪問支援とは，保育所その他の児童が集団生活を営む施設として厚生労働省令で定めるものに通う障害又は乳児院その他の児童が集団生活を営む施設として厚生労働省令で定めるものに入所する障害児につき，当該施設を訪問し，当該施設における障害児以外の児童との集団生活への適応のための専門的な支援その他の便宜を供与することをいう。

⑦ この法律で，障害児相談支援とは，障害児支援利用援助及び継続障害児支援利用援助を行うことをいい，障害児相談支援事業とは，障害児相談支援を行う事業をいう。

⑧ この法律で，障害児支援利用援助とは，第21条の５の６第１項又は第21条の５の８第１項の申請に係る障害児の心身の状況，その置かれている環境，当該障害児又はその保護者の障害児通所支援の利用に関する意向その他の事情を勘案し，利用する障害児通所支援の種類及び内容その他の厚生労働省令で定める事項を定めた計画（以下「障害児支援利用計画案」という。）を作成し，第21条の５の５第１項に規定する通所給付決定（次項において「通所給付決定」という。）又は第21条の５の８第２項に規定する通所給付決定の変更の決定（次項において「通所給付決定の変更の決定」という。）（以下この条及び第24条の26第１項第１号において「給付決定等」と総称する。）が行われた後に，第21条の５の３第１項に規定する指定障害児通所支援事業者等その他の者（次項において「関係者」という。）との連絡調整その他の便宜を供与するとともに，当該給付決定等に係る障害児通所支援の種類及び内容，これを担当する者その他の厚生労働省令で定める事項を記載した計画（次項において「障害児支援利用計画」という。）を作成することをいう。

⑨ この法律で，継続障害児支援利用援助とは，

通所給付決定に係る障害児の保護者（以下「通所給付決定保護者」という。）が，第21条の5の7第8項に規定する通所給付決定の有効期間内において，継続して障害児通所支援を適切に利用することができるよう，当該通所給付決定に係る障害児支援利用計画（この項の規定により変更されたものを含む。以下この項において同じ。）が適切であるかどうかにつき，厚生労働省令で定める期間ごとに，当該通所給付決定保護者の障害児通所支援の利用状況を検証し，その結果及び当該通所給付決定に係る障害児の心身の状況，その置かれている環境，当該障害児又はその保護者の障害児通所支援の利用に関する意向その他の事情を勘案し，障害児支援利用計画の見直しを行い，その結果に基づき，次のいずれかの便宜の供与を行うことをいう。

（1）障害児支援利用計画を変更するとともに，関係者との連絡調整その他の便宜の供与を行うこと。

（2）新たな通所給付決定又は通所給付決定の変更の決定が必要であると認められる場合において，当該給付決定等に係る障害児の保護者に対し，給付決定等に係る申請の勧奨を行うこと。

第7条　この法律で，児童福祉施設とは，助産施設，乳児院，母子生活支援施設，保育所，幼保連携型認定こども園，児童厚生施設，児童養護施設，障害児入所施設，児童発達支援センター，児童心理治療施設，児童自立支援施設及び児童家庭支援センターとする。

②　この法律で，障害児入所支援とは，障害児入所施設に入所し，又は指定発達支援医療機関に入院する障害児に対して行われる保護，日常生活の指導及び知識技能の付与並びに障害児入所施設に入所し，又は指定発達支援医療機関に入院する障害児のうち知的障害のある児童，肢体不自由のある児童又は重度の知的障害及び重度の肢体不自由が重複している児童（以下「重症心身障害児」という。）に対し行われる治療をいう。

第3章　事業，養育里親及び養子縁組里親並びに施設

第42条　障害児入所施設は，次の各号に掲げる区分に応じ，障害児を入所させて，当該各号に定める支援を行うことを目的とする施設とする。

（1）福祉型障害児入所施設　保護，日常生活の指導及び独立自活に必要な知識技能の付与

（2）医療型障害児入所施設　保護，日常生活の指導，独立自活に必要な知識技能の付与及び治療

発達障害者支援法（抄）

（平成16年法律第167号）

最終改正：平成28年6月3日法律第64号

第1章　総則

（目的）

第1条　この法律は，発達障害者の心理機能の適正な発達及び円滑な社会生活の促進のために発達障害の症状の発現後できるだけ早期に発達支援を行うとともに，切れ目なく発達障害者の支援を行うことが特に重要であることに鑑み，障害者基本法（昭和45年法律第84号）の基本的な理念にのっとり，発達障害者が基本的人権を享有する個人としての尊厳にふさわしい日常生活又は社会生活を営むことができるよう，発達障害を早期に発見し，発達支援を行うことに関する国及び地方公共団体の責務を明らかにするとともに，学校教育における発達障害者への支援，発達障害者の就労の支援，発達障害者支援センターの指定等について定めることにより，発達障害者の自立及び社会参加のためのその生活全般にわたる支援を図り，もって全ての国民が，障害の有無によって分け隔てられることなく，相互に人格と個性を尊重し合いながら共生する社会の実現に資することを目的とする。

（定義）

第2条　この法律において「発達障害」とは，自閉症，アスペルガー症候群その他の広汎性発達障害，学習障害，注意欠陥多動性障害その他これに類する脳機能の障害であってその症状が通常低年齢において発現するものとして政令で定めるものをいう。

2　この法律において「発達障害者」とは，発達障害がある者であって発達障害及び社会的障壁により日常生活又は社会生活に制限を受けるものをいい，「発達障害児」とは，発達障害者のうち18歳未満のものをいう。

3　この法律において「社会的障壁」とは，発達障害がある者にとって日常生活又は社会生活を営む上で障壁となるような社会における事物，制度，慣行，観念その他一切のものをいう。

4　この法律において「発達支援」とは，発達障害者に対し，その心理機能の適正な発達を支援し，及び円滑な社会生活を促進するため行う個々の発達障害者の特性に対応した医療的，福祉的及び教育的援助をいう。

第2章　児童の発達障害の早期発見及び発達障害者の支援のための施策

（教育）

第8条　国及び地方公共団体は，発達障害児（18歳以上の発達障害者であって高等学校，中等教育学校及び特別支援学校並びに専修学校の高等課程に在学する者を含む。以下この項において同じ。）が，その年齢及び能力に応じ，かつ，その特性を踏まえた十分な教育を受けられるようにするため，可能な限り発達障害児が発達障害児でない児童と共に教育を受けられるよう配慮しつつ，適切な教育的支援を行うこと，個別の教育支援計画の作成（教育に関する業務を行う関係機関と医療，保健，福祉，労働等に関する業務を行う関係機関及び民間団体との連携の下に行う個別の長期的な支援に関する計画の作成をいう。）及び個別の指導に関する計画の作成の推進，いじめの防止等のための対策の推進その他の支援体制の整備を行うことその他必要な措置

を講じるものとする。

2　大学及び高等専門学校は，個々の発達障害者の特性に応じ，適切な教育上の配慮をするものとする。

医療的ケア児及びその家族に対する
支援に関する法律（抄）

（令和3年法律第81号）

第1章　総則

（目的）

第1条　この法律は，医療技術の進歩に伴い医療的ケア児が増加するとともにその実態が多様化し，医療的ケア児及びその家族が個々の医療的ケア児の心身の状況等に応じた適切な支援を受けられるようにすることが重要な課題となっていることに鑑み，医療的ケア児及びその家族に対する支援に関し，基本理念を定め，国，地方公共団体等の責務を明らかにするとともに，保育及び教育の拡充に係る施策その他必要な施策並びに医療的ケア児支援センターの指定等について定めることにより，医療的ケア児の健やかな成長を図るとともに，その家族の離職の防止に資し，もって安心して子どもを生み，育てることができる社会の実現に寄与することを目的とする。

（定義）

第2条　この法律において「医療的ケア」とは，人工呼吸器による呼吸管理，喀痰吸引その他の医療行為をいう。

2　この法律において「医療的ケア児」とは，日常生活及び社会生活を営むために恒常的に医療的ケアを受けることが不可欠である児童（18歳未満の者及び18歳以上の者であって高等学校等（学校教育法（昭和22年法律第26号）に規定する高等学校，中等教育学校の後期課程及び特別支援学校の高等部をいう。次条第3項及び第14条第1項第1号において同じ。）に在籍するものをいう。次条第2項において同じ。）をいう。

（保育所の設置者等の責務）

第6条　保育所（児童福祉法（昭和22年法律第

164号）第39条第1項に規定する保育所をい
う。以下同じ。）の設置者，認定こども園
（就学前の子どもに関する教育，保育等の総
合的な提供の推進に関する法律（平成18年法
律第77号）第2条第6項に規定する認定こど
も園をいい，保育所又は学校教育法第1条に
規定する幼稚園であるものを除く。以下同
じ。）の設置者及び家庭的保育事業等（児童
福祉法第6条の3第9項に規定する家庭的保
育事業，同条第10項に規定する小規模保育事
業及び同条第12項に規定する事業所内保育事
業をいう。以下この項及び第9条第2項にお
いて同じ。）を営む者は，基本理念にのっと
り，その設置する保育所若しくは認定こども
園に在籍し，又は当該家庭的保育事業等を利
用している医療的ケア児に対し，適切な支援
を行う責務を有する。

2　放課後児童健全育成事業（児童福祉法第6
条の3第2項に規定する放課後児童健全育成
事業をいう。以下この項及び第9条第3項に
おいて同じ。）を行う者は，基本理念にのっ
とり，当該放課後児童健全育成事業を利用し
ている医療的ケア児に対し，適切な支援を行
う責務を有する。

（学校の設置者の責務）

第7条　学校（学校教育法第1条に規定する幼
稚園，小学校，中学校，義務教育学校，高等
学校，中等教育学校及び特別支援学校をいう。
以下同じ。）の設置者は，基本理念にのっと
り，その設置する学校に在籍する医療的ケア
児に対し，適切な支援を行う責務を有する。

第2章　医療的ケア児及びその家族に対する支援に係る施策

（保育を行う体制の拡充等）

第9条　国及び地方公共団体は，医療的ケア児
に対して保育を行う体制の拡充が図られるよ
う，子ども・子育て支援法（平成24年法律第
65号）第59条の2第1項の仕事・子育て両立
支援事業における医療的ケア児に対する支援
についての検討，医療的ケア児が在籍する保
育所，認定こども園等に対する支援その他の
必要な措置を講ずるものとする。

2　保育所の設置者，認定こども園の設置者及
び家庭的保育事業等を営む者は，その設置す
る保育所若しくは認定こども園に在籍し，又
は当該家庭的保育事業等を利用している医療
的ケア児が適切な医療的ケアその他の支援を
受けられるようにするため，保健師，助産師，
看護師若しくは准看護師（次項並びに次条第
2項及び第3項において「看護師等」とい
う。）又は喀痰吸引等（社会福祉士及び介護
福祉士法（昭和62年法律第30号）第2条第2
項に規定する喀痰吸引等をいう。次条第3項
において同じ。）を行うことができる保育士
若しくは保育教諭の配置その他の必要な措置
を講ずるものとする。

3　放課後児童健全育成事業を行う者は，当該
放課後児童健全育成事業を利用している医療
的ケア児が適切な医療的ケアその他の支援を
受けられるようにするため，看護師等の配置
その他の必要な措置を講ずるものとする。

（教育を行う体制の拡充等）

第10条　国及び地方公共団体は，医療的ケア児
に対して教育を行う体制の拡充が図られるよ
う，医療的ケア児が在籍する学校に対する支
援その他の必要な措置を講ずるものとする。

2　学校の設置者は，その設置する学校に在籍
する医療的ケア児が保護者の付添いがなくて
も適切な医療的ケアその他の支援を受けられ
るようにするため，看護師等の配置その他の
必要な措置を講ずるものとする。

3　国及び地方公共団体は，看護師等のほかに
学校において医療的ケアを行う人材の確保を
図るため，介護福祉士その他の喀痰吸引等を
行うことができる者を学校に配置するための
環境の整備その他の必要な措置を講ずるもの
とする。

第3章　医療的ケア児支援センター等

（医療的ケア児支援センター等）

第14条　都道府県知事は，次に掲げる業務を，
社会福祉法人その他の法人であって当該業務
を適正かつ確実に行うことができると認めて
指定した者（以下「医療的ケア児支援セン
ター」という。）に行わせ，又は自ら行うこ

とができる。

（1）医療的ケア児（18歳に達し，又は高等学校等を卒業したことにより医療的ケア児でなくなった後も医療的ケアを受ける者のうち引き続き雇用又は障害福祉サービスの利用に係る相談支援を必要とする者を含む。以下この条及び附則第2条第2項において同じ。）及びその家族その他の関係者に対し，専門的に，その相談に応じ，又は情報の提供若しくは助言その他の支援を行うこと。

（2）医療，保健，福祉，教育，労働等に関する業務を行う関係機関及び民間団体並びにこれに従事する者に対し医療的ケアについての情報の提供及び研修を行うこと。

（3）医療的ケア児及びその家族に対する支援に関して，医療，保健，福祉，教育，労働等に関する業務を行う関係機関及び民間団体との連絡調整を行うこと。

（4）前3号に掲げる業務に附帯する業務

2　前項の規定による指定は，当該指定を受けようとする者の申請により行う。

3　都道府県知事は，第1項に規定する業務を医療的ケア児支援センターに行わせ，又は自ら行うに当たっては，地域の実情を踏まえつつ，医療的ケア児及びその家族その他の関係者がその身近な場所において必要な支援を受けられるよう適切な配慮をするものとする。

特別支援学校幼稚部教育要領（抜粋）

（平成29年4月告示）

第1章　総則

第2　幼稚部における教育の目標

幼稚部では，家庭との連携を図りながら，幼児の障害の状態や特性及び発達の程度等を考慮し，この章の第1に示す幼稚部における教育の基本に基づいて展開される学校生活を通して，生きる力の基礎を育成するよう次の目標の達成に努めなければならない。

1　学校教育法第23条に規定する幼稚園教育の

目標

2　障害による学習上又は生活上の困難を改善・克服し自立を図るために必要な態度や習慣などを育て，心身の調和的発達の基盤を培うようにすること

特別支援学校小学部・中学部学習指導要領（抜粋）

（平成29年4月告示）

第1章　総則

第1節　教育目標

小学部及び中学部における教育については，学校教育法第72条に定める目的を実現するために，児童及び生徒の障害の状態や特性及び心身の発達の段階等を十分考慮して，次に掲げる目標の達成に努めなければならない。

1　小学部においては，学校教育法第30条第1項に規定する小学校教育の目標

2　中学部においては，学校教育法第46条に規定する中学校教育の目標

3　小学部及び中学部を通じ，児童及び生徒の障害による学習上又は生活上の困難を改善・克服し自立を図るために必要な知識，技能，態度及び習慣を養うこと。

第7章　自立活動

第1　目標

個々の児童又は生徒が自立を目指し，障害による学習上又は生活上の困難を主体的に改善・克服するために必要な知識，技能，態度及び習慣を養い，もって心身の調和的発達の基盤を培う。

第2　内容

1　健康の保持

（1）生活のリズムや生活習慣の形成に関すること。

（2）病気の状態の理解と生活管理に関すること。

（3）身体各部の状態の理解と養護に関すること。

（4）障害の特性の理解と生活環境の調整に関

すること。
（5）健康状態の維持・改善に関すること。
2　心理的な安定
（1）情緒の安定に関すること。
（2）状況の理解と変化への対応に関すること。
（3）障害による学習上又は生活上の困難を改善・克服する意欲に関すること。
3　人間関係の形成
（1）他者とのかかわりの基礎に関すること。
（2）他者の意図や感情の理解に関すること。
（3）自己の理解と行動の調整に関すること。
（4）集団への参加の基礎に関すること。
4　環境の把握
（1）保有する感覚の活用に関すること。
（2）感覚や認知の特性についての理解と対応に関すること。
（3）感覚の補助及び代行手段の活用に関すること。
（4）感覚を総合的に活用した周囲の状況についての把握と状況に応じた行動に関すること。
（5）認知や行動の手掛かりとなる概念の形成に関すること。
5　身体の動き
（1）姿勢と運動・動作の基本的技能に関すること。
（2）姿勢保持と運動・動作の補助的手段の活用に関すること。
（3）日常生活に必要な基本動作に関すること。
（4）身体の移動能力に関すること。
（5）作業に必要な動作と円滑な遂行に関すること。
6　コミュニケーション
（1）コミュニケーションの基礎的能力に関すること。
（2）言語の受容と表出に関すること。
（3）言語の形成と活用に関すること。
（4）コミュニケーション手段の選択と活用に関すること。
（5）状況に応じたコミュニケーションに関すること。
　　第3　個別の指導計画の作成と内容の取扱い
1　自立活動の指導に当たっては，個々の児童

又は生徒の障害の状態や特性及び心身の発達の段階等の的確な把握に基づき，指導すべき課題を明確にすることによって，指導目標及び指導内容を設定し，個別の指導計画を作成するものとする。その際，第2に示す内容の中からそれぞれに必要とする項目を選定し，それらを相互に関連付け，具体的に指導内容を設定するものとする。
2　個別の指導計画の作成に当たっては，次の事項に配慮するものとする。
（1）個々の児童又は生徒について，障害の状態，発達や経験の程度，興味・関心，生活や学習環境などの実態を的確に把握すること。
（2）児童又は生徒の実態把握に基づいて得られた指導すべき課題相互の関連を検討すること。その際，これまでの学習状況や将来の可能性を見通しながら，長期的及び短期的な観点から指導目標を設定し，それらを達成するために必要な指導内容を段階的に取り上げること。
（3）具体的な指導内容を設定する際には，以下の点を考慮すること。
　ア　児童又は生徒が，興味をもって主体的に取り組み，成就感を味わうとともに自己を肯定的に捉えることができるような指導内容を取り上げること。
　イ　児童又は生徒が，障害による学習上又は生活上の困難を改善・克服しようとする意欲を高めることができるような指導内容を重点的に取り上げること。
　ウ　個々の児童又は生徒が，発達の遅れている側面を補うために，発達の進んでいる側面を更に伸ばすような指導内容を取り上げること。
　エ　個々の児童又は生徒が，活動しやすいように自ら環境を整えたり，必要に応じて周囲の人に支援を求めたりすることができるような指導内容を計画的に取り上げること。
　オ　個々の児童又は生徒に対し，自己選択・自己決定する機会を設けることによって，思考・判断・表現する力を高め

ることができるような指導内容を取り上
げること。
カ　個々の児童又は生徒が，自立活動にお
ける学習の意味を将来の自立や社会参加
に必要な資質・能力との関係において理
解し，取り組めるような指導内容を取り
上げること。
（4）児童又は生徒の学習状況や結果を適切に
評価し，個別の指導計画や具体的な指導の
改善に生かすよう努めること。
（5）各教科，道徳科，外国語活動，総合的な
学習の時間及び特別活動の指導と密接な関
連を保つようにし，計画的，組織的に指導
が行われるようにするものとする。
3　個々の児童又は生徒の実態に応じた具体的
な指導方法を創意工夫し，意欲的な活動を促
すようにするものとする。
4　重複障害者のうち自立活動を主として指導
を行うものについては，全人的な発達を促す
ために必要な基本的な指導内容を，個々の児
童又は生徒の実態に応じて設定し，系統的な
指導が展開できるようにするものとする。そ
の際，個々の児童又は生徒の人間として調和
のとれた育成を目指すように努めるものとす
る。
5　自立活動の指導は，専門的な知識や技能を
有する教師を中心として，全教師の協力の下
に効果的に行われるようにするものとする。
6　児童又は生徒の障害の状態等により，必要
に応じて，専門の医師及びその他の専門家の
指導・助言を求めるなどして，適切な指導が
できるようにするものとする。
7　自立活動の指導の成果が進学先等でも生か
されるように，個別の教育支援計画等を活用
して関係機関等との連携を図るものとする。

特別支援学校高等部学習指導要領（抜粋）

（平成31年2月告示）

第1章　総則

第1節　教育目標

高等部における教育については，学校教育法
第72条に定める目的を実現するために，生徒の
障害の状態や特性及び心身の発達の段階等を十
分考慮して，次に掲げる目標の達成に努めなけ
ればならない。
1　学校教育法第51条に規定する高等学校教育
の目標
2　生徒の障害による学習上又は生活上の困難
を改善・克服し自立を図るために必要な知識，
技能，態度及び習慣を養うこと。

索　引

《監修者紹介》

広岡 義之（ひろ おか よし ゆき）　神戸親和女子大学発達教育学部・同大学院教授

林 泰成（はやし やす なり）　上越教育大学学長

貝塚 茂樹（かい づか しげ き）　武蔵野大学教育学部・同大学院教授

《執筆者紹介》所属，執筆分担，執筆順，＊は編者

＊大庭 重治（おお ば しげ じ）　編著者紹介参照：はじめに，第1章，第7章

吉利 宗久（よし とし むね ひさ）　岡山大学学術研究院教育学域教授，博士（学校教育学）：第2章

境原 三津夫（さかいはらみ つ お）　新潟県立看護大学看護学部教授，博士（医学）(法学)：第3章

葉石 光一（は いし こう いち）　埼玉大学教育学部教授，博士（教育学）：第4章，第5章

八島 猛（や しま たけし）　上越教育大学大学院学校教育研究科教授，博士（教育学）：第6章

小林 優子（こ ばやしゆう こ）　上越教育大学大学院学校教育研究科准教授，博士（心身障害学）：第8章

池田 吉史（いけ だ よし ふみ）　上越教育大学大学院学校教育研究科准教授，博士（教育学）：第9章

吉岡 豊（よし おか ゆたか）　新潟医療福祉大学リハビリテーション学部教授，博士（教育学）：第10章

佐藤 将朗（さ とうまさ あき）　上越教育大学大学院学校教育研究科准教授，博士（障害科学）：第11章

《編著者紹介》

大庭　重治（おおば・しげじ）

1958年生まれ。上越教育大学大学院学校教育研究科教授。東北大学大学院教育学研究科博士課程修了。教育学博士。主著に『構成行為の発達と障害』風間書房，1996年。『発達障害学の探求』（共著）文理閣，1993年。『障害児の発達と学習』（共著）コレール社，1995年。『「人間力」を考える――上越教育大学からの提言5』（共著）上越教育大学出版会，2020年。『「人間力」を育てる――上越教育大学からの提言6』（共著）上越教育大学出版会，2022年。ウォーレン『視覚障害と発達』（共訳）二瓶社，1998年など。

ミネルヴァ教職専門シリーズ⑤
特別支援教育の探究

2022年8月20日　初版第1刷発行　　　　　　　〈検印省略〉

定価はカバーに
表示しています

編 著 者	大　庭　重　治
発 行 者	杉　田　啓　三
印 刷 者	坂　本　喜　杏

発行所　株式会社　ミネルヴァ書房
607-8494　京都市山科区日ノ岡堤谷町1
電話代表　（075）581-5191
振替口座　01020-0-8076

© 大庭重治ほか，2022　　冨山房インターナショナル・藤沢製本

ISBN 978-4-623-09431-8
Printed in Japan

ミネルヴァ教職専門シリーズ

広岡義之・林 泰成・貝塚茂樹 監修

全12巻

Ａ５判／美装カバー／200〜260頁／本体予価2400〜2600円／＊は既刊

──────────── ミネルヴァ書房 ────────────
https://www.minervashobo.co.jp/